Das Buch

Das Hermann-Gmeiner-Buch ist der erste authentische Bericht über die Geschichte der SOS-Kinderdörfer, geschildert von einem seiner engsten Mitarbeiter. Erst verkannt und mißachtet, dann begeistert in aller Welt aufgenommen, wurde eine Idee Wirklichkeit, die einzigartig ist in unserer Zeit. Diese Idee ist klar und einfach: Sie spricht jedem Kind – auch dem aus dem Nest der Familie gefallenen Kind – das Recht auf eine Mutter und auf ein Daheim zu. Jedes SOS-Kinderdorf umfaßt 15 bis 20 Familienhäuser, in denen jeweils eine alleinstehende, für ihre Lebensaufgaben besonders geschulte Frau für immer als Mutter von sieben bis neun elternlosen Kindern wirkt. Mehr als 140 Kinderdörfer in Europa, Asien, Afrika und Lateinamerika und rund fünf Millionen Menschen, die als Mitglieder der SOS-Kinderdorforganisation diese segensreiche Arbeit für verlassene Kinder in aller Welt fördern, sind die faszinierende Bilanz der Arbeit Hermann Gmeiners.

Der Autor

Hansheinz Reinprecht, geboren 1925 in Klagenfurt, studierte Germanistik und promovierte 1949 zum Dr. phil. Nach jahrelanger journalistischer Tätigkeit, unter anderem als stellvertretender Chefredakteur beim „Linzer Volksblatt", arbeitet er seit 1955 ausschließlich für das SOS-Kinderdorf. Zuerst Aufbau des SOS-Kinderdorfes Altmünster, ab 1958 Leiter des SOS-Kinderdorfes Hinterbrühl. Seit 1962 ist Dr. Reinprecht Generalsekretär des SOS-Kinderdorfes International. Bekannt als Autor zahlreicher Erziehungsbücher.

Hansheinz Reinprecht

HERMANN GMEINER

Der Vater der SOS-Kinderdörfer

Mit 21 Abbildungen

VERLAG FRITZ MOLDEN
WIEN·MÜNCHEN·ZÜRICH·INNSBRUCK

Bildnachweis:
Alle Fotos stammen aus dem Archiv SOS-KINDERDORF INTERNATIONAL.

Copyright © 1979 by Hansheinz Reinprecht
und Verlag Fritz Molden Wien-München-Zürich-Innsbruck
verlegt vom Verlag Fritz Molden München GmbH
Alle Rechte vorbehalten
Umschlagentwurf: Hans Schaumberger
Gesamtherstellung: Pressedruck, Augsburg

ISBN 3-217-00398-5

Inhalt

4. Dezember 1953 .. 9

I. IMST
Hermann Gmeiner .. 15
Reißt die Anstalten auf! .. 16
Journalisten spielen
　Nikolaus .. 22
Einen Freund gewonnen .. 24
Wiedersehen in Linz .. 26
Gmeiner hält Rückschau .. 31
2. Dezember 1949 .. 32
Die Zeit war reif .. 38
Sein Ziel: fünf Häuser .. 41
Der „Stoß-Trupp" wird
　geboren .. 43
Rund um den alten Blechofen ..
　48
Auf der Suche .. 54
Hansls Flucht .. 59
Auf die Straße gesetzt .. 64
Im Hörsaal .. 67
Lydias Schicksal .. 71
Geborgenheit ist alles .. 75
Ist's mehr als Pfadfinder-
　spiel? .. 77
Bekanntschaft mit der
　Erziehungsanstalt .. 79
Zu wenig gute Pflegeplätze ..
　84
Abschluß der Vorklinik .. 85
Rund ums Lagerfeuer .. 90
Daheim in Alberschwende .. 97
Die Idee reift .. 102
Er ließ sich nicht beirren .. 106
Ein Schilling im Monat .. 110
Der bessere Weg .. 113

II. KAMPFZEIT
Genug des Sozialen! .. 119
Baujahr 1950 .. 122
Jammervolle Ernte .. 124
Das neue Daheim .. 129
Auf nach Wien! .. 132
Eine Lokalnachricht .. 133
Mein erster Vortrag .. 135
Der Kinderdorfbote .. 149
Ulrich im Waisenhaus .. 150
Der Feldzug fiel ins Wasser ..
　154
Im Hauptquartier .. 155
Fahrt nach Caldonazzo .. 161
Die Büchsen-Schlacht von
　Linz .. 167
Ein Dorf in Oberösterreich? ..
　175
Gmeiner gibt Rechenschaft ..
　178
Versöhnung mit Breitner .. 182
Den Journalismus an den Nagel
　gehängt .. 184
Oberösterreich wird erobert ..
　187
Mütterrunde in Imst .. 195
Die Verwaltung wird straffer ..
　198
Ulrichs Leidensweg .. 201
Es geht aufwärts .. 203
Erste öffentliche
　Anerkennung .. 207

III. AUFBRUCH DER LIEBE
Die Idee erobert Deutschland ..
　213
Immer mehr Werbung .. 217

Altmünster wird eingeweiht .. 218
Aus dem Tagebuch einer Kinderdorfmutter .. 219
In der Dorfkommission .. 225
Rettungsboot Kinderdorffamilie .. 228
Ein drittes SOS-Kinderdorf .. 229
Geburtsstunde der Jugendhäuser .. 231
Die Kraft des Guten .. 233
Ulrich in Altmünster .. 234
Das unerschütterliche Mutterbild .. 236
Der Weg einer Mutter ins SOS-Kinderdorf .. 241
Gmeiners großer Geheimplan .. 243
Siegeszug in Europa .. 251
Zehn Jahre Imst .. 256
Der Besuch aus Korea .. 259
Die Geschichte mit dem Reiskorn .. 262
Bei Pandit Nehru .. 265
Vom Dalai-Lama empfangen .. 270
Lateinamerika – Erdteil voll Energien .. 274
Mit dem Straßenbahn-Kinderdorf fing's an .. 277
Im Rattenloch von Chile .. 280
Wachsende Aufgaben – wachsende Verpflichtungen .. 284
Die Krippe auf dem Hirtenfeld .. 288
Dem Familienverfall entgegenwirken .. 290
Auch Afrika braucht SOS-Kinderdörfer .. 293
Ein Schiff fährt nach Saigon .. 296
Die SOS-Kinderdörfer in aller Welt .. 311

Wir nannten ihn HALLO

... denn niemand kennt seinen wirklichen Namen. Niemand weiß, wie alt er ist und wo er herkommt. Wir wissen nur, daß er heute in unserem SOS-Kinderdorf Go Vap in Vietnam lebt und ein glückliches Kind ist. Als wir ihn eines Morgens am Stadtrand von Saigon in einem Straßengraben fanden, hielten wir ihn für tot. Er lag dort wie ein Bündel alter Kleider. Wir riefen „Hallo" und nochmals „Hallo". Und da hatte er die Augen aufgeschlagen ... Augen voller Traurigkeit, Augen voller Hunger, Augen voller Hoffnungslosigkeit. Mein Herz pochte mir bis zum Hals. Es war einer jener Augenblicke, wo es darum ging, um das Leben eines Kindes zu kämpfen. Es ging um Stunden. Aber wir brachten ihn durch. Er blieb am Leben. Ein alter Vietnamese, der uns beobachtete, sagte damals zu uns: „Er ist verdammt zum Leben." Ich habe diese Worte nie vergessen. Waren nicht so viele Kinder, denen ich helfen konnte, zum Leben verdammt? Hatte es für sie überhaupt noch eine Chance gegeben? Was konnte sie erwarten? Hunger. Armut. Ausgestoßenheit aus der Gesellschaft. Chancenlosigkeit. Arbeitslosigkeit. Ein Leben im Schatten. Ein Leben am Rande. Ein Dasein, zum Sterben zuviel, zum Leben zuwenig. Ich bin ihnen immer wieder begegnet, diesen Kindern. Und meine Aufgabe ist eigentlich nichts anderes, als solchen Ärmsten das Leben wieder lebenswert zu machen; sie hereinzuholen in die Gesellschaft; ihnen die Chance zu geben, auch eine Mutter zu haben, auch ein Daheim zu haben, auch in die Schule gehen zu dürfen, auch lernen und etwas leisten zu dürfen, auch einen Beruf ausüben und Erfolg haben zu dürfen.
In diesem Buch ist die Geschichte unseres Kampfes um das zum Leben verdammte Kind von einem meiner engsten Mitarbeiter skizziert. Möge diese Geschichte Mut machen, noch an das Gute zu glauben und für das Gute Opfer zu bringen. Denn eines habe ich in diesen 30 Jahren gelernt:
Es gibt nicht nur eine Kettenreaktion des Bösen. Es gibt auch

eine Kettenreaktion des Guten. Wir haben nur den ersten Stein zu lockern, um eine Lawine auszulösen. Vielleicht sind die SOS-Kinderdörfer, an denen so viele Millionen guter Menschen mitgebaut haben, ein solcher Stein. Und vielleicht kann eine solche Lawine des Guten unsere Welt doch ein wenig lichter und friedlicher machen.

Hermann Gmeiner

4. Dezember 1953

Der Tag ist grau und kalt. Ich wandere vor der großen Tankstelle an der Osteinfahrt nach Linz auf und ab. Mich fröstelt. Die Uhr zeigt zwanzig Minuten nach zehn. Eine halbe Stunde warte ich jetzt schon auf den Autobus aus Wien, der eine Handvoll Journalisten zum Besuch eines Kinderdorfes nach Tirol bringen soll. Ich schlage den Mantelkragen hoch und vergrabe meine Hände in den Taschen. Mein Blick fällt auf meinen Koffer, der am Rande der Straße steht. Die bunten Hotelzettel, mit denen er beklebt ist, bewegen mich zu einem Lächeln. Ich zünde mir eine Zigarette an. Vor mir tauchen die Bilder meiner letzten Reise auf: New York, Chicago, San Francisco, New Orleans. Das waren Erlebnisse, so recht für ein Journalistenherz zurechtgeschnitten. Und jetzt diese Pressefahrt in ein Kinderdorf, die schon so quälend mit Warten, Kälte und Nebel beginnt. Warum hatte ich überhaupt zugesagt? Eigentlich war ich nicht einmal eingeladen. Nur Wiener Journalisten. Was hatte ich als Redakteur einer Linzer Tageszeitung dabei zu suchen? Ach ja, der Anruf meines Freundes Kurt aus Wien, dieses hetzenden Reporters, der überall dabeisein mußte. Er hatte mich einfach überredet dazu. Zwei Tage Tirol! Wieviel Spaß wird es da geben! Wir hatten uns schon lange nicht mehr gesehen. Abgemacht! Ganz wohl war mir aber nicht dabei. Morgen ist Nikolo. Das wollten meine Frau und ich heuer doch besonders nett feiern — erstmals zu dritt. Ärgerlich werfe ich meine Zigarette zu Boden. Ich könnte ja noch immer umkehren, Koffer nehmen und heimgehen. Man wird sehen, daß ich nicht an der vereinbarten Stelle warte. Kurt wird fluchen, und man wird ohne mich weiterfahren.

Ich nehme meinen Koffer auf. Aber halt! Da war ja noch etwas, was mich zu dieser Fahrt bewogen hat. Kinderdorf! Kinderdorf? Das hatte irgend etwas aufklingen lassen in mir — obwohl man sich darunter nicht viel vorstellen konnte. Das Thema zog mich irgendwie an. Ich hatte doch schon einiges von Kinderdörfern gehört. Drüben in Amerika von Pater Flanagans „Boys Town", in Italien von Carroll-Abbings Versuchen, in der Schweiz vom Kinderdorf Pestalozzi in Trogen. Ich hatte mich schon ernsthaft mit dem Problem der verlassenen Jugend beschäftigt. Da waren doch meine Artikelserien über diese Fragen. Da waren die Eindrücke, die ich während meiner Studienzeit in Wien als Berichterstatter bei den Jugendgerichtsverhandlungen gesammelt hatte. Eindrücke, die sich in mir festgefressen hatten. Zu diesem Thema kehrte ich immer wieder zurück. Auf meinem Schreibtisch in der Redaktion hat sich eine ganze Mappe von Meldungen angehäuft, die sich mit der Nachkriegsjugend beschäftigen. Jugendverwahrlosung. Elend der Flüchtlingskinder. Jugendkriminalität.

10.30 Uhr. Noch immer kein Autobus in Sicht. Ich stelle den Koffer wieder nieder und beobachte einen Jungen in einer zerschlissenen Steppjacke, der auf der anderen Straßenseite dahinschlendert. Ich kenne sie, diese Kinder und Jugendlichen aus dem Flüchtlingslager hier in der Nähe. Ich kenne die Elendsbaracken um Linz. Dort schauen diese Kinder einen dann an, mit ihren großen traurigen Augen. Die einen scheu. Andere frech. Alle aber erfüllt mit dem gleichen Hunger nach menschlicher Nähe, nach Wärme, Geborgenheit und Liebe. Ich habe sie nach ihren Eltern befragt. Aber die meisten haben keine mehr. Ich habe sie nach ihrem Daheim gefragt. Aber die meisten kennen keines mehr. Sie wissen nicht, woher sie kommen. Und sie ahnen nicht, wo ihr trauriger Weg hinführt.

Sollte dieses Kinderdorf in Tirol der Beginn eines Ausweges sein? Das war mein erster Gedanke gewesen, als mir Kurt am Telefon das Ziel dieser Pressefahrt mitgeteilt hatte. Vielleicht war deshalb mein Entschluß so schnell gefaßt, mitzufahren. Aber dann gab es darüber Gespräche in der Redaktion, die meinen Hoffnungen so gar keine Nahrung geben wollten. Ich war noch skeptischer nach einem Gespräch mit dem Direktor einer großen kirchlichen karitativen Organisation. Der schien dieses kleine Kinderdorf bereits zu kennen. Er warnte mich.

Da scheint sich also wirklich wieder einmal jemand die Notlage der Kinder zunutze gemacht zu haben, um daraus Propaganda oder gar persönliche Vorteile zu schlagen. Das kommt heutzutage leider öfter vor. Daraufhin hatte ich mir vorgenommen, diesen Leuten in dem Tiroler Kinderdorf ganz ordentlich auf die Finger zu schauen. Man hat ja schließlich Erfahrung als Journalist und läßt sich nicht von ein paar frommen Sprüchen und aufgeputzten Kindern beeindrucken.

Ich lasse alle Gedanken an eine Umkehr fallen. Ich werde mir dieses Dorf ansehen! Ich werde hinter die Kulissen schauen, wenn ihr uns so ein Potemkinsches Dorf zeigen wollt. Ich werde einen Presseskandal auslösen, wenn ihr nur soziale Schöntuer seid; in einer Zeit, die nach echter Hilfe schreit.

Über diesen Gedanken hatte ich die Ankunft des Wiener Autobusses ganz übersehen. Kurt springt heraus. Herzliche Begrüßung. Wir steigen ein. Die Tür fällt zu. Der Autobus rollt Richtung Tirol.

Der Himmel im Inntal ist klar. Die Sonne hat sich auf die Spitzen der Dreitausender gesenkt, die vor uns liegen. Das Städtchen Imst zwischen Innsbruck und dem Arlberg haben wir eben passiert. Der Autobus quält sich jetzt eine ebenso steile wie schlechte Straße hinauf. Ein Schild „ZUM SOS-KINDERDORF IMST". Noch ein kurzes Waldstück. Dann liegen ein paar Tiroler Häuser vor uns. Eine Fahne flattert. Unser Bus hält auf einer Art Dorfplatz. Wir sind da. Steigen aus. Ich komme als letzter aus dem Autobus. Und da streckt mir ein Mann seine Hand entgegen. „Willkommen im SOS-Kinderdorf Imst!"

Dieser Mann war Hermann Gmeiner.

Die Begegnung mit ihm sollte für mich einer der entscheidendsten Momente meines Lebens sein. Sie schloß mir das Tor zu einer neuen Welt auf, die dieser kleine, willensstarke und von seiner Idee besessene Hermann Gmeiner zu schaffen im Begriff war: die Welt der SOS-Kinderdörfer.

Von dieser Welt soll dieses Buch berichten. Es will keine Chronik der SOS-Kinderdörfer sein. Ich werde nur erzählen, wie ich die SOS-Kinderdorfidee kennenlernen durfte, wie ich langsam reif wurde für sie, wie ich langsam mitzuschwingen begann in der Aktivität eines Mannes, der aus den Trümmern des Zweiten Weltkrieges auftauchte, um mehr zu tun, als er zu tun gezwungen war, weil er darin die Brücke in eine bessere Welt erkannte.

I.
IMST

Hermann Gmeiner

So war ich also mit dieser Pressefahrt nach Imst gekommen, um erstmals ein Kinderdorf zu besuchen. Aber ich hatte kaum den Boden dieses kleinen Dorfes betreten, als mir bewußt wurde, daß mein Besuch seinem Begründer gelten müsse: Hermann Gmeiner. Und ich durfte viele Jahre später feststellen, daß meine Empfindung richtig gewesen war. Denn die SOS-Kinderdörfer sind von seiner Persönlichkeit geprägt.

Gmeiner repräsentiert jenen kleingewachsenen, muskulösen Bauerntyp, wie er in den Hochalpentälern Tirols und Vorarlbergs zu finden ist und der sich auch dann nicht verleugnen läßt, wenn man ihn in die Stadt verpflanzt. Seine hohe Stirne verrät einen lebhaften Geist, aber auch Entschlossenheit. Man glaubt diesem Schädel, daß er durch Wände kann; daß er weiß, was er will; daß er an dem einmal als richtig Erkannten entschlossen festhält, auch wenn alles dagegen anrennt und ihn stur nennt. Unter dieser Stirne begegnen einem aber Augen, die nichts von dieser Härte an sich haben. Es sind gütige Augen. Sie drücken aus, was im Herzen dieses Menschen vorgeht. Auch das viele Leid und Elend, das sie gesehen. Davon erzählen überdies die beiden Sorgenfalten, die von der Nasenwurzel hoch in die Stirne hineingezeichnet sind. Trotzdem ist nichts Trauriges in diesem sonderbaren Gesicht. Die große Nase und der von zwei Falten zu den Nasenflügeln hin umschlossene Mund offenbaren vielmehr ein sonniges Wesen. Von einem solchen Gesicht erwartet man nicht jenen betont sonoren Klang der Stimme, wie er hier jedoch gegeben ist. Man möchte fast von einer eigensinnigen Stimme sprechen. Sie verliert nie ganz jene faszinierende Eintönigkeit und Schwere, kommt nur langsam in Fluß und wird erst lebendiger und klangfarbiger, wenn sie alles um sich herum zum Schweigen gebracht hat. Da bleiben dann auch die starken und behaarten Bauernhände dieses Mannes nicht still. Sie formen das Gespräch — und er liebt das Gespräch! — mit; zeichnen es. Und sind — wie alles an diesem Menschen — Ausdruck einer gütigen Persönlichkeit, die sich nicht aufdrängt, aber doch überall bald im Vordergrund steht, weil sie starke Impulse ausstrahlt. Dieser Mann ist die Achse der SOS-Kinderdorfidee. Sein Schicksal ist ihre Geschichte.

Reißt die Anstalten auf!

Der Raum ist klein und kann uns 30 Journalisten kaum fassen, aber auch er strahlt jene Wärme und Geborgenheit aus, die wir heute schon in den zehn Kinderdorfhäusern hier in Imst erlebt haben. Seine Stirnwand schmückt eine unaufdringliche Malerei. In der etwas klobigen Tiroler Kunstmanier ist eine Frauengestalt dargestellt, die ihren weiten Mantel schützend um ein paar hilfesuchende Kinder breitet. Wohl ein Symbol jener Frauen, denen wir heute erstmals begegnet sind und die hier als Kinderdorfmütter jeweils neun verlassenen Kindern wieder eine Heimat bereiten. Ich habe sie mir alle angesehen. Ich saß bei ihnen in der Küche, in der Wohnstube, im Mutterzimmer. Ich stand schon frühmorgens dabei, als sie die Kinder aus den Betten holten. Milch zustellten. Den Frühstückstisch deckten. Das Morgengebet sprachen. Dem einen das Haar aus der Stirne strichen und dem anderen den Hosenträger geradezogen. Ich sah den kleinen Buben, der sich an seine Kinderdorfmutter klammerte und besorgt fragte: „Mama, kommt heute mit dem Nikolaus auch der Krampus?" Ich sah, wie zaghaft sich das Patschhändchen eines kleinen Mädchens in die Hand seiner neuen Mutter schob. Ich sah, wie ein Bub, der mit den anderen durch das Dorf zur Schule jagte, plötzlich innehielt, sich umdrehte und seiner Mutter zurückwinkte. Und ich war dabei, als sie von der Schule heimkamen, in die Stube traten, der Mutter die Hand gaben und sich zu Tisch setzten. Ja, das sind diese Frauen, die ihren Mantel schützend um ein paar ärmste Kinder breiten, diese Kinder an sich drücken, um ihnen wieder für immer Mutter zu sein.

Jetzt hatten wir uns hier im neu errichteten kleinen Gemeindehaus des SOS-Kinderdorfes zusammengefunden, um unsere Fragen zu stellen. Hermann Gmeiner steht unscheinbar, fast schüchtern, in einem schlechtsitzenden grauen Anzug vor uns. Langsam beginnt er zu erzählen. Von seinen Erlebnissen mit der verlassenen Jugend in den ersten Nachkriegsjahren. Von seinem Entschluß, für diese verlorenen Kinder etwas zu tun. Von dem langsamen Wachsen dieses Dörfchens schließlich, das heute mit zehn Häusern, zehn Müttern und rund 90 Kindern für ihn die Gewißheit darstellt, daß seine Idee richtig ist.

Seine Stimme ist in Fluß gekommen. „Ich weiß, daß das SOS-Kinderdorf der richtige Weg ist durch die Welt voller Schmutz und Gefahr. Niemand hat diesen Kindern bisher einen solchen Weg gezeigt. Sie taumelten blindlings ins Verderben." Gmeiner hält inne. Seine Gedanken wandern wieder den Weg in die jüngste Vergangenheit zurück.

„Im Krieg hat mir ein kleiner Russenbub das Leben gerettet. Und als ich später in Innsbruck studierte und mich nebenbei der Jugendarbeit widmete, da war mir, als begegnete ich diesem blassen, schmalen Bubengesicht hundertmal am Tag. War nicht die Zeit gekommen, um Gutes mit Gutem abzugelten? Wir saßen nächtelang in ungeheizten Studentenbuden und diskutierten über die Umwertung aller Werte und träumten von einer besseren kommenden Welt. Aber ich spürte, daß es kläglich war, sich hinter gutgemeinten Phrasen zu verschanzen und im übrigen die Hände in den Schoß zu legen und den nächsten Tag abzuwarten. Und wenn ich über meinen Lehrbüchern und Skripten saß, quälte mich ein schlechtes Gewissen. Mir war, als hätte ich vor der Not und dem Gebot der Zeit die Flucht ergriffen und als hätte ich kein Recht, mit tauben Ohren dazusitzen, um physikalische und chemische Formeln zu begreifen und anatomische Vokabeln auswendig zu lernen.

Ich arbeitete damals in der Jugendbewegung und widmete jede Stunde, die ich erübrigen konnte, den mir anvertrauten Buben. Aber schon sehr bald mußte ich mir sagen, daß das, was ich neben meinem Studium tat, nicht alles war, was ich tun konnte, und daß es nicht genug war.

In meinem Leben bahnte sich eine Veränderung an. Und eines Tages wußte ich, daß mein Leben nur dann einen Sinn haben konnte, wenn es mir gelang, mich als Beschützer junger, hilflos ins Elend geratener Menschen zu bewähren.

Vielleicht wurde ich stets dorthin gedrängt, wo die Not am größten war. Meine Freunde rieten: ‚Es hat keinen Sinn, sich über Dinge den Kopf zu zerbrechen, die man nicht ändern kann. Jeder ist sich selbst der Nächste. Denk an dich selbst, sonst an nichts!' Ich weiß nicht, wie oft ich nahe daran war, solche Ratschläge zu befolgen. Es gelang mir jedenfalls nie. Ich habe in den unseligen Jahren nach dem Krieg viele junge Menschen leiden, an sich selbst verzweifeln und elend zugrunde gehen gesehen. Die ärmsten unter ihnen waren stets die, die ihre Eltern verloren hatten oder von ihren Eltern im Stich gelassen worden waren. Schutzlos und rückhaltlos standen sie einem harten, erbarmungslosen Alltag gegenüber. In ihm hätten sie sich bewähren, ihren Mann stellen und für sich selber sorgen sollen, wozu ihnen jegliches geistige und moralische Rüstzeug fehlte. Es gab niemanden, der ihnen den richtigen Weg zeigte. Und der kleinste Fehler, den jeder junge Mensch einmal begeht, wurde ihnen zum Verhängnis.

Das mußte auch Franzl, ein Lehrling von knapp 15 Jahren, erfahren, der seinem Meister eines Tages zehn Zigaretten vom Schreibtisch stahl. Der Meister, ein rechtschaffener, braver Mann mit ehrlichen und unerschütterlichen Grundsätzen, war derart enttäuscht von dem Buben, daß er seine unverzügliche Einweisung in eine Erziehungsanstalt betrieb.

Franzl hatte niemanden, der ihn verteidigte, keinen Vater und keine Mutter, die ihn bei seinem Lehrherrn entschuldigt und in Schutz genommen hätten. Seine alte Großmutter, bei der er wohnte, war halb taub und blind und schüttelte längst zu allem, was man ihr sagte und was man sie fragte, verständnislos den Kopf.

Die Katastrophe, die über Franzls junges Leben hereinbrach, war unaufhaltbar. Der Bub glaubte zu erkennen, daß in der Welt mit zweierlei Maß gemessen werde und daß er zu jenen gehöre, für die es nirgends Verständnis, nirgends Liebe und keinen Pardon gebe. Er verlor den Glauben an die Gerechtigkeit der Erwachsenen, die Gültigkeit der Gesetze und den Glauben an Gott.

Niemand fand sich, der Franzls Meister daran erinnert hätte, daß auch er selbst nicht als ein Mann mit Grundsätzen zur Welt gekommen war, sondern das Maß für Gut und Böse von seinen Eltern erlernt und übernommen hatte.

Für die verlorene Kinderstube war die Erziehungsanstalt, in die Franzl gesteckt wurde, der denkbar unglücklichste Ersatz. Was er hier erlebte und lernte, verwirrte ihn vollends. Und als er nach zwei Jahren die Anstalt verließ, schloß er sich sogleich einer Bande von Tunichtguten an, deren einziger Lebenssinn scheint's darin bestand, auf der schiefen Bahn immer schneller hinabzurutschen.

Aber muß es so sein? Haben wir Erwachsene nicht die Pflicht, den Kindern die Chance zu geben, sich zu ordentlichen und normalen Menschen zu entwickeln? Was aber tun wir? Wir stecken diese Kinder in Anstalten und Heime, anstatt ihnen das zu geben, was jedes Kind von der Natur her braucht, um sich gesund entwickeln zu können: eine Mutter! Ein Daheim! Geborgenheit! Liebe!"

Ich sehe, wie meiner Nachbarin — einer jungen Wiener Journalistin — Tränen über die Wangen laufen. Auch meine Augen sind feucht. Draußen hat es zu schneien begonnen. Leise rutschen die weißen Flocken über die Fenster. Ein Bubenkopf taucht auf und drückt seine Nase an die Scheibe. Gmeiner sieht ihn. Lächelt.

„Ja, und hier, liebe Freunde, erleben Sie nun ein Dorf von Kindern. Strandgut der Kinderseelen. Eine jammervolle Ernte. Verwaiste, Weggelegte, Geschlagene, Verführte, Mißbrauchte. Sie kommen an in ihrem ganzen seelischen und körperlichen

Jammer. Und alles, was wir tun, ist, sie zu lieben. Bedingungslos zu lieben. Ja zu sagen zu diesen Kindern.

Und alle diese Kinder, die Sie hier sehen und in ihrer unschuldigen Kindheit hier erleben, alle diese Kinder hatten nur den Weg in ein Heim oder in eine Anstalt vor sich. Man wollte sie alle für ihr Unglück noch einmal bestrafen, indem man sie abgesondert hätte. Ein für allemal hätte man sie aus der natürlichen Gesellschaft herausgelöst, nur weil sie schuldlos im Schatten unseres Daseins aufgewachsen sind. Jedes Kind braucht Liebe. Wir müssen diesen aus dem warmen Nest der Familie gefallenen Kindern wieder eine neue Mutter schenken. Ein neues warmes Nest. Dann werden diese Kinder genauso normal, genauso gesund, genauso glücklich wie andere Kinder auch.

Reißt doch endlich eure Anstalten auf und baut für die vielen Millionen Schillinge, die ihr in Europa jährlich ausgebt, um solche Anstalten zu schaffen, für diese Ärmsten Familiendörfer! Dörfer in der Freiheit!" Gmeiner ruft dies hinaus, als würde seine Stimme damit alle Verantwortlichen in der Jugendfürsorge erreichen. Man spürt, daß es ihm Ernst ist um seine Idee. Man zweifelt nicht, daß hier eine Persönlichkeit spricht, die bereit ist, eine Revolution in der Erziehung der Waisenkinder zu entfachen. Die Glut seiner Worte reißt uns alle mit. Auch jetzt, wo diese Stimme wieder leise wird. Gmeiner erzählt das Schicksal eines Buben:

„Paul ist ein im Stich gelassenes Kind. Die Pflegeplätze, auf die er kam, waren schlecht. Er wurde geschlagen. Er war das kleine Knechtlein, dem man die unsaubersten Arbeiten zuschob. Nie hatte ihn jemand gern gehabt. Nie durfte er zu einer Frau aufschauen, die ihm Mutter war. Niemals konnte er noch seinen Bubenkopf im Schoß einer solchen Mutter bergen. Mit seinen elf Jahren war er auf dem besten Weg, einmal ein Verbrecher zu werden. Und dann kam er zu uns. Ohne Hoffnung, es hier besser zu haben. Ohne Glauben an uns Erwachsene. Und erlebte hier plötzlich eine Familie. Erlebte hier plötzlich eine Frau, die ihn liebevoll an der Hand nahm, die ihn zu Bett brachte, die ihm vor dem Einschlafen ein Märchen erzählte. Und erlebte hier plötzlich Buben und Mädchen, die seine neuen Geschwister waren. Den zwölfjährigen Toni, den zehnjährigen Seppl, den neunjährigen Günther, die siebenjährige Rosi, die sechsjährige Waltraud, die vierjährige Erna und schließlich die zweijährige Mirl. Und er erlebte das Haus, das nun für immer sein Daheim sein sollte. Dieses schmucke Tiroler Häuschen mit der warmen Wohnstube und dem Kachelofen. Die sauberen Schlafzimmerln und das schöne Holzbett mit den karierten Bettüberzügen. Tagelang konnte der Bub das alles nicht fassen. Er blieb zurückhaltend, mürrisch, unansprechbar. Der Mutter ging er aus dem Weg. Den Geschwistern ebenso. Dem Dorfleiter zeigte er sich verschlossen. Aber dann geschah das Wunder, das wir immer wieder beobachten, daß sich dieser große Bub in das Kleinste der Familie verliebte. In diesem Fall war es die kleine Mirl. Das Kind hatte sich mit Paul zu beschäftigen begonnen. Und irgendwo fand der Bub Kontakt. Er spürte unbewußt, daß dieses Kind nichts von seinen bisherigen Schlechtigkeiten weiß, nichts von seinem bisherigen traurigen Lebensweg. Und so schloß er sich der zweijährigen Mirl an, führte sie durch das Dorf spazieren, spielte mit ihr, war stets um sie. Das Eis war gebrochen. Über diesen ersten menschlich echten Kontakt wurde die Seele des Buben aufgeschlossen für die neue Familie. Und eines Tages legte er erstmals seine Arme um die Mutter. Und wieder ein paar Wochen später sagte er ‚Mama' zu ihr."

Gmeiner beginnt damit die Kinderdorferziehung näher zu beleuchten. Er schildert die Aufgaben der Mutter, den wunderbaren Erziehungseinfluß der Geschwister, die Wirkung des Dorfes auf das Kind und die Bedeutung für die Entwicklung des Waisenkindes, daß es wie alle anderen Kinder die öffentlichen Schulen besuchen darf.

Es ist dunkel geworden in dem Raum. Wir haben es alle nicht bemerkt. Und alles schweigt, nachdem Gmeiner zu Ende gesprochen hat. Wir haben keine Fragen. Erst später begriffen wir, daß keiner von uns jemals eine Pressekonferenz erlebt hatte, bei der keine Fragen gestellt wurden. Vielleicht war es nur daraus zu erklären, daß jedem die Kehle zugeschnürt war.

Journalisten spielen Nikolaus

Wir hatten vereinbart, den Kinderdorfkindern einen schönen Nikolausabend zu bereiten. Ein Wiener Journalist wurde als Nikolaus zurechtgemacht. Aus Imst hatten wir rasch Schokolade, Lebkuchen, Nüsse, Äpfel, Orangen und viele andere Sachen beschafft, die nun in einem großen Sack verstaut waren. Es konnte losgehen. Während der Nikolaus langsam durch das verschneite Kinderdorf stapfte, verteilten wir uns in verschiedene Häuser, um im Kreise einer Kinderdorffamilie diese Stunde mitzuerleben. Wir waren selbst zu Kindern geworden, und sicherlich klopfte nicht nur mir das Herz bis zum Hals; vor Freude, vor Staunen, vor Andacht. Es war alles wie ein lebendig gewordenes Märchen. Das friedliche kleine Dorf mit den dunklen Kiefern dahinter. Der Schnee, der so ruhig vom Himmel glitt. Das Licht, das aus den Wohnstuben der Häuser fiel. Das dumpfe Geläut einer Kirchenglocke, das vom Tal herauf zu hören war. Und wir standen mitten in diesem Märchen und ließen uns davon bezaubern. Wir waren glücklich.

Ich saß mit ein paar Journalistenkollegen und Hermann Gmeiner in der Ecke der Wohnstube des „Hauses Frieden". Drüben um den wuchtigen runden Eßtisch scharten sich neun Kinder um ihre Kinderdorfmutter. Das Kleinste war auf den Schoß der Mutter geklettert. Der fünfjährige Peterl lugte zwischen den Vorhängen in die Nacht hinaus und flüsterte: „Hoffentli chimmp nit a Kramperl ah mit!" Er drückte sich merklich an seine große Schwester. „Es sind fünf leibliche Geschwister dabei", raunte mir Gmeiner zu. „Sie kamen vor zwei Jahren. Die Eltern sind tot. Man wollte die Geschwister trennen. Das älteste Mädchen in ein Schülerinnenheim, das jüngere in ein

Fürsorgeheim für Mädchen, die zwei Buben in ein Bubenheim und das Kleinste in eine Säuglingsanstalt. Jetzt sind sie alle beisammen. Dürfen wieder gemeinsam in einer Familie aufwachsen. Eine Mutter haben. Das hat's bisher nicht gegeben."

Jetzt hörte man Geräusche vor dem Haus. Die Haustüre wurde geöffnet. Schwere Schritte im Hausflur. Dann klopfte es. Die Augen der Kinder waren gespannt zur Türe gerichtet. Peterl schluchzte auf. Die kleine Annamirl rief: „Mama!" Der elfjährige Martin schluckte und sagte: „Herein!" Die Türe öffnete sich, und es wurde die verschneite Gestalt des heiligen Nikolaus sichtbar. Er nahm seinen Sack von der Schulter, trat näher zum Tisch und sagte: „Grüß Gott, ihr Lieben!" Alle starrten ihn an. Nun erhob sich die Mutter. „Kommt, Kinder, wir wollen den heiligen Nikolaus begrüßen und ihm danken, daß er heute zu uns kam." Eines nach dem anderen kam jetzt hinter dem Tisch hervor und reichte dem hohen Gast die Hand, der sich nach den Namen erkundigte und fragte, ob sie wohl brav wären. Da gab es ein paar scheue Blicke hin zur Mutter. Die aber lächelte und nickte. Manche Kinder wußten ein kleines Sprüchlein. Und alle gemeinsam falteten schließlich die Hände und beteten. „Guter Vater im Himmel, Du hast uns das Kinderdorf zur irdischen Heimat gemacht, bleib auch Du bei uns, bewahre auch unser Dorf und unsere Gemeinschaft!" Endlich wurde der Sack geöffnet, und bald war der Tisch mit den begehrten Dingen überfüllt. Der Nikolaus reichte nochmals jedem die Hand, warf seinen Sack über die Schulter und winkte von der Türe den Kindern zu. Bald verloren sich seine Schritte draußen in der Schneenacht.

Wir hatten diese einfache Szene schweigend in uns aufgenommen. Und wir saßen noch immer still, als drüben am Tisch schon ein lautes Geplapper losging und die ersten Bubenfäuste auf die Nüsse schlugen. „Schauen Sie", unterbrach Gmeiner unser stilles Betrachten, „das ist doch Familie. Das ist doch echte, glückliche Familie. Hier erleben die Kinder alle jene großen und kleinen Geheimnisse, sei es nun der Nikolaus oder sei es Weihnachten, Ostern, ein Muttertag, ein Geburtstag oder was immer es im Ablauf eines Jahres in der Familie Schönes gibt. Und diese Geheimnisse sind es doch letztlich, die uns alle selbst als Kinder geformt haben, uns seelisch ausgefüllt haben, uns gebunden haben an unser Daheim. Ohne diese kleinen Dinge in der Familie kann es keine Kultur geben. Denken Sie jetzt, meine lieben Freunde, an ein Waisenhaus oder an eine Anstalt, wo all das wegfällt. Wie muß dort eine Kinderseele verkümmern. Hier aber darf sie frei atmen. Hier darf sie aufblühen. Und darum glaube ich, daß ich auf dem rechten Weg bin. Darum glaube ich, daß mein Experiment glücken wird."

Einen Freund gewonnen

Es ist Mitternacht vorbei, als ich mit Hermann Gmeiner allein noch einmal durch das kleine Dorf wandere. Er begleitet mich zu unserem Quartier in einem nahegelegenen Gasthof. Die Kinderdorfhäuser liegen jetzt dunkel und schweigend. Nur die Lampe vom Dorfplatz wirft ein schwaches Licht. Die weit vorspringenden Dächer dieser Tiroler Häuschen, die jetzt schon eine Schneemütze tragen, sind wie große schützende Hände, die sich über diese Kinderdorffamilien breiten. „Ihr Werk ist gut, Herr Gmeiner", beginne ich. „Da liegt bereits ein Segen darauf." Er bleibt stehen. „Um den ringen wir auch. Ich glaube, diese zehn Häuser sind jetzt da, weil ich und meine paar Freunde sie im Glauben an eine gute Sache erkämpft haben. Selbstlos erkämpft haben."

Der Journalist schlägt in mir durch, indem ich frage: „Aber wie wollen Sie das finanziell durchhalten? Wie wollen Sie den Bau dieser Häuser abzahlen? Mit welchem Geld wollen Sie neue Häuser bauen? Woher nehmen Sie die Mittel, um den Kindern das tägliche Brot zu sichern? Sie haben ja auch Feinde und Neider. Man wird jetzt erst aufmerksam werden auf Sie. Man wird Ihnen von der öffentlichen Fürsorge her eine kalte

Schulter zeigen. Ich weiß, wie das geht. Wie wollen Sie von dem allein leben wollen, was Ihnen ein paar gutherzige Menschen geben? Die Menschen sind schlecht und denken nur an sich. Man wird das ganz schön finden, aber das ist alles. Ich bewundere Ihren Mut, Herr Gmeiner!"

Wir waren bei unserem Quartier angelangt. Trotz der dunklen Nacht spürte ich Gmeiners Augen scharf in den meinen. „Die Menschen sind gut", sagte er dann langsam. „Die Menschen sind gut, man muß ihnen nur Gelegenheit geben, Gutes zu tun. Ich baue auf diese Hilfe, und ich fürchte mich nicht vor finanziellen Schwierigkeiten. Gut, wir haben jetzt viel gebaut, und ich habe mich vielleicht übernommen dabei. Aber ich mußte. Ich konnte es nicht mehr ertragen, der Not zahlloser Kinder tatenlos zuzusehen. Und jetzt, da die ersten Häuser stehen, jetzt, da sie erfüllt sind mit frohen und glücklichen Kindern, bin ich ruhig und zuversichtlich. Diese Kinder sind der Gnade würdig. Solange wir Erwachsene sauber sind, wird der Segen nicht ausbleiben. Und sehen Sie, deshalb glaube ich daran, daß ich Hilfe finden werde von den Menschen. Heute von Hunderten, morgen von Tausenden, übermorgen vielleicht einmal von Zehntausenden. Es gibt kein Zurück mehr für mich. Ich habe den Einsatz gewagt. Nun gilt es durchzuhalten. Der Einsatz war ein persönlicher. Ich habe alles aufgegeben um dieser Kinder willen. Ich werde schon dafür sorgen, daß es kein finanzielles Defizit gibt." Und während mir Gmeiner die Hand reichte, kam es noch leise über seine Lippen, als würde er jetzt zu sich allein sprechen: „Das Defizit in meinem eigenen Leben wird das einzige sein, das ich nicht auszugleichen vermag. Ich habe jahrelang nicht mehr an mich gedacht und merke schon jetzt, daß ich einmal — trotz allem — ein Einsamer sein werde."

Ich stand allein und sah der dunklen Gestalt nach, die sich in der Nacht verlor. In mir wurde der Wunsch wach, diesem Menschen ein Freund zu werden.

Wiedersehen in Linz

Der Fernschreiber neben mir rattert und wirft die aktuellen Meldungen auf meinen Schreibtisch. „Neue Österreichnote in Moskau überreicht." Acht Jahre nach dem großen Krieg, und noch immer keine Aussicht auf den Abschluß eines Friedensvertrages. Endlose Verhandlungen, endlose Gespräche. Die Wirtschaft erholt sich träge. Keine Aussicht auf eine Stabilisierung der Währung. Mühsam sind die gröbsten Schäden des Krieges beseitigt. Österreich hat aufgebaut und eine Politik des Friedens und des Ausgleichs eingeschlagen. Aber noch immer sind wir ein Spielball der Großmächte. Was wird das neue Ost-West-Treffen der Großmächte in Berlin bringen? Werden die Großen Vier diesmal einander näherkommen? In der Welt brodelt es bereits wieder an manchen Stellen. Das Feuer in Indochina ist wieder einmal ordentlich geschürt. Die Winteroffensive der Vietmins hat begonnen. Frankreich erlebt eine Regierungskrise nach der anderen. Die europäische Verteidigungsgemeinschaft scheint in eine Sackgasse geraten zu sein. In England bemüht sich der unverwüstliche „Alte Herr" — Sir Winston Churchill —, die Stellung Englands in der Welt zu verbessern. Aber die Kolonialvölker sind Unruhemacher geworden. Auch Afrika ist in Bewegung geraten. Das zweigeteilte Deutschland ist das traurigste Produkt dieses letzten großen Völkerringens. Überall unruhig. Überall weit entfernt vom Frieden...

Telefon. Setzerei. Der Leitartikel wird gebraucht. Das Tippen meiner Schreibmaschine mischt sich in den Lärm der abendlichen Redaktionsatmosphäre. Problem Staatsvertrag für Österreich. Ich bin wieder einmal mitten in der Gedankenwelt des politischen Journalisten von heute.

Und dann steht er plötzlich neben meinem Schreibtisch. Unerwartet. Lächelnd. Bescheiden. Hermann Gmeiner.

Vom Linzer Dom schlägt es elf, als wir in einem kleinen Kaffeehaus vis-à-vis des Pressegebäudes in Ruhe einander begrüßen und die Erinnerungen an die jetzt sechs Wochen zurückliegenden Tage in Imst austauschen können. Gmeiner kommt sofort ins Erzählen. Er weiß viel vom Dorf in Imst zu berichten. Sechs Geschwister sind angekommen, deren Eltern bei einem Unfall ums Leben gekommen sind. Und im „Haus Frieden" ein Säugling, drei Wochen alt. Und eine neue Mutterbewerberin. Ich lausche gespannt diesen Erzählungen. Obwohl es nur kleine menschliche Ereignisse sind, die im Schatten jener großen Ereignisse stehen, die meine Arbeit in der Redaktion ausmachen. Aber doch steckt in diesen menschlichen Dingen mehr. Sie füllen eine Welt aus. Eine neue Welt, die dieser Mann in den Tiroler Bergen geschaffen hat. Nun spricht er von Plänen für neue Häuser. Die Eingänge aus dem Versand der Weihnachtskarten seien überraschend gut gewesen. Vielleicht werden es sogar 200.000 Schilling sein. Man wird damit ein neues Familienhaus finanzieren können. Im Frühjahr wolle er eine ganz große Mitgliederwerbung starten. „Wenn wir einmal 200.000 Mitglieder haben, so sind das über zwei Millionen Schilling im Jahr. Dann kann ich Imst ausbauen zu einem richtigen Dorf mit 15 bis 20 Häusern. Dann könnte ich vielleicht einmal ein Lehrlings- und Studentenhaus bauen für die Buben über 14, damit wir sie nicht weggeben müssen zu irgendwelchen Pflegefamilien oder in Heime hinein. Denn wir wollen diesen Kindern ja ein Daheim geben; ein bleibendes Daheim. Ja, wir brauchen dieses Lehrlingsheim. Und ich werde es auch bauen. Ich werde es bauen."

Gmeiner schlägt mit der flachen Hand auf den Tisch. Man spürt, er ist voll Pläne, voll Ideen, voll Energie.

Die Eindrücke in der Redaktion haben ihn nicht sehr berührt. Dieser Mann läßt sich nicht beirren. Er kennt die Welt von heute, er kennt ihre Höhen und Tiefen. Irgendwie erscheint er mir in dieser zweiten Begegnung wie ein Weiser. Wie einer, der sich emporgehoben hat aus der Angst, die die Menschen heute erfüllt. Gmeiner kennt keine Angst. Er kennt keine Unsicherheit. Er glaubt unbeirrbar an das Gute. Ich kann es immer noch nicht fassen, wenn er mir sagt: „Die Menschen sind gut."

Nun aber, wo Gmeiner mich anblickt und erwartet, daß ich etwas sage, wird mir bange. „Ich werde ihm reinen Wein einschenken müssen", sage ich mir. „Er wird es ertragen. Vielleicht wird er sogar eine Erklärung dafür finden." Und so ziehe ich ein Manuskript aus der Tasche und lege es zwischen uns auf den Tisch. „Hier, Hermann", wir hatten schon in Imst das Du-wort gewechselt, „das ist alles, was ich in diesen sechs Wochen, seit ich in Imst war, für dein Werk getan habe. Ich weiß, es ist beschämend. Ich war so begeistert, ich war so fasziniert und kam mit den besten Vorsätzen zurück, jetzt jede freie Minute dafür aufzuwenden... Aber nun komme ich mir wie ein Schwächling vor, denn ich habe nichts getan, als diesen Artikel geschrieben, und nicht einmal der ist noch erschienen."

Gmeiner lacht. „Seit ich dich jetzt in der Redaktion erlebt habe, weiß ich alles, Heinz. Laß nur. Gut Ding braucht Weile. Du kannst ja doch nicht mehr anders. Ich weiß ja, daß du innerlich auch schon brennst. Wir alle brennen; brennen für die Idee des SOS-Kinderdorfes, und wenn es einen einmal erwischt hat, dann kann er nicht mehr aus."

„Ja, das schon", antworte ich, „aber weißt du, ich habe in dieser Zeit zwischen Imst und jetzt auch eine große und bittere Enttäuschung erlebt; vielleicht die schwerste Enttäuschung meines bisherigen Berufslebens." Gmeiner horcht auf. Es wird mir schwer, davon zu erzählen. „Ich kam also zurück von Imst, und ich brauche dir nicht zu sagen, daß ich als ein anderer Mensch zurückkam. Wie du es richtig sagst, ich brannte innerlich. Und so setzte ich mich gleich an meine Maschine und schrieb diese erste große Reportage über meine Eindrücke im SOS-Kinderdorf Imst. Hier ist der Artikel. Er war schon zwei Tage später in der Setzerei, wurde umbrochen und sollte am darauffolgenden Sonntag erscheinen. Und dann kam alles anders. Ich habe dir davon erzählt, daß ich schon vor meiner Fahrt nichts Gutes über dich und deine Arbeit gehört hatte und eigentlich nach Imst gefahren war, um diesem Hermann Gmeiner mit seiner sozialen Schöntuerei auf die Finger zu klopfen. Die gleichen Leute wußten jetzt das Erscheinen meines Artikels zu verhindern. In meiner ganzen journalistischen Laufbahn habe ich noch keinen Hauch einer Zensur erlebt. Und jetzt sollten mir die Hände gebunden sein, um über dein großartiges Werk berichten zu können! Ich konnte ja nicht ahnen, daß man auch auf dem Felde der Liebe und der Wohltätigkeit einander den Hals umdrehen will. Da glauben einige, sie hätten allein vom lieben Gott das Recht gepachtet, etwas Gutes tun zu können..."

Gmeiner unterbrach mich: „Du bist naiv! Du brauchst mir nichts weiter zu erzählen. Ich kann mir alles gut vorstellen. Mich wundert es nicht, daß dein Artikel nicht erschienen ist. Hat man das Gute nicht immer bekämpft, solange es Menschen auf der Welt gibt? Was meinst du, was man mir alles vor die Füße warf! Die Schwierigkeiten, die ich zu überwinden hatte, waren unbeschreiblich. Vielleicht verstehst du jetzt, weshalb ich mein Studium aufgeben mußte, wo ich doch so gerne Arzt geworden wäre und noch immer werden möchte. Was meinst du, warum ich mich eines Tages entschlossen habe, nur mehr für meine Idee dazusein, nur mehr den verlassenen Kindern mein Leben zu widmen? Weil ich sonst der Schwierigkeiten nicht Herr geworden wäre. Man hätte mich zur Strecke gebracht, noch ehe ich angefangen hätte, etwas zu leisten. Auch ich war damals manchmal bitter enttäuscht; enttäuscht von dieser Welt. Aber dann begann ich es zu verstehen. Es muß wohl so sein. Das Gute muß sich seinen Weg zur Wirklichkeit durch eine rauhe Schale brechen. Es muß Prüfungen bestehen. Es muß geläutert werden, sonst hat es später keinen Bestand. So wurde ich eigentlich recht dankbar, dankbar für alles, was mir Schweres entgegenkam. Und ich wurde immer mutiger im Überwinden dieser Hindernisse. Und eigentlich immer glücklicher. Man hat doch meinen Schreibtisch versiegelt. Man hat das Konto unseres Vereines gesperrt. Man hat uns lächerlich gemacht. Ach, was hat man nicht gegen uns unternommen! Aber schau, es muß so sein. Darum freue ich mich fast, daß deine Mitarbeit an der Idee des

SOS-Kinderdorfes mit einer Hürde beginnt. Warum sollst nicht auch du erleben, daß es nicht einfach ist, den Weg des Guten zu gehen, aus der Reihe der Masse zu tanzen und anders zu sein als die anderen?

Es kommt nur darauf an, daß man diesen Weg unbeirrt weitergeht. Daß man nicht beginnt, sich im Kampf mit diesen Schwierigkeiten aufzureiben. Ich antworte nie auf Angriffe gegen mich. Ich arbeite nur verbissen weiter, weil ich weiß, daß meine Idee gut ist, und weil ich weiß, daß es so viele notleidende Kinder gibt, die unsere Hilfe brauchen. Alles andere ist jämmerlich, ist kleinlich. Es kommt nicht mehr an bei mir. Und jetzt lassen wir das. Mach dir keine Gedanken darüber! Vergiß diese Enttäuschung! Es werden noch viele solche Enttäuschungen kommen, wenn du bereit bist, mir auch in Zukunft die Hand zur Mitarbeit zu geben. Eines Tages werden dann alle Zeitungen ohne unser Dazutun noch viel größere Artikel schreiben. Wir dürfen nur nicht schwach werden; nicht schwach im Glauben an das Gute. Und jetzt laß mich deinen Artikel aber doch durchlesen."

Aufmerksam studiert er den Bürstenabzug. Dann läßt er das Blatt sinken.

„Ein schöner Schulaufsatz", lächelt er. Ich will beleidigt auffahren, aber Gmeiner faßt meine Hand: „Weißt du, in unserer Idee steckt noch viel mehr drin, viel mehr, als du auf der einen Zeitungsseite unterbringen kannst. Aber ich spüre, du bist schon auf dem rechten Weg. Du hast die Idee schon etwas mitbekommen. Weißt du, je mehr ich über die Arbeit des SOS-Kinderdorfes nachdenke, desto mehr wird mir bewußt, wie tief und beinahe unausschöpflich sie ist. Sie erscheint so einfach und so natürlich, denn sie holt auch das Natürlichste, das es gibt, in die Fürsorgepädagogik herein: die Familie. Sie holt jene gottgewollte Form herein, die für die Entwicklung jedes Menschenkindes gedacht ist. Und durch diese Einfachheit und Natürlichkeit wird man verleitet, nicht mehr darüber nachzudenken. Die praktische Arbeit aber hat mir in den letzten Jahren so viel Neues eröffnet, daß ich nicht nachkomme, alle Gedanken zu durchdenken, die sich auftun. Ich weiß, wir werden noch viel darüber zu reden haben. Ich brauche Menschen, die mir dabei helfen. Ich kann allein nicht damit fertig werden. Aber alles ist so groß und so schön. Und es ist ein Kampf. Ein Kampf um das Kind. Ein Kampf um das Gute. Befinden wir uns nicht auf einem Schlachtfeld der Liebe?"

Gmeiner hält Rückschau

Ja, so lernte ich Hermann Gmeiner kennen. Und so machte ich die Bekanntschaft mit seiner Idee — mit der Idee der SOS-Kinderdörfer, die heute in die Welt hinausgedrungen ist. Ich hatte gerade noch das Glück, einen Teil der Geburtsstunde der Idee miterleben und ihre bescheidenen Anfänge kennenlernen zu dürfen. Denn nachdem Imst zu einem kleinen Dorf geworden war, entwickelte sich das Werk Hermann Gmeiners sehr rasch. Die Saat war gut, und sie ging auf. Innerhalb weniger Jahre wurde von dem kleinen Dorf in den Tiroler Bergen aus eine Revolution in die gesamte Jugendfürsorge hinausgetragen. Es ist eine Revolution des Guten, wie sie aufregender nicht sein könnte.

Hermann Gmeiner erzählte mir damals bei unserem zweiten Zusammentreffen in Linz aus seinem Leben. Wir saßen eine ganze Nacht beisammen. Er plauderte. Er wollte einfach weitergeben, was an Gedankenfülle in ihm war, und so reichten diese Gedanken zurück in jene Zeit, wo er noch ein Kind war und in seinem Vorarlberger Heimatort Alberschwende all das Glückliche und Schöne aufnehmen konnte, was ihn später reif gemacht hat, eine so große Idee in die Wirklichkeit umzusetzen.

Ich möchte Sie, lieber Leser, jetzt in dieses Gespräch hineinführen. So als wären Sie mit dabei. Ich möchte all das zusammenfassen, was mir Hermann Gmeiner damals bruchstückartig von dem Werdegang seines Werkes, von dem Werden seiner Persönlichkeit schilderte. Und ich möchte das bewußt in eine beinahe romanhafte Form kleiden. Man könnte dieses Gespräch natürlich auch als Chronik aufzeichnen. Das romanhafte Bild aber bringt uns die Person Gmeiners vielleicht näher; bringt uns sein Werk näher; bringt uns seine Idee näher.

Das Werden der SOS-Kinderdorfidee ist eine schwer faßbare Entwicklung. Denn diese Idee brach im Herzen eines Menschen auf, der sich ihrer Tragweite erst voll bewußt wurde, als er sie geboren und mit dem SOS-Kinderdorf Imst realisiert hatte. Vielleicht aber beginnen wir Hermann Gmeiner zu erkennen und zu verstehen, wenn wir uns dieses Bild vor Augen halten, das ich Ihnen jetzt zeichnen will.

Hier ist es:

2. Dezember 1949

Er wußte nicht, ob er sich freuen sollte am Abend jenes aufregenden zweiten Dezembertages 1949.

Müde lehnte Gmeiner am Fensterplatz des Personenzuges, der die Arlbergstrecke her nach Innsbruck rollte. Er war von einer inneren Spannung erfüllt und wußte keine geordneten Gedanken zu fassen. Die Erlebnisse der letzten Monate wirbelten in seinem Kopf. War er auf dem richtigen Weg? Irgendwo verfolgte ihn auch noch immer ein Schuldgefühl, daß er sein hoffnungsvolles Medizinstudium aufgegeben hatte. Weggerannt in ein Ungewisses hinein. Wie oft schon hatte er darüber nachgegrübelt. Aber jetzt kam es halt wieder über ihn. Jetzt, gerade an diesem Tag, wo er sich freuen sollte, wo er stolz sein könnte, wo er einen Erfolg greifbar vor sich sah. Aber war es ein Erfolg? War es nicht vielleicht ein Irrweg? Was konnte dabei herausschauen? Auch für ihn herausschauen, der nun schon 30 war. Wo sah er eine Existenz?

„Hermann", sagte plötzlich sein Gegenüber, „schläfst du?" Und dann: „Hast du die Rede vom Mayr?" Gmeiner nahm einen Zettel aus der Tasche. Jemand hatte die Ansprache notiert. In Stenographie. Gmeiner konnte es nicht entziffern.

Sein Gegenüber nahm den Zettel, hielt ihn zum Licht und begann vorzulesen: „Ich begrüße die stürmische Begeisterung der Jugend. Sie zeigt uns immer wieder, daß sie zu unser aller Nutz und Frommen oft schon jene Probleme durch die Tat gelöst hat, die die bedächtige Erfahrung des Alters noch theoretisch behandelt. Seien wir glücklich, daß unsere Jugend so stark und auf die Schaffung neuer menschlicher Werte und nicht auf die Zerstörung bedacht ist! Wir können stolz auf sie sein, denn ihr Drang zum Neuen und ihre Taten kommen aus einem guten Herzen. Deshalb fühle ich mich verpflichtet, meine Sorge dem SOS-Kinderdorf zu widmen, denn hier bauen alle Generationen für die Jugend, die unsere stolze Zukunft ist. In diesen Wänden soll unseren Ärmsten die Sonne aufgehen, deren Wärme sie weitertragen mögen durch die Geschlechter zum Ruhme unseres Volkes und Vaterlandes."

Der Zettel wanderte wieder in Gmeiners Rocktasche. Es war still zwischen den beiden. Dann kam es langsam von Gmeiner: „Worte, Fritz, nichts als Worte. Schöne Worte, freilich, wie sie unser Landeshauptmannstellvertreter zu sprechen weiß. Heute bei einem Feuerwehrfest, morgen bei einer Ausstellungseröffnung und übermorgen bei einer Frauenkundgebung. Ja, und dann halt auch einmal, wenn ein paar verrückte junge Menschen ein Kinderdorfhaus bauen wollen und zur Firstfeier einladen. Ach, wenn ich das nur höre: von stolzer Zukunft und Generationen, denen die Sonne aufgehen soll, und den Taten der Jugend und zu Nutz und Frommen und von menschlichen Werten..."

Der andere fiel ihm ins Wort: „Das ist ungerecht, was du sagst, Hermann, du weißt, keiner ist gekommen, den wir eingeladen haben. Nur der Landeshauptmannstellvertreter Mayr. Und er war gar nicht enttäuscht. Nein, Hermann, den hat's gepackt. Das mußt du doch gespürt haben. Der hat's ehrlich gemeint. Der will uns helfen."

33

Gmeiner schwieg. Das Gespräch verstummte.

Freilich, dachte Gmeiner, den Mayr haben wir gewonnen! Der hat's ehrlich gemeint. Das mag schon stimmen. Aber eigentlich habe ich mich geniert, als er plötzlich vor uns stand. Den ganzen Berg ist er hochgestiefelt und hat sich weiß Gott was erwartet. Und dann hat er uns paar junge Leute gefunden, die hier mitten im Wald standen und warteten, daß wenigstens einer von den Geladenen das schnell zusammengezimmerte Rednerpult betreten möge. Heilig, heilig, ich wollt' in den Boden versinken, sagte Gmeiner zu sich selbst. Was war uns auch eingefallen, den Landeshauptmann einzuladen! Freilich, weil wir wußten, daß er sowieso nicht kommen würde. Aber seinen Stellvertreter schickte er dann. Und der machte nicht einmal ein böses Gesicht. Zuerst gab er uns allen die Hand, dann ließ er sich das Haus zeigen. Diesen lächerlichen Rohbau, der noch nicht einmal Dachziegel trägt. Aber es hat ihm trotzdem gefallen. Dieses kleine Tiroler Häusel. Nett ist es ja auch. Wird es erst, wenn es fertig ist. Ob ich was Gescheites gesagt hab' zur Begrüßung? schoß es Gmeiner durch den Kopf. Wie war das doch gleich?

Und wieder sah er sich vor dem wackeligen Rednerpult stehen, hinter sich den Rohbau des ersten SOS-Kinderdorfhauses, vor sich das Pitztal mit dem steilen Czirgant, zu dessen Füßen sich die langgezogene Bezirksstadt Imst ausbreitet. Im Hintergrund die Ötztaler Alpen. Nur die weißen Spitzen leuchteten heraus. Dunkle, schwere Wolken hingen darunter. Die Himmelsdecke war grau. Spätherbst in Tirol. Und hier — oberhalb von Imst — stand er nun, der ausgesprungene Medizinstudent, der die Welt mit einer Idee erobern wollte; die Welt der Herzen für ein armes, verlassenes Kind.

Ich weiß nicht mehr, was ich gesagt habe, mußte sich Gmeiner eingestehen. Aber er war ganz hübsch in Fluß gekommen. Ja, bei der Stelle, die ihm jetzt wieder einfiel: „Wir lassen es zu, daß Kinder verkommen, und vergessen dabei, daß wir eines Tages auf sie angewiesen sind. Aber in unserem Egoismus denken wir nicht an sie. Wir sehen sie gar nicht. Sie sind ja auch vielfach weggeschafft. In Heimen und Anstalten sind sie; sie alle, die keine Eltern mehr haben, keine Heimat und kein Zuhause. Sie alle, die den Weg ins Verderben gehen müssen. Warum eigentlich tun wir für diese Kinder nicht mehr, als daß wir sie in Anstalten verfrachten oder bestenfalls auf einen Pflegeplatz geben, wo es letzten Endes auch nicht geht? Das haben wir auch schon vor 100 Jahren für diese Kinder getan. Aber inzwischen sind wir doch eine hochzivilisierte Menschheit geworden. Es geht uns wieder gut. Auch jetzt schon, vier Jahre nach dem Zweiten Weltkrieg. Überall erleben wir den Fortschritt unseres 20. Jahrhunderts, nur nicht in der Obhut elternloser und verlassener Kinder. Warum?" Ja, und dann hatte er es förmlich hinausgeschrien, dieses „Antwortet mir!", und mußte jetzt still darüber lächeln. Und es war doch nur einer da, zu dem er wirklich sprach, denn die anderen waren doch seine Kameraden, die mit ihm arbeiten und schuften und opfern, um die SOS-Kinderdorfidee Wirklichkeit werden zu lassen.

„Ich weiß diese Antwort", hatte er weitergesprochen. „Das Kind ist klein und hilflos. Es kann sich nicht organisieren und kann keine Gewerkschaft bilden. Es kann nicht um sein Recht kämpfen. Weil das elternlose und verlassene Kind hilflos ist, hat man es vergessen. Die Trägheit unserer Herzen ist zu groß geworden. Um in Ruhe leben zu können, wollen wir es nicht wahrhaben, daß Hunderte und Tausende Kinder schicksalhaft ins Asoziale steuern. Eines Tages werden wir alle diese Kinder aber doch wahrhaben müssen. Dann aber ist es zu spät."

Er hat das noch ausgemalt. Hatte sehr drastisch gesprochen. Von jugendlichen Verbrechern. Von unserer Schuld daran, daß die Jugend so sei. Er wußte es nicht mehr genau. Er wußte nur, daß seine Worte sehr hart wurden. Worte eines Verzweifelten, der für das Gute kämpft und sich einem Heer müder, träger Menschen gegenübersieht.

Ja, aber den Schluß seiner Rede wußte er noch. „Freunde", hatte er ausgerufen, „helft mir doch, Menschen für diese Idee zu gewinnen! Helft mir, die trägen Herzen der Menschen aufzuschließen für die Not des verlassenen Kindes! Helft mir, dieses Dorf zu bauen, dieses Dorf für Kinder! Helft mir, diesen Ärmsten ein neues Daheim zu schaffen! Dazu werden Opfer notwendig sein. Mit frommen Sprüchen kommen wir nicht zu unserem schönen Ziel. Ich selbst habe mich auch entschlossen, nur noch für dieses Ziel dazusein, nur noch den ärmsten, elternlosen Kindern zu dienen. Ich werde die Hoffnung auf meine eigene Existenz, auf meinen eigenen, ersehnten Beruf aufgeben, bis ich dieses Dorf geschaffen habe. Es soll als ein kleiner Lichtblick in unsere dunkel gewordene Welt hinausstrahlen. Licht bringen den Kindern, die im Schatten unseres Daseins aufwachsen müssen. Gutsein ohne Opfer ist Schein und Lüge. Wir sind zu diesem Opfer bereit. Wir wissen, daß dieser Rohbau nur Sinnbild für den Anfang eines Opferweges ist, den wir gehen müssen. Aber wir werden ihn gehen, weil wir an das Gute glauben. Wir glauben noch daran, daß die Menschen gut sind. Wir glauben daran, auch wenn uns die letzten Jahre vielfach eines anderen belehrt haben. Wir müssen die Menschen zu diesem Gutsein nur aufrütteln. Dazu möge uns der Herrgott die Kraft geben. Wir zogen ja nur aus, um seinen Kindern zu dienen, die er so liebt!"

Dann hatte auch noch Koch gesprochen. Der Bürgermeister von Imst. Aber der gehört ja schon zu uns. Den hat's ja auch schon gepackt. Der kann auch nicht mehr zurück.

Als der Zug in den Hauptbahnhof Innsbruck einfuhr, trug Hermann Gmeiners Antlitz wieder jenes Strahlen, das so oft schon die Skepsis seiner Freunde verjagt hat.

„Und jetzt auf in unsere Bude!" sagte er. „Wir müssen diesen heutigen Tag ausnützen. Er war doch ein Erfolg. Ein großer Erfolg. Das seh' ich jetzt. Wir müssen Tausende Flugzettel hinauswerfen! Wir müssen neue Plakate machen! Ich muß morgen zu den Zeitungen. Zur Landesregierung. Wir müssen ein Rundschreiben an die Industrie abziehen. Menschenskind, es muß werden, Imst muß werden!"

Die letzten Worte gingen im Lärm des Bahnhofgetriebes unter. Tausende Menschen hasteten dahin. Eine fast unheimliche Masse. Noch lag darüber der Schatten des Krieges. Man sah es an den Kleidern und den zerschlissenen Soldatenröcken. An den Besatzungssoldaten. Wie oft hatte sich Gmeiner gefragt, wie man diese Menschen, die doch nur mehr die Sorge um sich und um eine neue Existenz, die Sorge um ein besseres Leben und ein Nachholen versäumter Genüsse zu kennen schienen, für eine Idee des Guten begeistern könne. Wie oft war er mit Flugzetteln abends dieser Menschenherde vor Kinos oder vor dem Bahnhof gegenübergestanden. Wurde von ihr umflutet, verdrängt, gestoßen. Und immer stand er dann mit seinen Flugzetteln in der Hand vor einem menschenleeren Platz, wenn der Ansturm vorbei war. Wenige hatten den hingehaltenen Zettel ergriffen. Und auch diese fand er dann zertreten auf dem Gehsteig. Manche hob er wieder auf. Wischte sie ab. Tat sie zu den anderen.

Heute, am Abend jenes 2. Dezember 1949, aber sah er die Menschenmasse nicht. Er fühlte nicht ihre Gleichgültigkeit gegen einen verrückten Flugzettelverteiler. Heute sah er über sie hinweg in das Bild eines Dorfes, das erfüllt war vom Treiben froher Kinder, das widerhallte von ihrem Schreien und Rufen. Heute sah er wieder einmal ganz klar und deutlich das Ziel vor Augen, dem er sich verschrieben hatte. Weil er mehr tun wollte als andere. Weil er überhaupt alles tun wollte, wo andere nur redeten. Weil er das Kind auf der Straße erkannt hatte. Weil er die ausgestreckte, bittende Hand des hilflosen Kindes ergriffen hatte.

Nein, es gab kein Zurück mehr für ihn!

Die Zeit war reif

Der Weg, den Hermann Gmeiner bis zu diesem 2. Dezember 1949 zurücklegen mußte, war steil. Es konnte ihn nur einer bewältigen, der den bedingungslosen Idealismus aufbrachte, wie er in großen Pionieren der Menschheit lebendig ist. In solchen Persönlichkeiten bricht sich eine Idee Bahn, die in der Entwicklung der Menschheit langsam gereift ist.

Auch die Idee des SOS-Kinderdorfes brodelte als geistiger Reifeprozeß schon lange im Unterbewußtsein der abendländischen Menschheit.

Kern dieser Idee ist die Gleichberechtigung des Waisenkindes gegenüber dem Kind aus Normalfamilien. Seit Jahrhunderten lasten auf dem schuldlos aus dem Nest der Familie gefallenen Kind Mißgunst und Ungerechtigkeit. Jahrhundertelang war es ausgestoßen aus der Gesellschaft, gebrandmarkt, zur Seite geschoben, eingeschüchtert und benachteiligt. Die Gesellschaft lehnte dieses Kind ab. Sie schob es ab. Hinein in eines der vielen Waisenhäuser und Anstalten, wo dieses Kind jenseits der hohen und oft genug mit Glasscherben bestreuten Mauern für immer den Blicken und damit wohl auch der Sorge der Mitbürger entzogen war.

Freilich walteten vielfach in diesen Anstalten großer Opfermut, Liebe und Hingabe. Hinter diesen Mauern wurde manche Erzieherin zur Heiligen. Unter den Händen guter Schwestern wurde so manches Kind zu einem tüchtigen Menschen erzogen. Aber das alles sah die Gesellschaft nicht und wollte es nicht sehen. Man legte Brot vor die Türen solcher Waisenhäuser und abgetragene Kleider. Auch Geld. Manche adelige Dame stattete einem solchen Haus sogar einen Besuch ab. Es gehörte zum guten Ton. Man konnte auch sehr viel mehr auf die eigene Brust klopfen und sein soziales Gewissen im Spiegel der Mitbürger glänzen lassen, wenn man hin und wieder ein solches Kind zum Mittagstisch holte oder mit ihm sonntags im Fiaker durch die Alleen fuhr. Da drehten die Leute den Kopf und schauten zu dem aufgeputzten Ehepaar auf, das in der Mitte das schmale, blasse Bübchen im Matrosenanzug sitzen hatte. Und sie sagten: „Schau, schau, der Herr Hofrat, was ist er doch für ein guter Mensch!" Aber hat jemand dieser Passanten gefragt, was im Herzen dieses Buben vorgeht? Was ihn bewegt? Was er fühlt? Was er denkt? Hat jemand nach dem wahren Grund der Tränen geforscht, wenn am Abend ein solches Bübchen wieder an der Klosterpforte abgegeben wurde?

Aus diesen Waisenhäusern holte man sich die Hausgehilfinnen und die Knechte. Dazu waren sie gerade gut genug. Was wollte man denn auch? Was konnte das schon für ein Kind sein, dessen Vaterschaft nicht einmal festgestellt ist und dessen Mutter es als Säugling vor die Kirchentüre legte? Was konnte da schon dahinter sein? Doch nur ein verderbtes Menschlein. Mein Gott, soll froh sein, daß es so geborgen aufwachsen kann in einem Kloster. Soll froh sein, wenn es dann zu einer guten Herrschaft kommt. Man sah es ja sowieso bald, wie weit solche Kinder her sind. Die meisten hatten bald ihre Liebschaften, an deren Ende doch nur wieder so ein lediges Kind stand. Nein, diese Kinder sollten nur ruhig eine Menschengruppe zweiter Sorte bleiben. Sollten ihre eigene Schule haben, ihre eigenen Spielplätze. Wo käme man denn hin, wenn der eigene Herr Sohn in der Sandkiste vielleicht einem solchen „Sündenkind" begegnen würde? Das ist doch alles ganz klar und einleuchtend. Deswegen konnte der gute Bürger am Sonntag mit ganz ruhigem Gewissen und einem dicken Gebetbuch in der Kirche sitzen.

Das alles bleibt uns heute unverständlich; unverständlich, weil wir mit dem Maßstab der Gegenwart messen. Es bleibt uns unbegreiflich, daß man das Waisenkind nicht einfach nur als Kind sah, als ein gottgefälliges Menschenwesen wie andere Kinder auch. Es bleibt uns unbegreiflich, daß man sich nicht fragte, ob denn ein solches Kind wirklich schuld an seinem Elend sei. Man sah nicht die Mutter dieses Kindes, die vielleicht eine liebende Mutter war, die auch gut war und auch auf ihr Glück im Leben hoffte. Und was wußte man vom Vater? Man fragte nicht nach den Gründen und Ängsten, die eine Mutter veranlaßten, ihr Kind wegzulegen, nur mit einem Zettel angeheftet: „Gott verzeih mir, aber ich kann nicht anders!"

Je mehr jedoch die Aufklärung die Menschen erfaßte, je mehr die Menschen einander näherkamen, je mehr Fortschritt und Technik auch den sozial am tiefsten Stehenden brauchten, je mehr Standesdünkel und sozial krasse Schichtung zerbrachen, desto mehr begann auch das althergebrachte Waisenhaus zu wanken. Irgendwo brach es unbewußt auf, machte sich das Erkennen breit, daß auch jenes hilflose, verlassene, elternlose, heimatlose, ungewollte Kind nach menschlicher Entfaltung strebt. Gedanken wurden darüber ausgesprochen. Jedes Kind habe das Recht auf ein Daheim. Jedes Kind sei gleich vor Gott. Jedem Kind habe die Welt offenzustehen. Anstalten sollten nur für diejenigen dasein, vor denen sich die Gesellschaft schützen müsse. Aber vor einem hilflosen Kind brauche sie doch keine Angst zu haben. Und schließlich stießen aus Waisenhäusern immer wieder Menschen in höchste Positionen vor. Es gab Gelehrte, die in Waisenhäusern aufwuchsen. Es gab brave Familienväter, die dort erzogen wurden. Es gab Erfinder und Ärzte, Forscher und Schriftsteller, die diesen Leidensweg mitmachen mußten. Sie berichteten darüber, gaben ihre Erfahrungen kund, schilderten das seelische Leid dieser Kinder.

Und so wurde die Zeit langsam reif für eine neue Gesinnung dem verwaisten Kind gegenüber. Aber nur langsam. Es gab einige Große, die diesen Durchbruch versuchten. August Hermann Francke stieß noch auf Ablehnung, Pestalozzi schon auf Verständnis, aber erst einem Hermann Gmeiner war es gegeben, seine Gedanken einer Zeit vorzusetzen, die reif dafür war. Und so gelang diese Revolution seiner Idee. Sie hat dem seit Jahrhunderten nach Anerkennung ringenden Waisenkind jenen Platz für immer gesichert, der ihm zusteht: neben dem ehelichen Kind. Und hat diesem Waisenkind die Welt für immer wiedererobert, die es so lange entbehren mußte: die Welt der Liebe und der Wärme am Herzen einer Mutter.

Das ist der Kern der SOS-Kinderdorfidee. Ihre Ausstrahlung aber ist weiter und vielfältiger. Ist umfassender. Aus der Revolution der Waisenfürsorge ist eine Revolution des Guten geworden. Millionen Menschen wurden wachgerüttelt für das Gute. Sie haben wieder erleben dürfen, daß es wirklich Liebe gibt in unserer Zeit geistiger und seelischer Verhärtung. Sie haben wieder Glauben an die Menschheit geschöpft. Wenn Millionen Menschen sich für das Kind bekennen, wenn Millionen Menschen für dieses Kind ein Opfer bringen — ganz gleich, wie groß dieses Opfer ist —, wenn Millionen Menschen über dieses Kind nachdenken, seinem Blick nicht mehr ausweichen, dann bedeutet dies einen Aufbruch der Liebe. Dieser Aufbruch der Liebe ist das Wirkungsfeld der Idee Gmeiners.

Sein Ziel: fünf Häuser

Aber das alles konnte Gmeiner an jenem 2. Dezember 1949 noch nicht erkennen. Er fühlte sich nur getrieben von einer inneren Stimme und wußte selbst nicht genau, wohin sie ihn führen würde. Aber er wich dieser Stimme nicht aus. Wie die anderen. Er stellte sich dieser Entscheidung.

„Wenn es uns gelingt, in Imst ein Dörfchen zu bauen mit eines Tages fünf Häusern für Kinder, dann hat unser Opfer einen Sinn gehabt. Wenn uns das gelingt, dann weiß ich, daß mein ganzes Leben einen Sinn hatte. Dann werde ich nie bereuen, meinen Arztberuf geopfert zu haben!" So sagte er, als sie in seiner „Bude" angekommen waren. Er muß es laut gesagt und dazu vielleicht mit der Faust auf den Tisch geschlagen haben, denn Fritz rief erschrocken: „Ruhig, Hermann, nicht so laut, sonst gibt's wieder Krach!" Ja, Krach hatte er mit seiner Hausfrau schon oft gehabt. Dabei war sie eine gute Frau. Eine Witwe, die ein Kabinett ihrer kleinen Wohnung an den Studenten Gmeiner vermietet hatte und ein zweites Zimmer an ein älteres Fräulein, weil sie von ihrer kleinen Rente allein nicht leben konnte. Aber mit dem Medizinstudenten hatte sie Ärger; allerdings mütterlichen Ärger. „Jetzt sind Sie schon 30 Jahre alt, Gmeiner, aber ohne Mutter könnt' man Sie nicht lassen. So ein Kindskopf wie Sie. Wenn ich nicht wie eine Mutter zu Ihnen wär', säßen Sie wahrscheinlich schon im Gefängnis. Aber lang mach' ich's auch nicht mehr mit. Sie sind ja unverbesserlich. Auf der ganzen Medizinischen weiß man, daß Sie das beste Zeug für einen Arzt haben, der Breitner selber hat Sie wie ein Liebkind behandelt und Ihnen zugeredet. Sein Assistent würden Sie bald sein. Nein, Sie geben alles auf! Sie Bauernschädl Sie! Und ziehen mir da seit Monaten Lumpenpack ins Haus. Hergelaufene Buben. Ihr spinnts ja alle miteinander. Was soll denn aus dem Zeug werden, das Sie Kinderdorf nennen? Das hat doch keinen Grund. So was kann man machen, wenn man was geworden ist im Leben. Und Geld hat. Sie sind ein Träumer, Gmeiner, ein unverbesserlicher Träumer. Ich weiß gar nicht, was ich mit Ihnen machen soll. Sie machen mir mehr Kummer, als meine beiden Buben zusammen mir bereitet haben. Und die wär'n was geworden, wenn sie der Krieg verschont hätte. Sie aber, Sie aber..." Dann brach sie meistens in Tränen aus und rannte in die Küche. Ja, Fritz hatte ganz recht, es ist schon spät, wir müssen ruhig sein und dürfen keinen Lärm machen. Sonst wacht sie auf, die gute Hausfrau. Und auch das Fräulein von nebenan.

Aber schon klopfte es an der Tür, und Frau Stegwitz, die Hausfrau, trat ein. Um die Schultern einen grauen Schal, den sie mit einer Hand vorne zusammenhielt. Ihr Gesicht erschien blaß. Sie schüttelte den Kopf. „Gmeiner, Sie schlagen mir noch den Tisch kaputt. Ja, mein Gott, und wie ihr ausschaut! Die Schuhe voll Erde. Und damit auf meinem Teppich!"

Gmeiner streifte dabei schuldbewußt die Schuhe von den Füßen, dann lächelte er ihr entgegen. „Mutti Stegwitz, was wär's mit einem heißen Tee? Das wär' jetzt ein Gedicht. Wir sind ganz ausgekühlt."

Die Hausfrau verzog den Mund. „Na, meinetwegen, Ihnen

schon, Herr Gmeiner. Aber der Fritz bekommt keinen, der muß nach Hause. Sein Vater war vorhin da und hat schon nach ihm gefragt. Das ist es auch, was ich ausrichten wollte." Dann verschwand sie. Gmeiner blinzelte Fritz zu. Freilich, der sollte heim. Morgen wieder in die Schule. Maturaklasse. Da heißt es lernen. Er hinkt sowieso nach, seit ich ihn so einspanne, sagte sich Gmeiner. Aber er ist der Lichtblick meiner Jugendgruppe. Als ich sie vor zwei Jahren aufbaute, war er schon dabei. Eigentlich paßte er so gar nicht unter die Kerle, die ich mir da aus der Pfarre Mariahilf zusammengeholt hatte. Er war der einzige, der sofort wußte, um was es in der Katholischen Jugend geht. Er kommt auch aus einem geordneten Milieu. Nicht so wie die anderen, bei denen es daheim nicht stimmt. Und doch haben wir jetzt eine Gruppe beisammen, die sich sehen lassen kann. „StT" nennt sie sich: Stoß-Trupp. Über Gmeiners Gesicht huschte ein Lächeln. „Ja, Fritz, du mußt heim. Es ist besser so. Ich mach' mir noch meine Notizen, und morgen kommst ja einmal nachmittag in die Anichstraße."

Ehe sich Fritz jedoch erhob, war Frau Stegwitz wieder im Zimmer. Auf einem Tablett hatte sie eine Teekanne und zwei Schalen. Fritz und Gmeiner wechselten einen Blick. So ist sie, unsere gute Frau Stegwitz. Hat uns doch gern.

„Das ging aber schnell", rutschte es Gmeiner heraus.

„Hab' halt gerade ein kochendes Wasser gehabt", antwortete die Hausfrau und zog aus ihrer Schürzentasche noch zwei Semmeln.

Der „Stoß-Trupp" wird geboren

Mit dem „Stoß-Trupp" hat es eigentlich angefangen. 1947. In Innsbruck.

Gmeiner schlenderte an einem kalten Winterabend 1947 von der Vorlesung heim in sein Untermietzimmer. Er hatte den ganzen Tag an der Hochschule verbracht, vormittags vier

Stunden in der Anatomie, nachmittags bei Vorlesungen an der Klinik. Dazwischen hatte es nur eine dünne Milchsuppe in der Mensa gegeben. Sein leerer Magen knurrte. Eigentlich hätte er noch die „Geschichte der Anatomie" hören sollen. Aber er hatte noch drei Nachhilfestunden vor sich, mit denen er sich das Geld zum Studium verdiente. Von daheim konnte man ihm auch nicht viel helfen.

Die Gedanken Gmeiners aber bewegten sich an jenem Abend nicht um Medizin und Nachhilfestunden. Er verspürte auch den Hunger nicht. Während er mit seinen Schuhen den Schnee vor sich hertrieb, dachte er an die bittere Not im Land. Der Krieg hatte alles zerschlagen. Die Städte waren zerbombt. Lebensmittel waren knapp. Es gab Flüchtlinge und Besatzungssoldaten. Keine Wohnungen. Elend, wohin man sah. Und es ging so kaum sichtbar aufwärts. Als würde die Zeit der ersten Nachkriegsjahre stillstehen. Alles so bleiben, wie es jetzt ist. Nirgends wurde gebaut. Die Ruinen waren noch immer da. Auch die Menschen waren die gleichen geblieben — schlecht gekleidet, blaß, hohlwangig, trübsinnig. Alles erschien ihm leer.

Plötzlich hörte er die Frage „Sacharin?" neben sich. Gmeiner blieb stehen und sah sich einem Jungen in einem langen grauen Mantel gegenüber. Seine Hände hatte der Bub in den tiefen Manteltaschen vergraben. Über den Kopf hatte er eine dicke Wollhaube gezogen. Darunter leuchteten zwei helle Augen in einem schmalen, kantigen Gesicht. „Ich kann dir kein Sacharin abkaufen, Bub, ich hab' kein Geld", sagte Gmeiner. Aber als sich der Kleine wieder auf den Weg machen wollte, hielt ihn Gmeiner am Mantelärmel fest und fragte: „Wie alt bist du denn?" Der Bub zitterte. „Dir ist saukalt, seh' ich", sagte Gmeiner, „geh doch lieber heim!" — „Kann nicht heim", brachte der Bub heraus. „Dann komm mit mir", erwiderte Gmeiner. „Bin gleich in meiner Bude, und dann bekommst einen Tee."

An diesem Abend schickte Gmeiner seine drei Nachhilfeschüler ohne Unterricht nach Hause. Er hatte den kleinen Gast bei sich, und was der erzählte, fesselte Gmeiner. Hier wurde ihm eines jener Schicksale ins Haus geweht, die er seit langem um sich erfühlt und erspürt, jedoch nie so greifbar nahe hatte. Nur die Augen der Menschen auf den Straßen erzählten davon. Hier aber, jetzt, in diesem Augenblick, war eines dieser Schicksale vor ihm. Ganz nahe. Und er spürte die Kälte und Grausamkeit dieses Schicksals in ihm hochsteigen.

Es war das Schicksal von Hansl. Zwölf Jahre zählte der Bub. Seinen Mantel — er entpuppte sich als abgetragener Militärmantel — hatte er noch immer an, ja, zog ihn noch fester um sich, während er, zwischendurch Tee schlürfend, langsam erzählte.

An seinen Vater kann er sich noch gut erinnern, obwohl er zur Deutschen Wehrmacht einrücken mußte, als Hansl erst vier Jahre alt war. Aber später kam er dreimal auf Urlaub. Das waren dann stets die glücklichsten Tage für den Sohn. Da durfte er Vaters Uniform prüfen, das Seitengewehr aus der Scheide ziehen und einmal sogar die Gasmaske aufsetzen. Aber dann kam Vater lange nicht mehr. Er kam nie mehr. War vermißt. Hansl verstand das zuerst nicht. Später aber begriff er es. Ganz plötzlich. Damals, als er den Schuster von nebenan fragte, wo sein lustiger Pudelhund heute ist. Da hatte der dem Hansl gesagt: „Der ist mir davongelaufen. Ich glaub', den haben ein paar hungrige Menschen eingefangen. Der ist vermißt, Hansl, vermißt."

Dann kamen die Bombenangriffe. Nacht für Nacht saß Hansl, an seine Mutter gelehnt, im Luftschutzkeller. Einmal gab es dann einen riesigen Krach. Es donnerte minutenlang, als würde die ganze Welt einstürzen. Die Menschen um ihn herum schrien. Staub schoß durch die Öffnungen in den Keller. Das Licht ging aus. Hansl meinte, es wäre die Hölle. Die Menschen waren zu Boden gestürzt. Er schrie nach seiner Mutter. Aber der Lärm war zu groß. Die Mutter hörte ihn nicht. Das alles ereignete sich in der Nacht, da ein Volltreffer das Haus zerstörte, in dem er mit seiner Mutter wohnte. Die Mutter war unverletzt geblieben, auch Hansl. Man hatte sie ausgegraben aus dem Keller. Viele waren verletzt. Manche tot. Seit damals wohnten sie in einem Nachbarhaus. In einem Kabinett.

Seine Mutter wurde immer vergrämter. Sie wurde ungeduldig und schlug Hansl. Er begriff wohl, daß sie schwer arbeiten mußte, um Geld zu verdienen. Er begriff auch, daß sie sich Sorgen machte, Kummer hatte. Aber eines begriff er dann nicht mehr, als Mutter einmal eine ganze Nacht ausblieb und ihn am Morgen, als er sie verweint fragte, wo sie gewesen sei, barsch anfuhr: „Frag nicht, Hansl, das soll dich nicht kümmern!" Seit jener ersten Nacht, die er allein war, mußte er viel allein sein. Er hat damals viel geweint. Und später noch mehr, als Mutter dann öfter nachts heimkam und noch jemand mit ihr war. Zuerst glaubte er, Vater sei da. „Warum schläfst du dann mit ihm, wenn es nicht der Vater ist?" hatte er gefragt. Da hatte ihm die Mutter eine Ohrfeige gegeben. „Das verstehst du nicht, saudummer Kerl!" war ihre Antwort.

Seit einigen Monaten ist Mutter wieder jede Nacht daheim. Aber auch ein Mann ist ständig da. Mit ihnen zusammen im Kabinett. Der hat ihm gesagt: „Ich bin dein Vati!" Hansl wollte es ihm nicht glauben. „Du bist nicht mein Vater, und du wirst nie mein Vater sein", hatte er dem fremden Mann gesagt. Seither schlug dieser ihn viel. Er haßt Hansl. Quält ihn. Und Mutter ist so ganz anders.

„Und wie kommst du mit Sacharin auf die Straße?" fragte Gmeiner. Damit wollte Hansl aber gar nicht heraus. Da war er verstockt. Gmeiner mußte ihm nochmals Tee geben und von seiner Hausfrau ein Stück Brot ausleihen für den Buben, bevor er mit der Wahrheit herausrückte.

„Die Frau, der die Wohnung gehört, in der wir wohnen, die macht Schleichhandel. Die hat so viel Sacharin. Das zählt sie immer in kleine Säckchen. Und verkauft es. Ich weiß nicht, wo. Gestern, als ich heimkam, stand die Türe zu ihrer Küche offen. Sie war gerade einen Moment draußen. Ich sah das Sacharin auf dem Küchentisch. Da bin ich halt hinein und hab' mir schnell ein paar Sackerln eingesteckt." Hansl schluckte mehrmals. Dann begann er zu weinen. „Aber verkauft hab' ich keines, bestimmt nicht. Ich hab' mich nicht getraut. Ich hab' mir ja nur gedacht, daß ich mir dann etwas kaufen könnte mit dem Geld. Beim Bärenwirt gibt's jeden zweiten Tag eine Suppe, ganz ohne Marken."

Seit damals waren sie Freunde. Gmeiner und der Hansl. Er wollte etwas tun für den Buben. Er wollte ihm helfen. Aber wo sollte er Hilfe finden für ihn? Vielleicht bei Kaplan Mayr von Mariahilf, den Gmeiner kannte, weil er dort öfter ministrierte.

Kaplan Mayr war von der Erzählung Gmeiners nicht sonderlich beeindruckt. „Weißt, naiv bist du schon. Solche Schicksale gibt's heute überall. Ich hab' täglich solche Kinder bei mir. Hansl kann natürlich auch kommen und bekommt seine Suppe. Wie die anderen. Doch damit ist ihm nicht geholfen. Was wir brauchen, das ist menschliche Hilfe. Willst du denn nicht eine neue Pfarrjugendgruppe aufbauen, Hermann? Die Buben brauchen Ablenkung. Müssen wenigstens ein paar Stunden in der Woche vergessen können. Müssen in ihrer Welt leben."

Sie sprachen dann lange darüber. Der gütige Kaplan und der Bauernsohn Gmeiner, der Medizin studierte. Es war keine leichte Entscheidung für den Studenten, denn Gmeiner wollte rasch fertig werden mit seinem Studium. Das hatte er dem Vater daheim in Alberschwende in Vorarlberg versprochen. Er werde keine Zeit vertrödeln. Und er wollte ja auch nichts sehnlicher, als schnell Arzt werden. Schnell zum Ziel kommen. Daneben gab er noch Nachhilfestunden und ministrierte, half in der Klinik aus und las viel. Auf seinem Nachtkästchen häuften sich die Bücher. Woher also die Zeit nehmen, jetzt noch Jugendführer zu spielen? Das fordert Einsatz, ganzen Einsatz. Denn für halbe Sachen war Gmeiner nicht zu haben. Was er in die Hand nahm, das führte er ganz durch. Das wußten auch seine Professoren, und deswegen lobten sie ihn.

Aber Gmeiner sagte zu.

Das war die Geburtsstunde der Jugendgruppe von Mariahilf.

In ihr begegnete Gmeiner jenen Problemen, die ihn bald nicht mehr losließen.

Rund um den alten Blechofen

Zu den vorklinischen Prüfungen war er mit weniger Herzklopfen gegangen als zu seinem ersten Heimabend. Das mußte sich Gmeiner jetzt eingestehen, wo es mit seiner katholischen Jugendgruppe in der Pfarre Mariahilf Ernst geworden war. Es erschien ihm noch immer wie ein Rätsel, daß er die paar Buben überhaupt auf die Beine gebracht hatte.

Nun gut, Kaplan Mayr wußte eine Menge Adressen. So kam er in viele Wohnungen, lernte viele fremde Menschen kennen, lernte Not und Elend kennen, stand in vielen kleinen Wohnlöchern beschämt vor einer kinderreichen Familie, sah, wie zwei oder drei Kinder ein Bett teilen mußten, wie sie an einem Stück Brot kauten.

Ja, das hat er alles gesehen in den letzten Wochen und hat mit vielen Buben gesprochen und sie aufgefordert, der Gruppe beizutreten, die aufzubauen er sich entschlossen hatte. Aber zumeist mußte er Enttäuschungen einstecken. Und auch Beschimpfungen.

Vielleicht aber hatte der beinamputierte Mann recht, wenn er ihn mit den Worten vor die Türe setzte: „Mein Sohn kommt mir in keine Jugendbewegung mehr, verstehst! Mir hat die tausendjährige Bewegung gereicht. Mei Bua soll seine zwei Füß' behalten. Und jetzt mach, daß du wegkommst!"

Er konnte ja auch der Mutter nicht böse sein, die ihn erschrocken anfuhr: „Was, zur Katholischen Jugend? Ich hab' die Kirche satt, Herr! Mein Mann war ein guter Katholik, hat viel gebetet, aber was hat's uns genützt? Da, schaun Sie sich um! In diesem Kellerraum muß ich hausen, meinen Mann haben s' mir im Krieg erschossen, und mein Größerer ist noch im letzten Kriegsjahr gefallen. Mit 17. Ich hab's satt. Alles satt!"

Oder wie gedemütigt ging er aus der Baracke am Innrain, wo er einen 13jährigen Flüchtlingsbuben für die Gruppe gewinnen wollte. Er wußte, daß der Kleine beide Elternteile verloren hatte und nur auf die Hilfe von Nachbarn in der Flüchtlingsbaracke angewiesen war. Doch der Kleine entpuppte sich als ganz groß: „Sie sind nicht ganz gescheit", fuhr er Gmeiner an. „Glauben Sie, ich geh' zu euch Rosenkranz beten? Ich mach' Schleichhandel, daß Sie verstehen! Ich hab' keine Zeit für solche Dummheiten." Der Bub klopfte sich eine Zigarette aus einer aufgerissenen amerikanischen Packung. „Was glauben Sie, was man verdienen kann, wenn man erst einmal richtig im Geschäft ist! Und ich komme noch ins Geschäft. Dann könnt ihr mich alle mit euren frommen Sprüchen!" Er zündete sich die Zigarette an und blies Gmeiner den Rauch ins Gesicht. Der hätte den Buben am liebsten ins Gesicht geschlagen. „Denk doch einmal vernünftig...", versuchte er beherrscht das Gespräch fortzusetzen. Aber da kam er schlecht an. „Ich denk' schon vernünftig, darauf können Sie sich verlassen. Jetzt muß ich gehen. Servus!"

Doch der Vorarlberger Bauernsohn war nicht einer, der sich durch solche Erlebnisse unterkriegen ließ. Auch daheim war der Boden teilweise steinig, aber die Saat ging doch auf. Man muß nur härter zupacken. Man muß nur durchhalten.

Gmeiner hielt durch. Er gewann den Peter, der elternlos war und bei einer alten Frau lebte, die taub war. Er gewann Klaus, den die Polizei schon einmal bei einem Überfall aufgegriffen hatte, weil er mit seinen elf Jahren den Aufpasser spielte. Er gewann Toni, den Fußballnarren, der eine sterbenskranke Mutter hatte. Er gewann Hubert und Erich, die zwei verwahrlosten Strolche, die sich fürchteten heimzugehen, weil ihr Vater ständig betrunken war. Die beiden hatten so manche Nacht auf einer Bank im Freien übernachtet und stahlen Erdäpfel vom Feld. Und er gewann noch einige andere. Schwierige Buben. Geschädigte Buben. Verzweifelte Buben. Nicht alle holte er sich von daheim. Einige fischte er vor den Kinos auf. An den berüchtigten Schleichhandelecken. Er wollte eine besondere

Gruppe aufbauen. Eine, die sich von jener unterschied, die bereits in der Pfarre Mariahilf existierte und aus der er sich nur Fritz zu sich holte, jenen blassen, hochgeschossenen Gymnasiasten mit den Brillen, der ihm bei der Suche nach den „schweren Brocken" so sehr geholfen hatte.

Und nun hatte er sie zum ersten Mal gemeinsam zu einem Heimabend eingeladen. Zum ersten Mal wollte er ihnen etwas sagen. Aber was? Konnte er ihnen überhaupt etwas sagen? Was ist es, was diese Buben gemeinsam bewegt? Wo setze ich den Hebel an? Werde ich mich lächerlich machen? Was interessiert diese Buben? Soll ich mit ihnen ein Gebet sprechen? Oder gar nichts von Religion sagen? Noch nicht? Oder doch?

Das alles ging Gmeiner durch den Kopf. Ich bin ja nicht einer, der leicht aufgeregt ist, sagte er sich. Hab' ich mir vielleicht zuviel zugemutet? Wie konnte ich überhaupt so eine Aufgabe übernehmen? Warum denke ich nicht einmal nur an mich selbst? Hab' ich nicht genug zu studieren? Muß ich mir nicht Geld dazuverdienen? Schließlich habe ich sechs Jahre im Krieg geopfert. Bin darüber schon 28 geworden. Und jetzt übernehme ich da eine Aufgabe, vor der mir plötzlich angst wird! Nein, ich hab' mir das alles ja überlegt. Einer muß ja anfangen, etwas zu tun. Wenn alle auskneifen, kann ja nie etwas besser werden. Es wird schon gehen. Herrgott im Himmel, verlaß mich nur jetzt nicht, hilf mir!

Er war im Heimsaal. Nun wachte er aus seinen Gedanken auf und sah sich um. Er lachte plötzlich und schlug mit der rechten Faust in die offene linke Hand. „Wie beim Barras", sagte er vor sich hin.

Es war noch niemand da. Er war allein. Schon öfter war er hier herunten gewesen in dem sogenannten Jugendheim von Mariahilf, hier im Keller der Bombenruine. Kaplan Mayr hatte zusammen mit einigen Buben der Pfarre dieses Kellergewölbe notdürftig ausgebaut und eingerichtet. Von Einrichtung war natürlich keine Rede. An den kahlen Wänden hingen alte Plakate — von einem Feuerwehrball, von einer Glockenweihe, von einer Primizfeier. Einladungen zu einer Wallfahrt vor zehn Jahren. Sogar ein paar Firmenplakate. Und Bilder dazwischen, Ausschnitte aus Zeitungen und Zeitschriften. Eine einfallsreiche Dekoration, damit man nicht die schmutzigen Ziegel sah. Die übrige Einrichtung bestand aus ein paar zusammengezimmerten Bänken, umgestülpten Bierkisten, ein paar alten Tischen und einem Bücherkasten. Auch ein Kleiderständer war da, wohl aus einem zerbombten Kaffeehaus. Und sogar Licht. Elektrisches Licht. Das war die große, neue Errungenschaft hier unten. Lange Zeit mußte man sich mit Petroleumlampen aushelfen. Das war bitter, denn oft war bei bestem Willen kein Petroleum aufzutreiben. Nun aber hing von der gewölbten Kellerdecke eine alte Küchenlampe. Nicht schön, aber zweckmäßig.

Was Gmeiner aber zum Lachen veranlaßte und in ihm Erinnerungen an die Militärzeit wach werden ließ, war der kleine Blechofen in der Mitte des Raumes. So waren sie auch in Rußland in den Unterständen gesessen, um einen solchen Ofen, und hatten sich die Hände aufgewärmt und die Fußlappen gewechselt.

Der Ofen qualmte schon tüchtig und verbreitete etwas Wärme. Kaplan Mayr denkt auch an alles, schoß es Gmeiner durch den Kopf. Obwohl ich ihn gebeten hatte, uns heute allein zu lassen. Es könnte sonst doch einer Anstoß daran nehmen, daß gleich ein Pfarrer mit dabei ist. Lieber vorsichtig. Erst muß ich die Burschen haben. Dann werden wir weitersehen. Wenn nur alles gutgeht!

Aber es ging alles gut. Sogar sehr gut. Bis auf zwei waren alle gekommen. 16 an der Zahl. Die meisten kannten sich sogar. Man wohnte ja im selben Stadtteil und mußte sich wohl öfter treffen. Wenn man beim Kaufmann oder vor dem Milchgeschäft Schlange stand. Oder von der Schule her. Oder vom Innufer, wo die Buben Holz fischten. Da war gleich viel Gespräch im Gang. Es ging lebhaft zu. Man lachte, schaute sich die Plakate an, machte Witze, wärmte sich am Ofen, wußte Neuigkeiten.

Nur eines klappte nicht an diesem Abend. Gmeiners Ansprache. Er hatte sich doch zurechtgelegt, den Buben etwas zu sagen, davon zu sprechen, daß man eben in einer schweren Zeit lebe und deshalb zusammenhalten müsse. Gerade die jungen Menschen. Auf ihnen werde doch die Zukunft aufgebaut. Sie sollten sich daher besinnen, daß ihre Aufgabe eine schwere und große sei. Dann wollte er noch von seiner Kriegszeit erzählen, von Vertrauen sprechen und Kameradschaft, vom Durchstehen und von Ehrlichkeit.

Aber dazu kam Gmeiner nicht. Immer wieder setzte er an, doch dann machte einer der Buben eine Bemerkung, und alles lachte. Besonders der Peter! Der wußte mit allerhand Grimassen zu schildern, wie er sich mit der alten tauben Frau verständigte, bei der er wohnte. Gmeiner lachte mit. Er erwärmte sich an diesem Gerede, das die Buben freier und freier machte. Langsam kam einer nach dem anderen aus sich heraus. Gab sich natürlich. Erzählte. Machte Witze. Dann machten Hubert und Erich Vorschläge, wie man dieses Jugendheim verschönern könnte. Jeder wußte etwas. Und so verging dieser erste Abend.

Als Gmeiner mit Fritz allein war, leuchteten seine Augen. „Jetzt weiß ich den Weg, Fritz! Jetzt weiß ich den Weg! Bin sehr froh, daß ich gar nicht dazukam, etwas zu sagen. Wir müssen die Kerle reden lassen. Das reagiert sie ab, verstehst du? Sie sind noch nicht reif dafür, daß ich sie geistig zu führen beginne. Das wäre jetzt unklug. Wir müssen sie nur immer wieder hierherziehen, damit sie miteinander reden und lachen und sich erzählen. Ich muß dabei nur den Faden behalten, daß es richtig abläuft, daß es zu keinen Ausfällen kommt und daß alles im Rahmen bleibt. Die Buben müssen hier erst daheim werden. Wir müssen ihnen Gelegenheit geben, hier etwas zu spielen. Mensch, Fritz, wir müssen eine Tischtennisgarnitur auftreiben! Und ein paar Gesellschaftsspiele. Die Buben wollen hier frei sein. Draußen in ihrer gotterbärmlichen Welt dürfen sie nicht frei sein. Da sind sie eingespannt in das trostlose Milieu. Da leben sie ein Leben des unbewußten Abwehrkampfes. Gegen den betrunkenen Vater. Gegen den Hunger. Gegen das Alleinsein. Gegen die Kälte. Da herrschen Not und Elend, da ist kein Platz für Kinder. Hier aber sollen sie frei sein dürfen. Hier aber sollen sie vorerst vergessen lernen. Das seh' ich jetzt ganz klar vor mir. So werde ich diese Gruppe jetzt aufbauen. Langsam. Aber mit Überlegung. Du wirst mir dabei helfen, Fritz!"

Gmeiner hatte den Hebel richtig angesetzt.

Die Gruppe traf sich wöchentlich einmal. Ein paar fielen wieder ab. Neue kamen hinzu. Schließlich waren es 21 Buben, die man in einer Liste erfaßte. Diese Buben kamen gern. Sie hatten bald eine lebendige Verbindung zu ihrem Kellerlokal, und Kaplan Mayr staunte, wie sehr sich der Raum verschönte. Es gab zwei richtige Tischtennisanlagen und sogar ein Tischbillard. Wo Klaus das aufgetrieben hatte, blieb ein Rätsel.

Die Gruppe machte auch gemeinsame Ausflüge und sogar eine Schitour. Es ging sichtlich aufwärts mit den Buben. Sie teilten ihr karges Jausenbrot, sparten sogar in einer eigenen Gruppenkasse und benützten die kleine Leihbibliothek.

Gmeiner hatte seine helle Freude. Er hatte jetzt alle anfänglichen Bedenken über Bord geworfen und sprach offen und frei zu den Buben und wußte in ihnen das Gute wachzurufen.

Freilich gab es auch Rückschläge. Einige Male schon war es nach den Heimstunden zu Schlägereien gekommen. Einmal wäre es sogar beinahe böse ausgegangen. Es hatte zwischen Klaus und Erich einen Streit gegeben. Schon während der Heimstunde warfen sie sich wütende Blicke zu. Draußen aber fielen sie übereinander her. Das beste Handgemenge war im Nu beisammen. Vor der Ruine, die das Heim beherbergte, aber befand sich eine kleine Tankstelle mit einer jener alten, einfachen Benzinpumpen, die nicht fest im Boden verankert waren. Die sich balgenden Buben fielen direkt auf diese Pumpe zu, und krachend flog der ganze Behälter um. Ehe Gmeiner noch einschreiten konnte, war das Malheur geschehen. Es gab sofort einen Menschenauflauf. Die Polizei war rasch zur Stelle. Von den Buben war keiner mehr zu sehen. Nur Gmeiner stellte sich und mußte auf den Wachtposten mitkommen. Es gab eine Anzeige, und es hätte schlecht ausgehen können, wenn nicht die Dekanatsjugend sich über den Bischof ins Zeug gelegt hätte, um alles wieder in Ordnung zu bringen.

Beim darauffolgenden Heimabend waren alle sehr kleinlaut. Sie hatten gefürchtet, daß Gmeiner ihre Namen der Polizei bekanntgegeben hätte. Dann aber merkten sie, daß er die Schuld allein auf sich genommen hatte. Seit damals liebten sie ihn eigentlich so richtig.

Seit damals aber hatte die Gruppe auch ihren Namen: „Stoß-Trupp", abgekürzt „StT". Gmeiner schien der Name nicht sehr gescheit, aber die Jungen waren davon begeistert, und so blieb es bei der Bezeichnung. Bald sollte sie in der ganzen Tiroler Katholischen Jugend bekannt sein.

Auf der Suche

Es wurde eine harte Zeit für den Medizinstudenten Gmeiner. An der Universität wurde sein ganzer Einsatz gefordert, da er jetzt zum Abschluß seiner Vorklinik schon zu besonderen Aufgaben herangezogen wurde. Er war immer einer der Besten gewesen. Und Klinikchef Burkhard Breitner sagte einmal vor allen Studenten im Hörsaal: „Ich kenne vorläufig nur einen unter euch, der mir eine sichere Hand mitzubringen scheint, das ist Kandidat Gmeiner."

Jetzt aber mußte er so manche Vorlesung spritzen und verschob erstmals zwei Prüfungstermine. Ich werde alles wieder nachholen, sagte er sich. Aber die Gruppe muß ich noch hinbekommen!

Daneben fand er immer noch Zeit, einige Nachhilfestunden zu geben. Er brauchte Geld, um diese Zeit mehr als früher. Brauchte es für ein paar Tischtennisbälle, für Tee und Zucker zu den Heimabenden oder um immer wieder einmal dem einen oder anderen seiner Buben auszuhelfen.

Auch brauchte er jetzt viel Zeit, um seine Gedanken zu ordnen und sich Notizen zu machen. Oft saß er bis zwei Uhr nachts oder noch länger in seinem zumeist ungeheizten Untermietzimmer und überdachte alles, was ihn seit Monaten so tief bewegte. Dann nahm er eines der philosophischen Bücher, mit denen er sich in letzter Zeit immer mehr umgab, zur Hand und vertiefte sich darin.

Es scheint, als wäre damals in Gmeiner jener innere Reifeprozeß vor sich gegangen, der notwendig war, um ihn für seinen Schicksalsweg stark zu machen. Freilich, er war im Krieg gereift. An den Fronten, wo man das Kindsein im ersten Sturmangriff abstreift. Wo man zum Mann wurde. In Minuten. In Sekunden. Wo man mit dem Sprung über den Schützengraben auch den Sprung über all das tat, was in Friedenszeiten Jugend heißt. Freilich, er war wie Millionen andere in diesem Krieg gereift. Aber er hatte wie Millionen andere diesen Reifeprozeß geistig noch nicht verarbeitet. Er mußte erst damit fertig werden. Mit sich und der Welt und mit den tausend Fragen, die in jungen Menschen aufbrechen, wenn der Traum der Kindheit langsam abbröckelt.

Je mehr es aber klarer um ihn wurde, desto mehr erkannte er auch im Zusammenhang mit seiner Aufgabe als „Stoß-Trupp-Führer" zwei wesentliche Dinge. Er sprach sie Kaplan Mayr gegenüber offen aus: „Zwei Dinge habe ich bis jetzt deutlich erkannt. Ich glaube, mich dabei nicht zu irren. Dazu kenne ich meine Buben schon zu gut und ihre häuslichen Verhältnisse. Dazu habe ich auch inzwischen genug Einblick in andere Familiensituationen erhalten. Erstens: Diese Burschen sind nicht schlecht. Sie sind keine Asozialen, als was man sie immer wieder bezeichnet. Ich meine damit nicht nur die Buben meiner Gruppe, sondern die ganze Meute jener Burschen und Mädchen, die sich herumtreibt, stiehlt und Schleichhandel betreibt. In ihrem Kern sind sie so wie du und ich. In jedem Kind gibt es gute Anlagen. Aber diese Kinder sind verwahrlost. Sie sind geschädigt. Milieugeschädigt. Und wir beide wären heute vielleicht auch Verbrecher, wenn wir in einem solchen Milieu groß geworden wären wie viele dieser Kinder."

„Da schau her", erwiderte Kaplan Mayr verschmitzt und verschränkte die Arme. „Das sind ja revolutionäre Aspekte in deinem Gehirn! Bisher warst du doch immer so ein bedingungsloser Erblehreverteidiger."

„Erblehre hin oder her", erwiderte Gmeiner, „freilich existieren die Erbanlagen, freilich bekommen wir die Voraussetzungen für die Form unserer Nase oder die Farbe der Haare und genauso die Voraussetzungen für die Bildung unseres Charakters von unseren Vorfahren mit. Aber das Milieu formt mit. Es ist wie der Nährboden für unsere seelisch-geistigen Anlagen. In einem guten Milieu kommen die guten Anlagen mehr zur Entfaltung und die schlechten verkümmern. In einem verdorbenen Milieu wiederum finden die schlechten Anlagen Entwicklungsmöglichkeiten, und für die guten gibt es nur wenig Möglichkeiten zur Entfaltung."

Der Kaplan lachte laut: „Hochwissenschaftlicher Vortrag von cand. med. Hermann Gmeiner! Aber du hast recht, völlig recht. Im Grunde ist es richtig, was du sagst."

„Wenn es nicht richtig wäre, dann würde ich abhauen, mein Lieber", rief Gmeiner. „Ich würde abhauen in die Berge, irgendwohin als Senner auf eine Alm, um ja nichts mehr zu sehen und zu hören. Dann würde ich nie Arzt werden, denn ich würde daran verzweifeln und zerbrechen. Dann wäre jeglicher menschliche Einsatz umsonst. Dann kannst ja auch du deine Kirche zusperren. Dann sind wir nichts anderes als Produkte unserer Erbanlagen, und jedes Ringen um eine seelische Entwicklung wäre sinnlos. Dann würden die Menschen so leben, wie sie gerade wollten, der eine als Verbrecher, der andere als Säufer, der dritte als Tagedieb."

„Nun schieß nicht gleich über das Ziel, du Dickschädel! Irgendwo unterscheiden wir uns ja doch vom Tier. Und zwar gerade darin, daß es uns als Menschen gegeben ist, die Fesseln der naturgegebenen Triebe in uns zu lockern, sie zu dirigieren; ins Geistige zu dirigieren. Es liegt also in unserer Hand, wenn ich so extrem sprechen darf, ob wir Heilige werden oder Verbrecher."

„Siehst du, genau das, lieber Kaplan, ist auch meine Erfahrung." Gmeiner, der bisher im Zimmer des Geistlichen gestanden war, ließ sich in einen Stuhl fallen. „Wir können uns selbst ändern, und wir können die Kinder ändern, die noch nicht fähig sind, an sich selbst zu bauen."

„Richtig!" rief der Kaplan dazwischen. „Du brauchst dir nur deine Burschen vom ‚Stoß-Trupp' anzuschauen! Die sind doch anders geworden. Da ist schon etwas aufgebrochen. Da vollzieht sich schon eine kleine menschliche und charakterliche Änderung. Das darf dich stolz machen."

„Nein, es macht mich nicht stolz. Im Gegenteil — und jetzt kommt der zweite Punkt, worüber ich mit dir sprechen wollte."

Gmeiner schwieg einige Sekunden, als würde es ihm schwerfallen, auszusprechen, was ihn bewegte. „Letztlich bleibt mein Bemühen um diese Burschen eine Sisyphusarbeit. Letztlich bin ich hilflos. Ja, sie sind anders geworden. Da magst du recht haben, und das sehe ich auch. Aber sie sind anders, wenn ich sie in der Heimstunde habe. Draußen erwartet sie wieder das alte, trostlose Milieu. Dort werden sie wieder so, wie wir sie nicht haben wollen. Dort fallen sie sofort zurück. Dort geht die Entwicklung nach unten mit ihnen weiter. Darüber gibt's keinen Zweifel. Solange ich das Milieu dieser Kinder nicht verändern kann, ist unsere ganze Arbeit hoffnungslos. Hoffnungslos!" Er schrie dieses Wort förmlich heraus.

„Jedes Kind braucht Liebe und Geborgenheit, um sich gesund entwickeln zu können." Langsam, Wort für Wort, hatte er diesen Satz gesprochen, als würde er ahnen, daß dieser Ausspruch Leitfaden seiner künftigen Lebensaufgabe sein würde.

Kaplan Mayr schwieg.

„So wie eine Blume verkümmert", sinnierte Gmeiner weiter,

„wenn sie nicht die Wärme und das Licht der Sonne hat, so verkümmert auch der junge Mensch, wenn er nie die Wärme und das Licht am Herzen einer guten Frau und Mutter erlebt. Und diese Mutter fehlt den Kindern. Sie ist nicht da. Entweder haben sie überhaupt keine Mutter mehr, weil sie wo unter den Bombenruinen begraben liegt. Oder sie haben eine unwürdige Mutter, eine versagende Mutter, eine verzweifelte Mutter, eine kranke Mutter."

Es wurde ein langes Schweigen zwischen den beiden.

Kaplan Mayr nahm das Gespräch dann wieder auf. Er war sehr ernst geworden. „Was aber gibt es für einen Ausweg? Was läßt sich da tun? Du weißt doch selbst, daß es völlig sinnlos ist, mit diesen Eltern zu reden, wenn solche überhaupt da sind. Wir können dieses Milieu nicht ändern. Uns sind die Hände gebunden. Es bleibt uns nur das Vertrauen auf den Herrgott, daß er die Kinder diesen Leidensweg gehen läßt, ohne daß sie zuviel Schaden an Leib und Seele nehmen."

„Du fragst mich zuviel", antwortete Gmeiner. „Ich weiß auch keine Lösung. Aber es muß sich eine finden lassen. Irgendwie spüre ich, daß es einen Weg aus dieser Verzweiflung gibt. Ich kann's dir nicht sagen, wie. Aber es gibt diesen Weg. Und entweder werde ich ihn finden. Dann gehe ich ihn, koste es, was es wolle. Oder ich finde ihn nicht. Dann weiß ich nicht, was ich mache. Dann sehe ich mich in einer unvorstellbaren Verzweiflung."

„Nein, Hermann", meinte begütigend der Freund, der sich plötzlich schuldbewußt fühlte, den Studenten in diese Aufgabe überhaupt hineingetrieben zu haben. Das hätte ich nicht tun dürfen, sagte er sich jetzt. Ich kenne doch Hermann in seiner Konsequenz und seiner Art, gestellte Aufgaben zu bewältigen. Der läßt nicht locker. Ein Vorarlberger Schädel. Hart und zielbewußt. Und ich habe ihn vielleicht abgedrängt von seinem Studium. „Nein, Hermann, darin darfst du nicht verzweifeln. Darin darfst du dich nicht verrennen. Gott allein weiß, warum alles so sein muß. Wir müssen Vertrauen haben in seinen

Weltenplan. Wir sind gekommen, um zu leiden. Wir haben das Kreuz übernommen. Sei doch vernünftig und verbohre dich nicht zu sehr in diese Materie. Schau, deine Gruppe ist so ausgezeichnet. Schon überall spricht man davon. Im ganzen Dekanat kennt man den ‚StT'. Da ist bereits viel getan. Und alles, was du in diese Menschen an Gutem hineinpflanzt, das wird Früchte tragen. Dieser Samen geht auf. Auch wenn das Milieu schlecht ist. Nur sehen wir das noch nicht. Du darfst dir nach ein paar Monaten noch keine Wunder erwarten. Du bist doch sonst kein Schwarzmaler. Denk auch an dein Studium. Das ist jetzt deine größte Aufgabe und Pflicht. Als Arzt kannst du noch mehr helfen..."

Aber Gmeiner hatte kein Ohr mehr für das, was Mayr sagte. Er hatte sich erhoben und wischte die Worte des Kaplans hinweg mit der Bemerkung: „Ich werde den Weg noch finden, darauf könnt ihr euch verlassen."

Dann drückte er rasch seinem Freund die Hand und eilte davon.

Hansls Flucht

Einer der Treuesten der Jugendgruppe war Hansl geworden. Sein Schicksal berührte Gmeiner auch am meisten.

Die Zustände daheim waren erschreckend. Die Mutter war ganz unter den Einfluß ihres Lebensgefährten geraten. Sie lehnte Hansl immer mehr ab. Überhaupt seit sie nun schwanger war. Aus dieser Haltung ihrem Buben gegenüber sprach ihr Wunsch, mit allem zu brechen, was Vergangenheit war. Sie wollte ein neues Leben beginnen, wollte überhaupt endlich leben und genießen. Hansl aber war ihr dabei im Weg. Die Anwesenheit des Buben beschwor in ihr immer wieder die Vergangenheit herauf. Dazu sah er noch seinem Vater sehr ähnlich, so daß sie das Bild stets vor Augen hatte, das sie doch so gerne ganz auslöschen wollte.

Sie entwickelte dem Buben gegenüber einen Haß, der von ihrem Lebensgefährten eifrig geschürt wurde.

Hansl litt darunter. Er hatte seine Mutter gern. Er wollte sie haben. Er suchte sie immer wieder. Er drängte sich ihr auf und erbettelte eine Liebkosung. Er brauchte sie. Aber je mehr er sich ihr aufdrängte, desto lästiger wurde ihr der Bub. Sie stieß ihn zurück. Sie wollte ihn abschrecken. Gab sich besonders lässig. Ging viel aus. Trank. Und brachte sich so selbst in einen Zustand innerer Zerrissenheit, den sie jedoch nicht wahrhaben wollte. Sie wurde nervös und gereizt.

Die Schuld an dieser Unzufriedenheit aber gab sie dem Buben. „Was schaust mich so an? Gefällt dir deine Mutter nicht mit geschminkten Lippen? Ich gehe mit deinem Vater tanzen. Wir kommen spät heim, das paßt dir wohl nicht, was? Aber ich gehe trotzdem, verstehst du? Deine Mutter will leben!" so sprach sie zu ihm: unkindlich, unmotiviert, schuldbewußt, verteidigend. Aber Hansl hatte nichts gesagt. Er hatte die rotgeschminkten Lippen seiner Mutter gar nicht bemerkt und machte sich schon lange keine Gedanken mehr darüber, wenn sie wieder fortging, um spät in der Nacht singend und lachend in das Kabinett zu poltern. Am Arm jenes Mannes, den sie immer als seinen Vater bezeichnete.

Nein, Hansl hatte keine Anklage gegen seine Mutter. Er suchte sie nur mit stummen Blicken als seine Mutter. Und fand sie nicht. Das machte diesen Blick traurig. Die Mutter aber deutete ihn als einen anklagenden Blick. Manchmal schlug sie dann in dieses Gesicht, um einen solchen Blick zu vernichten. In blinder Wut.

Diese Schläge seiner Mutter waren für Hansl am schlimmsten. Das schmerzte bis tief ins Herz und schnürte ihm die Kehle zu. Da meinte er zu ersticken, rang nach Luft und lief oft blau an. „Spiel kein Theater", rief dann der fremde Mann, „sonst bekommst von mir auch noch eine geschnalzt!" Hansl kannte diese Schnalzer. Oft landeten sie mit einem Hosengürtel oder Schirmknauf auf seinem Rücken. Aber diese Schläge steckte er wortlos ein. Er weinte nicht einmal. Das nahm er hin, denn dieser Mann blieb fremd für ihn. Zu diesem Menschen hatte er keine Beziehungen. Den hatte er nie anders gekannt. Von diesem hatte er nie ein gutes Wort gehört. Der ist ihm nie durch seinen blonden Haarschopf gefahren wie sein richtiger Vater.

Heute hatte es wieder solche Schläge gegeben. Wie oft schon wegen des Kreuzzeichens, das Hansl vor dem Essen machte. „Das macht er nur, um uns zu ärgern, dieser Saubub. Spielt den Frommen und ist in Wirklichkeit ein kleiner Satan!" Doch Hansl glaubte an das, was ihm der große Freund Gmeiner einmal gesagt hat: „Das Brot ist da, Hansl, nur weil der Herrgott es uns schenkt. Daher mußt immer für alles dankbar sein, was auf den Tisch kommt, und wenigstens ein Kreuzzeichen vorm Essen machen." Heute hat es ihm also wieder Schläge eingetragen.

Nun saß er still beim Tisch und machte seine Schulaufgaben. Der Mann saß ihm gegenüber, hatte eine leere Kakaodose auf den Tisch gestellt, einen Spiegel davorgelehnt und rasierte sich. Die Mutter saß auf ihrem Bett, hatte nur Unterwäsche an und streifte sich eben schimpfend ein paar Strümpfe über die Beine. „Elendes Zeug, schon wieder läuft eine Masche. Das letzte Paar. Aber wenn ich im Lotto gewinne, dann kauf' ich mir einmal zehn Paar Nylons!" — „Kauf lieber was Ordentliches zum Fressen", brummte es vom Tisch her.

Hansl saß gebeugt über seine Schreibarbeit. Das Licht war schwach. Er mußte seine Augen knapp über das Heft halten.

Draußen klingelte es. Man hörte die Hausfrau aus der Küche schlurfen. Der Schlüsselbund drehte sich. Das Quietschen der Türe war zu hören.

Hansl nahm diese Geräusche zunächst nur im Unterbewußtsein wahr und ließ sich davon nicht stören. Plötzlich aber hörte er eine laute Stimme. Er schreckte auf. Das Tintenfläschchen vor ihm kippte um. „Saublödes Luder", hörte er noch. Dann wurde die Tür aufgerissen. Beim Anblick des Mannes, der sich dort in einer zerschlissenen Uniform zeigte, erstarrte er bis zu den Zehen. Sein Mund klappte auf. Aus seinen Augen schossen Tränen. Dann begann er zu zittern, und erstickend kam es über seine Lippen: „Papa!"

Der Heimkehrer hatte die Tür hinter sich zugeschlagen und stand nun ganz im Raum. Er ließ aus seinem abgemagerten, blassen Gesicht, das von einem stoppeligen Bart umkränzt war, seinen Blick von einem zum anderen wandern. Die Feldmütze war in seinen Nacken geschoben. Man sah kurzgeschorenes Haar. Erst sah er auf Hansl. „Bub", flüsterte er kaum hörbar. Aber schon ruhten seine Augen auf der Frau, die erschrocken noch immer im Unterrock auf ihrem Bett saß und das eine Bein über das Knie des anderen geschlagen hatte, so daß ihre fortgeschrittene Schwangerschaft deutlich zu sehen war. Sie brachte kein Wort heraus, und noch ehe sie sich erhoben hatte und etwas sagen wollte, ertönte die Stimme des Heimkehrers. Diesmal laut und bellend: „Und wer ist der da?" schrie er und wies mit der linken Hand, in der er einen grünen Brotbeutel hielt, zu dem Lebensgefährten. Der saß mit dem Rücken zur Türe noch immer vor seinem Spiegel, worin er jetzt das Bild des Fremden wahrnahm.

Die Mutter war nun aufgesprungen. Zaghaft kam es von ihren Lippen: „Ich dachte, du... du bist doch... man hat doch..."

Der heimgekehrte Vater trat nun ein paar Schritte vor. Seine Augen musterten die Frau von oben bis unten, dann fiel er ihr ins Wort: „Und schwanger! Kriegst ein Kind!" Er schleuderte seinen Brotbeutel gegen die Mutter: „Wahrscheinlich von dem da. Du verdammte Hure!"

Der Lebensgefährte war bei diesen Worten hochgefahren. Der Sessel kippte nach hinten.

„Wenn Sie's wissen wollen, ja! Sie ist meine Frau!" rief er.

„Frau", kam es langsam und gezogen aus dem zusammengekniffenen Mund des Vaters. Er bückte sich wie zum Sprung. Die Hände hatte er vor sich und ballte sie langsam, ganz langsam zu Fäusten. „Frau", zischte er noch einmal. „Schweine seid ihr, gottverfluchte Schweine! Hurt herum, während ihr Mann in Sibirien Bäume fällt und sich heimsehnt Tag und Nacht nach ihr und dem Kind. Du Schweinemensch!" Er brüllte es jetzt heraus.

Dann warf er sich in blinder Wut auf die Frau und schlug ihr seine Fäuste ins Gesicht.

Das alles spielte sich in wenigen Augenblicken ab und kam so überraschend und unfaßbar plötzlich, daß Hansl die ganze Szene hindurch kein Wort über die Lippen brachte und wie angewurzelt dastand.

Als man seinen Vater später abführte, drehte er sich noch einmal zu Hansl um und rief: „Verzeih mir, Hansl, ich konnte nicht anders. Du wirst deinen Vater einmal verstehen. Ich werde dir alles erzählen. Ich bleib für dich da, Hansl." Da war der Bub auf seinen Vater zugestürzt und hatte sich an ihn geklammert. Der Arm eines Uniformierten drängte ihn ab. Preßte sich an sein Gesicht. Hansl biß in diesen Arm und spürte den Geruch von Loden und Leder, wie er ihn öfter erlebt hatte, wenn er ganz nahe bei einem Polizisten vorbeigegangen war. Er verspürte einen leichten Schlag. Aber er ließ sich nicht zurückdrängen und klettete sich an die beiden, bis sie draußen auf der Straße waren und ihn ein zweiter Polizist zurückhielt, während man seinen Vater in ein Auto schob. „Sei doch vernünftig, Bub", hatte ihm der Polizist gesagt. „Dein Vater kommt ja wieder!"

Dann fuhr der Wagen ab, Hansl rannte ihm nach. Er hörte nicht das Kreischen der Bremsen eines Rettungswagens, der vor dem Haus hielt und in welchem seine Mutter weggeschafft werden sollte.

Hansl lief und lief. Vom Polizeiwagen war nichts mehr zu sehen. Es war kalt. Die Straße war menschenleer.

Müde blieb der Bub schließlich stehen. Jetzt erst bemerkte er, daß er noch immer den Brotbeutel des heimgekehrten Vaters mit sich trug, den er unwillkürlich im Zimmer aufgehoben hatte. Er riß ihn an sein Gesicht, wühlte es hinein und lehnte sich an eine Mauer, wo er bitterlich zu schluchzen begann.

Das Weinen beruhigte ihn etwas. Er verspürte plötzlich Müdigkeit. Da nahm er den Brotsack über die Schulter und ging weiter — zu Gmeiners Bude. Lange stand er dort vor der Türe und überlegte, ob er läuten sollte. Schließlich drückte er auf die Klingel.

„Ist Herr Gmeiner daheim?"

„Nein, er ist noch nicht zurück."

„Darf ich einstweilen in seinem Zimmer auf ihn warten?"

„Ich mag das zwar nicht, daß hier dauernd fremde Burschen ein und aus laufen. Aber komm halt. Der Gmeiner wird sich bald ein anderes Zimmer suchen müssen. Bin ja kein Wartesaal!"

Die Frau ließ den Buben eintreten. Er ging in das kleine Untermietzimmer von Gmeiner und legte dort den Brotbeutel auf den Tisch.

Auf die Straße gesetzt

Gmeiner hatte nach der Unterredung mit Kaplan Mayr noch einen Studienkollegen besucht, mit dem er gemeinsam für die nächste Prüfung büffelte. Es war sehr spät geworden, als er endlich heimwärts ging. Aber vor dem Haustor angelangt, beschloß er, noch einen Spaziergang zu machen.

Von Mariahilf her schlug es gerade ein Uhr, als Gmeiner schließlich die Treppe zur Wohnung seiner Zimmerfrau hochstieg. In Gedanken versunken schloß er die Eingangstür ab, hängte gewohnheitsmäßig den Schlüssel an den Haken neben der Türe und ging in sein Zimmer. Er drehte dort das Licht an und wollte gerade seinen Mantel ablegen, als sein Blick auf das Bett fiel. Da lag doch — kein Zweifel — Hansl. Gmeiner ließ den Mantel zu Boden fallen und eilte zu dem Buben. Er schlief. Mein Gott, was mag ihn heute wohl wieder zu mir hergetrieben haben! Warum war er nicht heim... Gmeiners Atem schien plötzlich auszusetzen. Er rüttelte an Hansls Körper. „Hansl,

Hansl", rief er hastig und erregt, „Hansl, wach auf! Hansl, ich bitt' dich, wach auf!" Aber der Bub schien wie leblos. Er schlug die Augen nicht auf. Sein Oberkörper, den Gmeiner aufgerichtet hatte, fiel wieder plump auf den Polster zurück. Auf dem Boden lagen ein paar leere Medikamentenphiolen. Gmeiner hob sie auf. Schlaftabletten. Mein Gott, der muß ja mindestens 20 Stück davon geschluckt haben! Jetzt sah Gmeiner auch den fremden Brotsack auf dem Nachtkästchen. Er warf einen Blick hinein, dann stülpte er ihn um. Eine Feldflasche, Briefe, ein paar Münzen, ein Paar Militärsocken, ein abgebrochener Bleistift, ein paar Verbandspäckchen, ein Kamm und noch andere Sachen lagen auf dem Nachttisch oder waren durch das Umleeren zu Boden gefallen.

Was soll das bedeuten? Aber Gmeiner hatte jetzt keine Zeit, sich den Kopf darüber zu zerbrechen, er rannte aus dem Zimmer und rief — während er mit zitternden Händen die Eingangstüre wieder aufschloß — nach seiner Hausfrau. Dann flog er mehr, als er rannte, die Stiege hinunter und eilte zur nächsten Polizeistation, die nicht weit entfernt war. Von dort aus telefonierte er der Rettung.

Im Krankenhaus wurde dem Buben der Magen ausgepumpt.

„Soll einer die heutige Jugend verstehen", brummte der diensthabende Arzt. „Will sich so ein junges Bürscherl umbringen! Die Welt steht langsam kopf."

Gmeiner saß die ganze Nacht am Krankenbett seines Schützlings. Der Bub schlief. Nur manchmal begann es ihn zu würgen, und dann richtete er sich auf und erbrach Speichel. Müde fiel er nach solchen Anfällen zurück. Er nahm Gmeiners Gegenwart nicht wahr. Wohl hielt er fest dessen Hand umschlossen. Auch wenn er schlief.

Als es lichter wurde und die Morgendämmerung schweigend durchs Fenster brach, schlug Hansl die Augen auf. Sein Gesicht war fahl und noch kantiger als sonst.

„Na, Hansl, geht's dir wieder besser?" sprach Gmeiner beruhigend auf Hansl ein. Dann nahm er — nur um etwas zu tun und die peinliche Stille und Verlegenheit zu überbrücken — einen Kamm aus seiner Rocktasche und begann Hansls wirren Haarschopf in Ordnung zu bringen.

„Du schaust ja aus wie nach einer Rauferei, Hansl. Komm, ich mach' dich ein bisserl schön!"

„Danke, Hermann!" Der Bub hatte jetzt Tränen in den Augen. „Und verzeih mir!"

„Schon gut, Hansl. Ich hab' dir nichts zu verzeihen. Schlaf wieder! Ich muß dann zur Vorlesung und komm' nachher wieder zu dir." Er streichelte dem kleinen Kerl über die fahlen Wangen.

Als er dann gehen wollte, hielt ihn Hansl am Arm fest.

„Weißt, Hermann, ich hab' ja nicht gewußt, was ich tu. Gewartet hab' ich auf dich in deinem Zimmer, und dann hab' ich die Brottasche untersucht. Vom Vater die. Und da hab' ich das Zeug gefunden. Ich war so verzweifelt, Hermann. Ich hab' einfach alle Tabletten geschluckt und nicht gewußt, daß man krank wird davon..."

„Was heißt ‚vom Vater die Tasche', Hansl?" fragte jetzt Gmeiner, aufmerksam geworden.

„Ja, weißt, Hermann", begann der Bub wieder, aber seine Stimme versagte bald im Aufschluchzen, „Papa ist heimgekommen. Er war gefangen. Und dann hat er..."

Gmeiner drückte den Buben, der sich beim Sprechen aufgerichtet hatte, in die Kissen zurück. „Aus jetzt, Hansl! Jetzt wird geschlafen! Du kannst mir später alles erzählen. Wenn du wieder ganz gesund bist. Nun aber mußt du Ruhe geben. Es wird alles gut werden, Hansl. Ich bin ja bei dir. Ich helf' dir ja. Auf mich kannst du dich verlassen!"

Als Hansl nochmals zu sprechen beginnen wollte, wurde Gmeiner energisch. „Ruhe, hab' ich gesagt! Du schläfst jetzt, verstanden? Mach die Augen zu!"

Gehorsam schloß der Bub die Augen. Gmeiner saß noch eine Zeitlang beim Bett. Die Brust des Buben hob und senkte sich regelmäßig. Er war wieder eingeschlafen.

Armer Kerl, dachte Gmeiner. Was muß er doch alles durchstehen! Ich kann ihn nicht mehr allein lassen. Er braucht mich. Ich muß ihm helfen. Irgendwie. Es wird mir schon etwas einfallen.

Leise erhob er sich. Bis zum Beginn der Vorlesung hatte er noch eine Stunde Zeit. Er wollte noch rasch heimgehen, sich waschen, einen heißen Kaffee trinken und ein frisches Hemd anziehen.

Daheim erwartete ihn seine Wirtin.

„Das hat mir jetzt genügt, Herr Gmeiner", empfing sie ihn. „Es tut mir ja sehr leid, aber ich kann Sie nicht mehr behalten. Das geht über meine Kräfte. Seit Wochen schleppen Sie mir fremde Buben ins Haus, verbrennen die halben Nächte Licht und bringen einen Wirbel in die Wohnung, den ich auf die Dauer nicht aushalte. Und heute noch der Selbstmordversuch! Nein, wissen Sie, das geht über meine Kräfte. Ich bin auch nicht mehr die Jüngste und hab' es nicht nötig, daß ich mich ständig so aufreg'." Sie wischte sich mit der Schürze über die Augen. „Es tut mir ja leid, Herr Gmeiner, aber Sie müssen sich ein anderes Zimmer suchen."

Gmeiner fand keine Worte der Verteidigung. Sicherlich hätte er seine Hausfrau auch diesmal wieder beruhigen können, denn ein solches Consilium abeundi hatte sie schon mehrmals ausgesprochen. Aber er war müde. Und sie tat ihm leid.

„Schon recht", sagte er. „Ich werde mich umsehen und schon etwas anderes finden."

Im Hörsaal

Während er sich rasierte, überdachte er nochmals alle Eindrücke der letzten 24 Stunden. Er hielt inne und schaute in den Spiegel ober dem Waschtisch. „Hermann", sagte er zu sich selbst, „auf dich rollt was zu." Und wie draußen im Feld vor einem Angriff überkam ihn ein Gefühl absoluter Sicherheit und Stärke. Wenn es dunkel ist, kann das Licht nicht mehr fern sein. Er begann vor sich hinzusummen. „Die blauen Dragoner, sie reiten..."

Aufgeräumt und frisch kam er zur Universität und stürmte in den Hörsaal. Er hatte den unteren Eingang gewählt und sah nun vor sich das Halbrund des sich nach oben verbreiternden Saales. Alle Bänke waren besetzt, sogar auf den seitlichen Brüstungen saßen die Studentinnen und Studenten. Gmeiner blieb einen Augenblick stehen und sah sich nach einer Möglichkeit um, noch irgendwo einen Platz zu ergattern.

Plötzlich begannen die Studenten auf die Bänke zu klopfen und mit den Füßen zu trampeln. Er liebte dieses seltsame Begrüßungskonzert und sah sich um, ob Professor Breitner, der diese Vorlesung halten sollte, schon gekommen war. Aber er war nicht zu sehen. Gmeiner sah wieder zur Studentenschaft hoch, die jetzt noch lauter klopfte und trampelte.

Kein Zweifel, die Begrüßungsszene galt ihm. Daß denen nur immer ein neuer Scherz einfällt, schoß es Gmeiner durch den Kopf. Er wollte kein Spaßverderber sein und nicht den Schüchternen spielen. Na, wartet nur!

Er überlegte einen Moment, dann eilte er hinter das breite Pult, das den Vortragsraum des Professors zum Auditorium hin abschloß, stellte sich hinter den weißen Tisch, verschränkte, wie Breitner es so gerne tat, die Arme hinter dem Rücken und rief: „Ruhe, meine Damen und Herren!" Das Trampeln wurde schwächer, der Lärm verebbte, dann war es mäuschenstill.

Jetzt muß ich weiterspielen, sagte sich Gmeiner. Sollte er Breitner imitieren und zu dozieren beginnen? Schon wollte er damit anfangen, als ihm ein anderer Gedanke kam.

„Kolleginnen und Kollegen!" begann er. „Herzlichen Dank für diese freundliche Ovation. Ich habe sie dringend nötig gehabt, denn vor einer halben Stunde habe ich meine Bude verloren. Ich weiß nicht, wo ich heute abend schlafen werde." Verdammt noch einmal, das stimmt ja gar nicht, sagte er sich. Aber vielleicht wirkt diese Notlüge. „Weiß mir keiner von euch ein Zimmer?"

„Wird dich schon eine nette Kollegin zu sich nehmen!" rief einer. Alles brüllte. Aber es wurde rasch wieder still. Denn plötzlich stand Breitner hinter dem Eindringling.

„Wollen Sie bitte Ihren Platz einnehmen, Herr Kollege", hörte er Breitners stets würdevolle Stimme.

„Verzeihung, Herr Professor", sagte Gmeiner und begab sich zu den Bankreihen, wo man inzwischen etwas zusammengerückt war, um ihm Platz zu machen.

Breitner trug vor. Er schilderte heute den Fall eines Patienten, der an einer so vollständigen Verengung des Pylorus litt, daß seit mehreren Wochen jede Nahrung, die in den Magen gebracht wurde, nicht weiter in den Zwölffingerdarm gelangen konnte. Zuletzt konnte der Patient überhaupt keine Speisen mehr zu sich nehmen und erbrach sogar jede Flüssigkeit. In seiner sachlichen Vortragsweise, die jeder besonderen Rhetorik und Ausschmückung entbehrte, erklärte Breitner dann jede Phase der Operation.

Gmeiner machte sich eifrig Notizen. Wie immer bei derartigen Operationsschilderungen war er fasziniert. Das war seine Welt. In ihr lebte er auf. Da versank alles um ihn her.

Nach der Vorlesung winkte Breitner den Kandidaten Gmeiner zu sich in sein Arbeitszimmer.

„Was hat's heute da vorne gegeben, Gmeiner?" fragte er.

„Nichts, Herr Professor. Wir sind manchmal halt übermütig."

„Nein, mein Lieber, das war kein Übermut, ich hab' doch gehört, das wegen der Bude und nicht wissen, wo heute abend schlafen."

Gmeiner war es peinlich, dem Professor nun davon erzählen zu müssen. Viel lieber hätte er die Sache mit dem Pylorus mit ihm diskutiert. Aber Breitner ließ nicht locker. Und so beichtete Gmeiner Stück für Stück und schilderte viel von dem, was er in letzter Zeit an Not und Elend bei Kindern erlebt hatte.

„Dacht' ich mir gleich, daß bei Ihnen keine Frau dahinter ist", sagte Breitner.

Gmeiner hob überrascht den Kopf zu dem Gelehrten, der ihn an Größe überragte. „Was meinen Sie damit, Herr Professor?"

„Ihr Nachlassen, Gmeiner. Sie sind nicht mehr der alte. Ich hab' euch Brüder schon unter der Lupe, das dürft ihr mir glauben. Einen Breitner führt man nicht hinters Licht. Ich interessiere mich eben für euch. Ich möchte, daß wenigstens ein paar von euch wirkliche Ärzte werden. Und Arzt sein, Gmeiner, ist ein hohes Ziel! Höher, als Sie denken. Arzt und Arzt ist ein Unterschied. In Ihnen, spüre ich, ist etwas lebendig für den echten Arztberuf. Sie haben das Zeug. Aber es wird nichts draus, wenn Sie nicht immer mehr und mehr an sich arbeiten. Lassen Sie alles liegen und stehen, was Ihr Studium beeinträchtigen kann. Finger weg von jeder Ablenkung. Diese Jugendgruppe, von der Sie da reden, ist ja geradezu Gift für Ihr Studium. Sind S' doch ein bisserl vernünftig, Gmeiner."

„Ja, Herr Professor, ich bin Ihnen zutiefst dankbar, aber..."

„Es gibt kein Aber, Herr Kollege", schnitt ihm Breitner das Wort ab. „Ihr Studium ist keine Spielerei! Was Sie heute versäumen, kann morgen einem Menschen das Leben kosten. Wollen Sie das auf sich nehmen?"

„Wenn Sie mich nur verstehen könnten, Herr Professor", rief Gmeiner. „Ich kann doch das alles nicht im Stich lassen. Ich kann doch den Hansl nicht verlassen, wen hat er denn schon auf der Welt."

Breitner wurde unmutig. „Ich habe Ihnen meinen Standpunkt klargelegt, Gmeiner. Ich wäre nicht dazu verpflichtet, aber ich baue auf Sie, und deshalb wollte ich Ihnen diesen freundschaftlichen Rat geben. Entweder wollen Sie Arzt werden, dann müssen Sie sich ins Studium knien, aber bedingungslos. Oder Sie wollen Pfadfinder spielen, dann lassen Sie die Hände vom Medizinstudium. Das ist mir zu heilig, als daß es jemand halb tut."

Mit diesen Worten entließ er Gmeiner.

Da stand er also. Er hatte es ja gewußt und gespürt, daß er nachließ. Aber der Breitner, daß dem so etwas auffiel? Der Pedell hielt ihn vor Verlassen der Uni auf. „Herr Gmeiner, ich hab' ein Brieferl für Sie!" Gmeiner riß den Umschlag auf. Er fand einen Zettel mit einer Adresse. Auf der Rückseite die Worte: „Eine Bude für Dich!"

Also hatte seine „Vorlesung" gewirkt. Es gibt noch feine Kerle, dachte er. Er mußte es laut gedacht haben, denn der Pedell betrachtete ihn und fragte: „Was haben Sie gemeint?"

„Ich hab' gemeint, daß die Menschen gut sind!" lachte Gmeiner, schüttelte dem Pedell, der seine Mütze zog — was er sonst nur in besonderen Fällen und Augenblicken tat —, die Hand und verließ das Gebäude.

Lydias Schicksal

Noch am selben Tag bezog er sein neues Zimmer bei Frau Stegwitz. Das war so recht nach seinem Geschmack. Es war sauber und licht, nicht groß, aber gemütlich. Das Messingbett störte etwas und paßte nicht zum übrigen Mobiliar aus Birkenholz. Es war leicht zu erkennen, daß dieses Zimmer einmal einem anderen Zweck gedient hatte, nun aber als Schlafzimmer eingerichtet worden war. Die vielen Studenten in Innsbruck brauchten Platz. Die vielen Kriegerwitwen einen kleinen Nebenverdienst.

Was Gmeiner aber so besonders freute, war das Panorama von seinem Fenster aus über Innsbruck.

Es war ein kühler Vorfrühlingsabend, als er sich das erste Mal hinausbeugte, um diesen Anblick in sich aufzunehmen. Da lag sie, die schöne Stadt am Inn, die er so rasch liebgewonnen hatte. Die steilen Giebeldächer schienen sich furchtsam aneinanderzudrängen, als läge noch immer der Schrecken mancher Bombenangriffe in der Luft, durch die in dieses harmonische Stadtbild etliche Lücken geschlagen worden waren. Irgendwo sang eine Amsel. Es war die erste, die er heuer jubilieren hörte. Tief sog er die Luft ein.

Und dort drüben liegt Hansl, dachte Gmeiner, als er jetzt den dunklen Komplex des Allgemeinen Krankenhauses ausnahm. Er hatte nicht viel Zeit für ihn übrig gehabt, heute. Nur nachmittags war er für eine halbe Stunde bei ihm gewesen. Wie hatte der Bub gestrahlt! Er konnte schon wieder lächeln. Wie immer war es Hansls trauriges Lächeln gewesen, etwas verkrampft, unfrei, gehemmt. Aber wie sollte er auch frei herauslachen können, dieser Bub? Einige aus seiner Jugendgruppe hatten das Lachen überhaupt verlernt.

Warum können sie eigentlich nicht lachen? überlegte er. Was fehlt ihnen am meisten? Er hatte doch erlebt, daß diese Buben sich wenig daraus machten, wenn sie Hunger hatten, wenn der Vater betrunken nach Hause kam, wenn sie kein eigenes Bett zum Schlafen hatten. Er war dahintergekommen, daß es für diese Buben beinahe selbstverständlich wurde, im Elend zu leben. Sie nahmen es nicht mehr wahr. Das trostlose Milieu war ihre Welt, und sie lebten in ihr, ohne sich darüber viel den Kopf zu zerbrechen. Sie machten sich noch keine tiefen Gedanken bei alldem, was sie erleben und erleiden mußten. Sie steckten die Schläge ein und das Geschimpfe. Sie saßen über ihren Hausaufgaben, während eine häusliche Szene vor sich ging. Ja freilich, überlegte Gmeiner, unbewußt nahmen sie das alles wahr. Innerlich litten sie darunter, ohne daß sie dieses Leid erkannten und es hätten definieren können.

Was aber fehlte ihnen am meisten?

„Das ist doch sehr einfach", sagte er laut, als wollte er seinem Ich eine Antwort geben. „Die Mutter fehlt ihnen, natürlich, die Mutter!"

Wenn diese Kinder wieder eine Mutter bekämen, würde rasch alles besser werden. Eine gute Frau wenigstens, die ihnen wieder Mutter wird. Aber kann eine Mutter ersetzt werden? Kann eine fremde Frau wirklich Mutter sein? Natürlich kann sie es, gab er sich wieder selbst die Antwort, weil er an seine eigene Kindheit zurückdachte. Auch ihm hatte das Schicksal die Mutter früh entrissen. Doch da war seine älteste Schwester eingesprungen und war ihm zur Mutter geworden.

„Natürlich ist dies möglich." Er sagte es mehrmals vor sich hin, um diesen Gedanken festzuhalten. Wenn diese Kinder — spann er den Gedanken weiter — ihre eigene Mutter verlieren, dann bleibt doch nur mehr der Ausweg offen, ihnen eine andere Frau als Mutter zu geben, die für dieses Kind da ist, die mit diesem Kind spielt, es liebt und führt, mit ihm leidet, ihm verzeiht, es lobt und tadelt und mit unsichtbaren Händen hineinführt in die Wunderwelt unbeschwerter Kindheit.

Das wäre ein Weg zur Rettung dieser Kinder, dachte er. Dann wäre wahrscheinlich Lydia auch nicht zur Landstreicherin und Diebin geworden. Er sah das 16jährige Mädchen vor sich — mit ihrem runden, sommersprossigen Gesicht und den leicht hervortretenden Backenknochen. In der Kinderklinik wurde sie ihnen in einer Vorlesung vorgestellt und ihr medizinischer Fall genau erörtert. Sie hatte eine Gabel verschluckt und mußte operiert werden. Die Speiseröhre war verletzt worden. Aber es war alles gut ausgegangen. Als das inzwischen fast ausgeheilte Mädchen wieder aus dem Hörsaal geführt worden war, hatte sich der Professor auf die Kante seines Vortragstischchens gesetzt und Lydias Schicksal erzählt. Man hatte ihn darum gebeten, nachdem einer der Studenten die Frage aufgeworfen hatte: „Weshalb hat sie die Gabel verschluckt, Herr Professor?"

Der Professor hatte zuerst gezögert, denn es lag nicht in seinem Vorlesungsprogramm. Aber er plauderte auch sonst gerne von anderen Dingen, um sich die Aufmerksamkeit seiner Hörer zu erobern, und so unterbrach er auch dieses Mal seine wissenschaftlichen Ausführungen und erzählte von Lydia.

Sie war drei Monate alt, als man sie ihrer Mutter wegnahm. Völlige Verwahrlosung. Vater unbekannt. So kam Lydia in ein Säuglingsheim. Es war ein modernes Säuglingsheim. Sie verblieb dort bis zum dritten Lebensjahr. Dann kam sie in ein anderes Heim. Als sie ins schulreife Alter kam, stellte sich erst ihre starke körperliche und geistige Retardierung heraus. Sie war stark zurückgeblieben. Ihr Körper war zart. Sie war auffallend klein. Ihr Sprechen war unartikuliert, fast noch lallend. Besonders auffällig war ihre Teilnahmslosigkeit. Sie hatte für kein Spiel besonderes Interesse und konnte sich für nichts begeistern. Lydia wurde in eine Kinderklinik überstellt und später auf einen Pflegeplatz gegeben. Dort holte sie überraschend schnell auf. Sie wurde ein kräftiges Mädchen, konnte die Schule besuchen und entwickelte sich gut. Dann starb die als liebe und gütige Frau geschilderte Pflegemutter an Krebs. Lydia kam auf einen neuen Pflegeplatz. Zu einem kleinen Bauern. Dort waren schon vier eigene Kinder. Aber Lydia fand den Anschluß nicht. Sie war die kleine Dirne am Hof, die schon morgens vor der Schule im Stall arbeiten mußte. Spielzeug hatte sie keines. Oft wurde sie geschlagen. Beschimpft. „Bäh — du Hergelaufene!" riefen der inzwischen Zehnjährigen die Schulkinder nach. Eines Tages wurde sie bei einem Diebstahl ertappt. Ihr Leidensweg ging weiter. Innerhalb der nächsten vier Jahre wechselte sie fünfmal den Pflegeplatz. Zuletzt erlebte sie noch eine schwere Bombennacht. Das Haus der Pflegefamilie, bei der sie wohnte, wurde total beschädigt. Man mußte sie wieder weggeben. Lydia war schon sehr schwierig geworden. Es war die Zeit des Kriegsendes. Sie konnte der Einweisung in eine Erziehungsanstalt entgehen, indem sie floh. Irgendwo schloß sie sich Flüchtlingen an und trieb sich dann zwei Jahre im Land herum, bettelnd, stehlend und vagabundierend. Dann wurde sie aufgegriffen und kam ins Polizeigefängnis. Dort verschluckte sie aus Verzweiflung eine Gabel.

„Nun aber, meine Damen und Herren, zu unserem nächsten Fall." So hatte die Erzählung von Lydia geendet, und Gmeiner hatte nicht Zeit gefunden, darüber nachzudenken.

Jetzt sah er das Gesicht des Mädchens aber wieder vor sich. Er ließ langsam noch einmal den Schicksalsweg an sich vorbeiziehen. Säuglingsheim — Kleinkinderheim. Doch klar, sagte er sich, daß es zu keiner gesunden Entwicklung kommen konnte. Das Kind entbehrte doch das Wesentlichste, was es in dieser Zeit gebraucht hätte: eine Mutter. Seine Überlegung mußte doch stimmen. Das weitere Schicksal Lydias hat dies doch bewiesen. Sie dürfte dann in die Hände einer Frau gekommen sein, die das Mädchen als Mutter aufnahm. Weshalb sonst hätte sie sich so rasch zum Guten entwickelt? Und dann war diese Frau gestorben, und es ging wieder abwärts.

Draußen war es Nacht geworden. Gmeiner stand noch immer beim offenen Fenster. Es fröstelte ihn. Er schloß die Fensterflügel und tappte sich durch das ihm noch fremde Zimmer zum Lichtschalter. Dann löste er den Bindfaden von den beiden großen Schachteln, die zu seinem Gepäck gehörten. Sie enthielten nur Bücher und Schriften.

Geborgenheit ist alles

Er hatte nicht viel Literatur daheim über das, was er jetzt lesen wollte, obwohl er sich seit einigen Wochen immer wieder jugendpsychologische Bücher aus der Universitätsbibliothek holte. Aber bald schien er gefunden, was er gesucht hatte. „Geborgenheit!" rief er, und es störte ihn nicht, daß er laut sprach. Er tat dies öfter, wenn er sich intensiv mit einem Problem beschäftigte. „Ja, hier steht es, daß jedes Kind sie braucht und sie nur in den Armen und auf dem Schoße der Mutter erleben kann." Er las die folgenden Stellen laut: „Aus dieser Bindung zwischen Mutter und Kind entspringt die Sicherheit, die dem charakterlich gesunden Menschen aneignet. Wo diese Sicherheit fehlt, wird der Mensch in eine diffuse Erregung versetzt, sobald er Leistungen zu vollbringen hat. Diese diffuse Erregung wird als Angst erlebt und löst meistens asoziale Verhaltensweisen aus, nämlich entweder Flucht oder Angriff." Beinahe gierig las er weiter, und seine Stimme wurde noch lauter und gedehnter, als er zu jener Stelle kam: „Auf diese wahrhaft grundlegende Erziehung zur inneren Sicherheit hat jeder Mensch offenbar Anspruch, den Anspruch eben, eine Mutter zu haben, die ihm vor allem in den ersten Monaten und Jahren jene Geborgenheit bietet!"

Er überdachte kurz das Gelesene und setzte dann die Lektüre fort. Er las, daß sich aus dieser Sicherheit, die das bei der Mutter geborgene Kind in sich aufgebaut bekommt, wesentliche Eigenschaften ableiten, zum Beispiel das Vertrauen, die Liebe zur Wahrheit und andere tiefste Geheimnisse menschlicher Existenz. „Die Geborgenheit des Kindes in der Liebe der Mutter ist die Vorschule aller späteren Geborgenheit. Wer diese Vorschule nicht durchlaufen konnte, wer volle Geborgenheit nicht als schwaches Kind erleben durfte, bleibt zeitlebens in Gefahr der Verzweiflung. Den Weg zur Geborgenheit im Absoluten kann er nur finden, wenn brüderliche Liebe ihm nachher ersetzt, was ihm an mütterlicher Liebe abging."

Ein Klopfen an der Türe riß ihn aus seinen Studien.

„Herein!" rief er mechanisch.

Frau Stegwitz trat ein. Ihre große, hagere Gestalt, das graue, am Hinterkopf verknotete Haar und ihre langen, blassen Hände gaben ihr etwas Vornehmes. Gmeiner hatte sich gleich zu dieser Frau hingezogen gefühlt. Seine ihm angeborene gute Menschenkenntnis, sein Instinkt vor allem für gute Menschen sagten ihm, daß er in dieser Frau eine gütige, verständnisvolle Hausfrau gefunden hatte. Er sollte sich nur in ihrer Strenge irren, die er später noch oft zu spüren bekam, bis er für diese Strenge dankbar wurde, weil sie seinen Siedekopf manchmal wieder zurechtsetzte. Und das brauchte Gmeiner, der einen einmal gefaßten Entschluß nicht nur ausführte, sondern dabei in blindem Draufgängertum manchmal über das Ziel schoß.

Frau Stegwitz tat erstaunt. „Verzeihen Sie, Herr Gmeiner, aber ich dachte, Sie hätten noch Besuch, und da wollte ich Sie aufmerksam machen, daß dies bei mir ab neun Uhr abends nicht mehr akzeptabel ist. Nun aber seh' ich, daß Sie allein sind, und mir war, als wäre da gesprochen worden."

Ein fröhliches Lachen antwortete ihr. „Gmeiner hat mit Gmeiner gesprochen, liebe Frau Stegwitz. Das dürfen Sie ihm nicht krummnehmen. Mir geht manchmal der Mund über, wenn es im Kopf zu sehr brodelt."

„Junge Leute wie Sie, die noch dazu ein so schweres Studium machen, brauchen Schlaf, Herr Gmeiner. Überhaupt, wo es so wenig zu essen gibt."

„Aber ich hab' keinen Schlaf und auch keine Zeit zum Schlafen."

Die Hausfrau überlegte, ob sie sich auf eine Debatte darüber einlassen sollte. Dann schien es ihr aber doch taktvoller, den neuen Mieter nicht am ersten Tag schon zu belästigen. Vielleicht hätte ich ihn auch nicht zum Schlafengehen ermahnen sollen, überlegte sie. Und um für alle Fälle etwas gutzumachen, bot sie sich an, ihm einen Tee zu bringen. Das war Gmeiner recht.

„Aber ich hab' nur Pfefferminztee", sagte sie.

„Mir umso lieber", erwiderte Gmeiner. „Ich halte viel auf Kräuter."

„Dann haben wir ja Aussicht, daß Sie einmal ein vernünftiger Arzt werden", meinte Frau Stegwitz. „Das viele Tablettenzeug, das die Mediziner einem heute verschreiben, ist ja doch nur Gift."

Der Tee schmeckte gut. Er durchwärmte ihn und gab ihm neue Impulse. Aber nach Mitternacht fielen ihm doch die Augen zu. Er hatte die Nacht zuvor ja nicht geschlafen.

Einer jener Tage ging zu Ende, an denen Gmeiner innerlich reif wurde für sein Werk. Langsam begann sich das geistige Gebäude zu formen, das notwendig war, um den realen Weg zu finden, um den er rang.

Ist's mehr als Pfadfinderspiel?

Die darauffolgenden Tage und Wochen führten in ihm zu einer Wandlung. Er, dem das Medizinstudium alles bedeutet hatte, ging nun mit einem unbewußten Ärger zu den Vorlesungen. Seine Gedankenwelt schien durch sie eingeengt. Obwohl er immer wieder Nächte opferte, um über die neu aufgetauchten Probleme nachzugrübeln, kam er doch selten mit einem Gedanken zu Ende, da er wieder zur Vorlesung, in die Klinik oder zu einer Übung mußte. Zwischendurch hatte er Prüfungen, für die er sich vorbereiten mußte. Sie verlangten von ihm ganze Konzentration.

Und so begann er sich zu ertappen, wie er während Vorlesungen, denen er noch Monate zuvor mit vollster Aufmerksamkeit gefolgt war, abstrakte Zeichnungen in sein Notizheft malte und mit seinen Gedanken ganz woanders war.

Das schreckte ihn auf. Das Gespräch mit Breitner, das er nicht vergessen konnte und das ihn wie ein Alptraum verfolgte, baute sich in solchen Sekunden wieder vor ihm auf. „Entweder wollen Sie Arzt werden, dann müssen Sie sich ins Studium knien, aber bedingungslos. Oder Sie wollen Pfadfinder spielen..." Was heißt Pfadfinder spielen? lehnte sich Gmeiner auf. Mir ist es Ernst um meine Burschen. Ich kann an ihnen nicht mehr vorbei. Sie halten mich fest. Ihre Schicksale verfolgen mich. Der Geruch ihrer armseligen Behausungen liegt mir ständig in der Nase. Da muß doch etwas geschehen. Kann ich denn da ruhig im Hörsaal sitzen, kann ich denn da ruhig in der Mensa mit meinen Kollegen diskutieren, in irgendeinem Gasthaus an der Theke mit ihnen über Weiber reden?

Irgendwie mußte er da zurechtkommen, das spürte er.

So begann er, sich einen genauen Zeitplan anzulegen. Andere vertrödeln sinnlos ihre Freizeit und kommen auch weiter, werden auch Ärzte, also müßte es auch ihm gelingen, verteidigte er sich. Denn im Hintergrund seines Denkens standen die Worte Breitners: „Arzt und Arzt ist ein Unterschied."

Aber was nützt das alles? Er mußte nach seinem Gewissen so handeln. Daher teilte er nun seine Tage ein und hielt sich an diesen genauen Stundenplan. Auch die Besuche bei Hansl hatten darin ihren festen Platz.

Der Bub war nach seiner Entlassung aus dem Krankenhaus in eine Erziehungsanstalt eingewiesen worden. Gmeiner hatte alles versucht, um dies zu verhindern. Ja, er wollte den Buben sogar zu sich nehmen. Der Beamte im Jugendamt hatte über diese Idee des Medizinstudenten gelacht. „Wir sind zwar über jeden Pflegeplatz froh, Herr..." — „Gmeiner", hatte er eingeworfen —, „aber dös wär' ja ein Platz zur Pflege echter Verwahrlosung. Was sollt' denn der Bua den ganzen Tag machen? Wolln S' ihn leicht gar auf die Hochschul' mitnehmen?" Ja, Gmeiner verstieg sich gar so weit, seiner Hausfrau vorsichtig den Plan einzureden, den Buben zu sich zu nehmen. Die gute Frau Stegwitz aber durchschaute sein Vorhaben nicht einmal, so sehr war ihr ein solcher Gedanke absurd, und er sah selber auch ein, daß dies der alten Dame nicht zumutbar war.

So war der Hansl in der Erziehungsanstalt gelandet. Er war darüber gar nicht so sehr enttäuscht, wie Gmeiner vermutet hatte. „Aber der ‚StT', Hermann, der wird mir abgehen", hatte er gesagt, „sehr abgehen."

„Du bleibst ja mitten unter uns, Hansl", hatte ihn Gmeiner getröstet. „Da steckt so viel drinnen von dir, daß wir dich ja nicht vergessen können. Einmal kommen wir dich alle besuchen. Wenn die Ferien begonnen haben. Da machen wir dann eine Wanderung. Mit Zelten. Du darfst sicher mitmachen, wenn ich den Direktor darum bitte!"

Bekanntschaft mit der Erziehungsanstalt

Den Direktor hatte er inzwischen kennengelernt und sich schon eingehend mit ihm unterhalten. Er war Gmeiner nicht unsympathisch, denn er achtete jenen Typ älterer Herren, die das Korrekte alter Offiziersschule ausstrahlen, obwohl diese Art seinem Wesen nicht entsprach. Gmeiners vorwärtsdrängende Natur verlangte großzügiges Denken und vielfach auch Oberflächlichkeit, ohne die manche Brücke zu fern scheinenden Ufern nicht zu schlagen war.

Die aufdringlich belehrende Art des Direktors gefiel Gmeiner nicht. Aber er wußte sich ihr zu beugen, zumal er rasch erkannte, daß er hier etwas lernen konnte.

„Das gesamte Gebiet der Heimerziehung", begann er die Belehrung Gmeiners, dessen Interesse seinem Schulmeisterdrang zum Durchbruch verhalf, „zerfällt in verschiedene Aufgabenbereiche. Da sind a) das Waisenkind, b) das Kind mit körperlichem Gebrechen, c) das geistig behinderte Kind, d) das schwererziehbare Kind, e) der nicht berufsfähige Jugendliche, f) der gestrauchelte Jugendliche und schließlich g) der asoziale Jugendliche."

Genießerisch steckte sich der Direktor eine Zigarette an, während er die Wirkung seines systematischen Wissens auf den Besucher beobachtete. Gmeiner zeigte sich sehr gelehrig, was den Direktor erfreute und ihn fortfahren ließ: „Nun sehen Sie, es lassen sich natürlich die Ihnen jetzt aufgezeigten Gruppen nicht immer streng voneinander trennen. Das versteht sich von selbst!" Gmeiner unterdrückte ein Lächeln, denn dieses „Das versteht sich von selbst!" kam unerbittlich immer wieder über des Direktors Lippen. „Hier bei uns zum Beispiel finden Sie sowohl schwererziehbare Kinder und Jugendliche als auch asoziale Typen und arbeitsscheue Elemente."

Er zog an seiner Zigarette, beobachtete das Aufglimmen und sprach weiter: „Grundsätzlich gibt es bei uns zwei Gruppen, und zwar solche Burschen, die leicht erziehbar sind, und solche, die schwer erziehbar sind. Die übrigen — es sind gottlob nur wenig —, die sich als erziehungsunfähig erweisen, müssen wir ausscheiden. Das versteht sich von selbst!"

Weiterdozierend führte er Gmeiner durch das ganze Haus. Es mußte früher einmal ein vornehmer Landsitz gewesen sein. Das ließen die hohen Gänge, die mit Stuckarbeiten versehenen Decken und die neugotischen Fensterbögen erkennen. Nicht zuletzt auch der prachtvolle Naturpark, der dieses Gebäude umschloß und die hohe Mauer kaum erkennen ließ, die den ganzen Komplex sorgsam von der Außenwelt abschloß.

In dieser Welt also lebte sein Hansl. In dem großen Schlafsaal war ihm eines der 40 unpersönlichen Eisenbetten zugeteilt, an deren Fußenden die rauhen Decken in militärischer Ordnung ausgerichtet lagen. Auf dem Gang gehörte ihm einer jener zahllosen Spinde, von denen der Direktor einige aufschloß, um sie Gmeiner als Muster der Ordnung zu präsentieren.

„Zucht ist oberstes Gesetz bei uns", erklärte er dabei. „Der junge Mensch — bisher meist an keine Regeln der Ordnung gewöhnt — muß lernen, zu gehorchen und in der Gemeinschaft zu leben. Das formt ihn. Äußere Ordnung und Sauberkeit dringen nach innen. Das versteht sich von selbst!"

Ja, sauber war es hier. Der Steinfußboden glänzte. „Die Buben waschen ihn nicht nur täglich, sondern er wird auch eingelassen und geglänzt", erläuterte der Direktor schmunzelnd.

„Und haben Sie genug Erzieher?" fragte Gmeiner.

„Da schneiden Sie freilich unser schwerstes Problem an, junger Mann", antwortete der Chef des Hauses. „Wir haben zuwenig wirklich gute und vor allem geschulte Leute. Aber das ist Schuld des Staates. Nun ja, wir können zwei Jahre nach Kriegsende keine Wunder verlangen. Ich hoffe, es bessert sich. Wir brauchen Erzieherschulen und brauchen vor allem auch eine soziale Besserstellung des Erzieherberufes. Dann werden wir auch wieder qualitativ bessere Erzieher bekommen. Das versteht sich von selbst!"

Gmeiner war von seinem ersten Rundgang beeindruckt. Es erfüllte ihn mit Angst, was er hier wahrnahm. Er spürte, daß diesen jungen Menschen der warme Lebensraum fehlte, das Persönliche, das Freundliche, Frohe, Schöne — eben jene Geborgenheit, über die er schon so viel nachgedacht hatte. Und dazu fehlte ihnen natürlich auch die menschliche Bindung an ein Vorbild. Die Frau überhaupt; die Frau nämlich, die er als Mutter sah und nach der er hier suchte, obwohl er wußte, daß sie in dieser Anstalt keinen Platz hatte. Wohin sollten, fragte er sich, diese jungen Burschen ihre kleinen und großen Alltagssorgen tragen? Wer gab ihnen das gute, beruhigende Wort einer Mutter? Wer ordnete einmal mit liebevollen Händen ihr zerzaustes Haar? Der Erzieher? Und wenn es hier gute Erzieher gab, konnten sie in ihrem 24-Stunden-Turnus etwas ausrichten?

Gmeiner brachte das Gespräch mit dem Direktor auf das fehlende Elternhaus dieser Kinder. Er sprach das Wort „Geborgenheit" aus und wiederholte, was er davon wußte. Vor allem ihre Notwendigkeit zum Aufbau jener Sicherheit im jungen Menschen, die er für seinen späteren Lebensweg nötig habe.

Überraschenderweise stieß er damit beim Direktor dieser Anstalt auf größtes Verständnis. „Sie haben recht!" rief er. „Den meisten dieser jungen Menschen fehlen die Grunderlebnisse, ohne die jedoch pädagogisches Wirken kaum denkbar ist. Darüber gibt es keinen Zweifel, und ich habe die Erfahrung — das versteht sich von selbst —, daß Kinder, die das Geborgensein entbehren mußten, wenige Ansatzpunkte für einen Erzieher bieten. Wenn Kinder in der frühesten Jugend nicht das Erlebnis der Zugehörigkeit, des Geschützt- und Geliebtseins gehabt haben, entwickeln sie kaum soziale Kontakte. Wir stehen daher immer wieder bei Jugendlichen, die aus Bunkern und Trümmerlöchern kommen, vor fast unlösbaren Aufgaben. Das sind seelische Erschütterungen, mein Lieber, die man nicht mit ein paar erzieherischen Handgriffen in Ordnung bringen kann, das versteht sich von selbst!"

„Aber das ist ja furchtbar", murmelte Gmeiner.

„Sie können es auch Schicksal nennen. Das war schon immer so. Solche Kinder und Jugendliche hat es stets gegeben. Nur waren sie früher viel schlechter dran. Denken Sie nur daran, daß man früher solche Kinder einfach in Bergwerke schickte oder sie sonst Arbeiten verrichten ließ, vor deren Gesundheitsschädlichkeit die Erwachsenen zurückscheuten. Heute ist das anders. Anstalten wie diese sind eine Errungenschaft, das versteht sich von selbst! Und mit konsequenter Erziehung zur Ordnung, zu Disziplin und Sauberkeit können wir sogar vielen wieder helfen, anständige Menschen zu werden."

Die letzten Sätze klangen in Gmeiner nach. Da war Selbstgefälligkeit, Spießbürgertum, Trägheit. Das spürte er.

Wenn es die einzige Errungenschaft unseres Zeitalters sein sollte, daß man die gesundheitsschädliche Arbeit für solche

Kinder verbot, dann war es traurig um die Menschheit bestellt. Es mußte mehr getan werden. Hier konnte nicht Endstation sein.

Hansl hatte sich gut eingelebt. Er klagte nicht. Da er sich den strengen Gesetzen der Anstalt beugte, hilfsbereit war und im Unterricht gut mitkam, wurde er in Ruhe gelassen. Er lief mit. Den Erziehern stellte er keine Probleme. Nur nach seinem Vater fragte er jetzt immer. Gmeiner konnte Hansl erzählen, daß man den Vater wegen schwerer Körperverletzung — die Mutter hatte nach der wütenden Szene eine Totgeburt gehabt — zu einem Jahr Gefängnis verurteilt hatte. Die Eltern lebten in Scheidung. Gmeiner wußte, daß diese Nachricht Hansl schwer treffen würde, doch er konnte sie ihm nicht ersparen. Dafür jedoch konnte er dem Jungen auch berichten, daß er den Vater im Gefängnis besucht habe und dieser Hansl grüßen ließe. Er hätte Gmeiner gebeten, seinem Sohn auszurichten, daß dieser ihm verzeihen möge, er habe in blinder Wut gehandelt, auch habe er die Absicht, nach Verbüßung der Strafe nach Deutschland zu gehen und sich dort eine Arbeit zu suchen und Hansl dann zu sich zu nehmen. Diese Mitteilung beruhigte den Buben wieder. Seither lebte er nur mehr in der Hoffnung, daß der Vater ihn bald zu sich holen werde, wozu umso mehr Aussicht bestand, als Vaters Rechtsanwalt gegen das Urteil Berufung eingelegt hatte und in Anbetracht seiner langen Gefangenschaft in Sibirien, seiner Kriegsverletzung und der besonderen Umstände Aussicht auf Herabsetzung des Urteils bestand.

Auf diese Weise machte Gmeiner erstmals engste Bekanntschaft mit einer Erziehungsanstalt. Das bewog ihn, in der nächsten Zeit fast sämtliche Anstalten und Heime der näheren Umgebung zu besichtigen. So wurde er mehr und mehr mit dem ihm bisher unbekannten Gebiet der Jugendfürsorge vertraut und untermauerte sein Wissen noch mit der Lektüre aller einschlägigen Literatur, die er in die Hand bekommen konnte.

Zu wenig gute Pflegeplätze

Nach alldem, was Gmeiner erlebt hatte, mußte er sich sagen, daß die glücklichste Lösung für die Unterbringung milieugefährdeter Kinder der Pflegeplatz ist. Weshalb jedoch versagten viele Kinder auch auf Pflegeplätzen? War das Schicksal Lydias zu verallgemeinern? Er unterhielt sich darüber mit einer Fürsorgerin, die er kennengelernt hatte und die auch in der Katholischen Jugend tätig war. Hier konnte vielleicht eine Frau besser durchsehen, dachte er. Das Gespräch mit ihr sollte ihm recht geben.

„Das liegt doch auf der Hand", meinte sie, gleich zur Wurzel des Problems vorstoßend. „Es gibt zu wenige gute Pflegeplätze. Oft werden solche Kinder nur aufgenommen, weil der staatliche Pflegebeitrag ganz schön ins eigene, schmale Budget paßt und so ein kleiner Esser gerade mitläuft, ohne viel Kosten zu verursachen. Ein größeres Pflegekind ist überdies praktisch im Haushalt oder in der Landwirtschaft. Zwei Hände mehr packen zu, und man bekommt — anstatt Lohn zahlen zu müssen — vom Staat noch Geld zugeschossen."

„Das heißt doch", überlegte Gmeiner, „daß diese Kinder heute oft noch genauso benachteiligt sind wie früher."

„Sehr richtig! Sie müssen oft schwerste Arbeit vollbringen. Ich kenne in meinem eigenen Amtsbereich mehrere Pflegekinder, die jeden Tag schon vor Beginn der Schule im Stall stehen müssen."

„Aber das Jugendamt macht doch Kontrollen", warf Gmeiner ein.

„Richtig, aber wie so eine Kontrolle aussieht, können Sie sich selbst ausmalen, wenn ich Ihnen sage, daß eine einzige Fürsorgerin oft bis zu 800 Kinder zu betreuen hat. Daher passiert es auch immer wieder, daß Kinder jahrelang mißhandelt werden, ehe die Behörde wirklich dahinterkommt."

Gmeiner war sehr bedrückt. Es quälte ihn, auch diesen Ausweg verbaut zu sehen. Wo gab es eine Lösung?

„Und sehen Sie", begann die Fürsorgerin wieder, „das ist noch nicht das einzig Negative an der Pflegestelle. Sie brauchen nur daran zu denken, daß unser Pflegekind in Familien, wo es noch andere Kinder gibt, stets Stiefkind bleibt und auch beim opfervollsten Einsatz der Mutter von den Geschwistern gerne als Außenseiter betrachtet wird. Kinder sind eben grausam. Sie kennen noch keinen Respekt vor dem Leid des Nächsten. Sie sprechen aus, was sie denken. Sie kämpfen mit allen ihnen zur Verfügung stehenden Waffen um die Liebe ihrer Mutter, die sie mit keinem anderen Kind gerne teilen. Schon gar nicht mit einem fremden Kind."

So deprimierend diese Unterhaltung mit der Fürsorgerin auch gewesen war, Gmeiner mußte sich doch immer wieder damit beschäftigen. Er wurde sich bewußt, daß — wenn es überhaupt eine Hilfe gab, die das Schicksal seiner Burschen verändern konnte — diese von der Pflegefamilie ausgehen mußte. Es gibt doch nur zwei Möglichkeiten, überlegte er. Entweder das Heim: die Masse, Unpersönlichkeit, Schlafsaal, Uniformierung — oder Familie: Geborgenheit, Wärme, Liebe, Hingabe. Gangbar war für ihn nur der zweite Weg. Wie hieß es doch bei Pestalozzi: „Wahrlich, wahrlich, wie die Krippe, in der der arme Heiland lag, also erscheint mir die Wohnstube des Volkes als die Krippe, in der uns das Göttliche, das Heilige, das in der Menschheit sich entfaltet, keimen, aufwachsen und zur Reifung gedeihen soll."

Hier lag das Geheimnis! Gmeiner konnte sich daher nicht mehr von dem Gedanken befreien, daß der Weg, den er suchte, in diese Wohnstube hineinführen müsse und hin zu einer Mutter, die dem Kind wieder Liebe schenkt.

Abschluß der Vorklinik

Ein neuer Prüfungstermin rückte näher. Er fühlte sich diesmal sehr schwach, stürzte daher seinen Terminkalender um und verlegte sich ganz aufs Lernen. Und je mehr er sich wieder mit dem Studium beschäftigte, desto stärker wurde sein alter Wunsch, Arzt zu werden.

„Endlich gefallen Sie mir wieder, Herr Gmeiner", sagte wohlwollend Frau Stegwitz. „Ihr Herumzigeunern gefiel mir gar nicht. Ich wollte schon Ihrem Vater schreiben. Ja, ja, ich war halt besorgt. Man wurde ja schon verrückt mit so einem Untermieter. Ein Betrieb! Ständig das Geklingel. So komische Kerle marschieren auf und machen sich in Ihrem Zimmer breit, wenn Sie nicht daheim sind. Direkt unheimlich."

Sie war wieder einmal in Fahrt.

„Und ich sehe es Ihnen genau an, ob Sie studieren oder sich wo herumtreiben! Nur keine Widerrede — auch Ihre Pfarrgruppe, oder was Sie da haben, ist so ein Herumtreiben. So etwas lenkt nur ab. Da war mein ältester Sohn viel ernster in seiner Arbeit. Mein Gott, der wäre heute schon Tierarzt, wenn nicht der unselige Krieg gekommen wäre. Aber ich langweile Sie schon wieder mit meinen Erzählungen. Ich laß Sie schon in Ruhe. Sagen Sie mir nur, wann Sie Ihre Prüfung haben, damit ich beide Daumen halten kann."

Gmeiner hatte sie liebgewonnen, seine Hausfrau. Er ließ sich von ihr gerne bemuttern und freute sich an ihrem strengen Ton, weil er in Wirklichkeit nur eine sehr wackelige Schranke vor einem weiten, gütigen Herzen war. Das Schicksal hatte sie unbewußt diese Schranke setzen lassen. Ihren Mann hatte Frau Stegwitz im Ersten Weltkrieg verloren. Allein mußte sie sich mit den beiden Buben durchschlagen. Und dann holte sich der Zweite Weltkrieg gleich beide Buben. In Stalingrad den einen, der hätte Tierarzt werden sollen. Und knapp vor Kriegsende den anderen. Ihr ganzes jahrzehntelanges Opfer schien umsonst. Sie war alt darüber geworden. Sie hatte nur für ihre beiden Söhne gelebt. Ihre ganze Liebe gehörte den Buben. Sie waren ihr Stolz, ihre Freude, der Inhalt ihres Daseins. Nun war sie allein und verbittert. Aber all das Leid und all diese Verbitterung konnten nicht die Güte auslöschen, die sie besaß und von der sie nun wieder etwas abgeben konnte. An den neuen Untermieter.

Die Prüfung war bestanden. Damit hatte Gmeiner die Vorklinik abgeschlossen und die erste große Hürde seines Medizinstudiums genommen. Von seinen Kollegen und seiner Zimmerfrau zum Erfolg beglückwünscht, fühlte er in seinem Inneren jedoch nicht jene vorbehaltlose Freude, die ihn sonst bewegt hatte, wenn er sich eine Stufe weiter auf der Leiter zu seinem ersehnten Ziel sah.

Dieses Mal nahm er die bestandene Prüfung mehr als selbstverständlich hin. Er hatte studiert, sein Wissen unter Beweis gestellt, und damit schien ihm der Fall erledigt. Jene Begeisterung fehlte, die sonst immer in seinem Inneren aufgebrochen war. Diesmal konnte er sich nicht einmal dazu aufraffen, nach Hause zu schreiben und von seinem Erfolg zu berichten. Diesmal war alles anders.

Und Gmeiner spürte das, wußte auch den Grund dafür. Er konnte das alles in ihm nicht einfach totschweigen, was ihn bewegte. Zu sehr war er von Unruhe erfüllt und von der Sorge für die jungen Menschen, deren Schicksale er in den vergangenen Monaten kennengelernt hatte. Er hätte es jetzt nicht über sich gebracht, mit Kollegen eine Nacht zu durchzechen.

Die Jugendgruppe hatte er vernachlässigt. Bis auf die Heimstunden war er ihr aus dem Weg gegangen. Das Studium hatte ihn dazu gezwungen. Nun fühlte er beinahe ein schlechtes Gewissen.

„Ich werde alles nachholen", sagte er sich, denn die Semesterferien standen vor der Türe. Sie gaben ihm etwas Zeit. Auch für die Lösung der Frage, die er jetzt erstmals genau zu formulieren vermochte:

Welche Form der Jugendfürsorgeerziehung konnte das noch immer bestehende alte System ablösen?

Denn eines hatte er deutlich erkannt: Die bestehenden Möglichkeiten, dem sozialwaisen, vor allem aber dem schon milieugeschädigten Kind zu helfen, waren gering. Nicht nur das, sie hatten keinen Bezug mehr zur heutigen Welt. Sie hatten mit der Zeit nicht Schritt gehalten. Das hilflose, verlassene Kind sah er auf der Strecke modernen Fortschritts liegen. Die Zivilisation rollte über dieses Kind hinweg. Und die paar Hände waren zu schwach, es nachzuschleppen. Man hatte auch den Anschluß verloren. Man wußte nicht mehr, wo es weitergehen sollte. Daher vergrub man sich in der Auffassung, daß man daran nun einmal nichts ändern könne. Man gab sich der Täuschung hin, daß mit dem Bau eines modernsten Kinderheimes, mit der Schaffung gepflegter Säuglingsheime und dem Anwachsen von heilpädagogischen Stationen der Entwicklung Rechnung getragen wurde. Im übrigen — so sagte man sich — sei dies ja Aufgabe des Staates, und der tue doch sehr viel auf dem Gebiet der Jugendfürsorge. Das Netz der Jugendämter lasse ja doch keinen durch die Maschen schlüpfen. Es sei alles fein und säuberlich erfaßt. „Aber Akten, nichts als Akten!" hatte Gmeiner einmal herausgeschrien, als er mit einigen seiner Kollegen über dieses Problem gesprochen hatte.

„Freilich, ihr habt recht, der Staat tut viel. Tausende Beamte sind für das Fürsorgekind eingesetzt. Sie durchforschen genau dessen ganze Vergangenheit, schreiben sich die Daten der Eltern und Großeltern auf, deren Charaktereigenschaften und Halsweiten. Sie wiegen die Kinder und messen ihre Größe. Sie lassen es testen und auf körperliche Mängel untersuchen. Sie durchforschen, ob der Geburtsakt normal verlaufen ist, das Kind Muttermilch bekommen hat und der Stuhlgang immer in Ordnung war. Der Akt wird immer dicker. Ein wundervoller Akt. Genauso wundervoll wie die später von den Lehrern geführten Schülerbeschreibungsbogen, in denen man auch jede Entwicklungsphase des Kindes festhält und worin aufgezeichnet wird, ob das Kind seinem Banknachbar einmal den Radiergummi gestohlen oder ihn ein unkeusches Lied gelehrt hat. Alles prima, alles in Ordnung, alles da, was man wissen will. Da bleibt nichts verborgen. Da weist man dann Pflegeplätze zu oder in Heime ein, da wird dem Psychologen vorgeführt und mit den Eltern gesprochen. Da geschieht alles, nur eines nicht: das Kind als Kind zu sehen und nicht als Fürsorgeakt!"

Seine Kollegen hatten das nicht begreifen wollen. Gmeiner drang noch tiefer in die Sache ein: „Denkt doch einmal darüber nach, wohin eine perfektionierte staatliche Befürsorgung führt! Sie kann nur in einer persönlichen Unfreiheit enden. Der einzelne wird zur Nummer. Als Nummer wird er röntgenisiert, als Nummer kommt er ins Krankenhaus, als Nummer wird er operiert, als Nummer in ein Altersheim eingewiesen. Als Nummer schließlich bekommt er einen numerierten und vom Staat bezahlten Sarg und endet in einem numerierten Grab womöglich mit einem numerierten Grabstein aus einer staatlichen Grabsteinmanufaktur!"

Gmeiner war wieder einmal zum Vulkan geworden. In solchen Momenten verfiel er in einen ihm sonst nicht eigenen Redeschwall, schoß dabei bewußt über das Ziel, bauschte auf, zog seltsame Vergleiche und machte wilde Gedankensprünge. Aber eines konnte ihm keiner versagen: daß er durch solche Reden zum wahren Kern der Sache vorstieß, das Wesentlichste erfaßte und damit überzeugte. Man mußte ihm meistens recht geben. So war es in diesem Gespräch auch seinen Freunden ergangen.

„Mit der Jugendfürsorge ist es ganz dasselbe", hatte Gmeiner weiterphilosophiert. „Numerierte Windeln", hatte einer eingeworfen, aber Gmeiner hatte das erwartete Lachen nicht zum Durchbruch kommen lassen: „Was anders sind die sogenannten Säuglingspakete? Ich habe Fälle erfahren, wo Mütter diese Säuglingspakete verschacherten und ihr Kind in Zeitungspapier wickelten. Na, was wollt ihr! Hätte es das früher gegeben? Aber die zu weit gehende Befürsorgung durch den Staat führt zur Abnahme der Eigenverantwortlichkeit. Der Staat wird's schon machen! Die Fürsorge wird schon was tun mit dem Kind! Seht ihr die aufkeimende Einstellung?" Gmeiner hatte noch weitere Gefahren einer Übersozialisierung aufgezeigt, bevor er wieder zum Ausgangspunkt dieses Gespräches zurückkehrte. „So wird also auch das Fürsorgekind zu einer Nummer. Nicht, weil die Fürsorgerinnen nichts taugen und die Jugendamtleiter sich nicht bemühen. Da sitzen oft ganz prächtige Leute. Aber weil die Bürokratie das Menschliche überdeckt, weil der Akt und seine gewissenhafte Führung so viel Zeit in Anspruch nehmen, daß keine Stunde mehr frei bleibt, sich des Kindes anzunehmen. Das Kind aber braucht menschliche Hilfe. Es ist ihm nicht damit geholfen, daß wir durch Tests herausbekommen haben, daß frühgeburtliche Angsterlebnisse vorliegen. Es ist ihm nicht geholfen, wenn wir durch zeitraubende Nachforschungen erfahren haben, daß der Vater ein haltloser Säufer war. Es ist ihm nicht damit geholfen, wenn es uns gelungen ist, in einem weitschweifigen Führungsbericht nachzuweisen, daß die Diebstähle des Kindes unbewußte Racheakte gegen die Schläge eines Stiefvaters sind. Das Kind braucht Hilfe, braucht Geborgenheit, braucht Liebe. Für Liebe aber ist in der modernen Jugendfürsorge noch zu wenig Platz."

Rund ums Lagerfeuer

Gmeiner hatte den Plan gefaßt, gleich nach Beginn der Schulferien mit seinem „Stoß-Trupp" ein einwöchiges Zeltlager abzuhalten. Die Beschaffung der Zelte ging besser, als er gedacht hatte. Der französische Besatzungsoffizier, bei dem er deswegen vorgesprochen hatte, zeigte sich sehr hilfsbereit, er stattete ihn zusätzlich noch mit Decken und Kochgeschirr aus.

Der ganze „Stoß-Trupp", mittlerweile auf 26 Buben angewachsen, war gekommen. Gmeiner betrachtete das als gutes Vorzeichen, wußte er doch, wie schwer sich einige von ihnen daheim losmachen konnten. Aber vielleicht bereuten die Buben nun bald ihr Mitmachen, weil der Fußmarsch weit, das Gepäck schwer und der Hochsommertag sehr heiß war. Um fünf Uhr war man losgezogen. Nun war es Mittag, und man hatte noch 13 Kilometer vor sich. Die kleine Straße war staubig. Vorhin war man lange Zeit hindurch über Wiesenwege gezogen und eine kühle Waldschneise entlang. Jetzt aber brannte die Sonne.

Der Staub legte sich auf die Gesichter und Haare. Bei einigen sogar auf das Gemüt.

Gmeiner liebte das Wandern. Er sah darin aber auch einen pädagogischen Wert. „Es erzieht zur Kameradschaft", hatte er zu Fritz gesagt. „Es reagiert alles Schlechte und Faule ab und weckt die guten Eigenschaften, die in jedem schlummern. Es bringt eine gesunde Müdigkeit mit sich. Man erlebt die Natur. Wird mit ihr vertraut. Geht in ihr auf. Unbewußt. Das wirkt nach. Ich hab' Wanderungen einfach gern. Aber sie müssen schon auch strapaziös sein, sonst ist es nur was Halbes!"

Dieser Marsch war strapaziös, das war nicht abzuleugnen. Aber je näher man dem Ziel kam, desto freier wurden die Buben. Sie hatten ihren toten Punkt alle überwunden. Sie spürten die Müdigkeit nicht mehr und nicht den Durst. Sie waren ein wirklicher „Stoß-Trupp", wie Gmeiner sie im Krieg so oft angeführt hatte, nur freilich jetzt mit einem glücklicheren Ziel vor Augen.

Endlich kamen sie zu dem Lagerplatz, den Gmeiner bei seinem letzten Besuch bei Hansl in der Nähe der Erziehungsanstalt ausgewählt hatte. Die Buben warfen ihr Gepäck ab, lachten und sangen, tranken ihre Feldflaschen leer und waren ausgelassen.

„Hier wird's prima", rief sogar Kurt, der erst vor kurzem zum „Stoß-Trupp" gekommen war und dem das alles völlig neu war. Er hatte den ganzen Marsch hindurch wenig gesprochen und schlappzumachen gedroht. Jetzt war er völlig aufgeräumt. „Wo werden wir die Zelte aufstellen, Hermann?" fragte er. Gmeiner gab ein paar Anweisungen, suchte die Plätze aus, ließ die Zelte auspacken und übertrug Fritz die Leitung der Gruppe. Er selbst machte sich sofort auf den Weg, um Hansl zu holen.

Es war ein halbstündiger Fußmarsch bis zur Erziehungsanstalt. Die Sonne hatte sich schon geneigt. Es war höchste Zeit.

Der Direktor empfing ihn freundlich. „Also jetzt kommen Sie Hansl abholen. Es ist zwar gegen die Vorschriften meiner Anstalt, und ich nehme dabei eine große Verantwortung auf mich. Doch Hansl hat sich hier so anständig benommen und ist einer meiner bravsten Buben im Heim. Ich vertraue also auf seine Anständigkeit und auf Ihr Wort. Sie werden natürlich Obacht geben, das versteht sich von selbst!" Dann ließ er Hansl holen, der schon aufgeregt gewartet hatte.

Als die beiden das Lager erreichten, standen bereits die Zelte halbkreisförmig um einen kleinen Platz, in dessen Mitte sich ein Holzstoß türmte, der abends ein Lagerfeuer abgeben sollte. Fritz hatte ganze Arbeit geleistet. Auf ihn war immer Verlaß. Sie hatten sich alle beeilt, um ihren „Stoß-Trupp-Führer" zu überraschen. Nun standen sie in Reih und Glied, während Fritz vortrat und meldete:

„‚Stoß-Trupp' mit dem Lagerbau zu Ende!"

Damit war es mit der Disziplin aber auch schon wieder vorbei, denn nun stürmten alle auf Hansl zu, hoben ihn hoch und brachen in ein wildes Indianergebrüll aus.

So begann dieses Ferienlager des „Stoß-Trupps", an das Gmeiner immer wieder zurückdenkt, weil in diesem engen Zusammenleben mit den Buben seine Gedanken reiften, die schließlich zu jenem weltweiten Erfolg seiner Idee führten.

Diese Gedanken fühlte er nun als seinen Besitz. Am letzten Abend des Lagers ließ er sie noch einmal an sich vorbeiziehen. Das Lagerfeuer knisterte in den Nachthimmel. In seinem Schein hoben sich die Silhouetten der Buben ab, die ihren Lagerzirkus veranstalteten. Es gab fröhliche Gesänge, Vorträge, Spiele. Aber Gmeiner war irgendwie schwer ums Herz, daß dieses Lager schon wieder zu Ende sein sollte. Gut, es war nicht einfach gewesen. Seine Buben waren so etwas nicht gewöhnt und begriffen nur langsam, daß Lagerleben Disziplin, Sauberkeit und bedingungslose Kameradschaft erfordert. Es war nicht leicht gewesen mit Klaus, der im nächstgelegenen Bauernhof acht Eier gestohlen hatte, um dem „Stoß-Trupp" das Mittagessen zu verbessern. Es hatte große Aufregung mit Hubert und Erich gegeben, die bei einem Geländespiel verschwunden waren und allein nach Hause zurückwollten, weil sie plötzlich genug hatten, und die dann doch wieder ankamen — vom schlechten

Gewissen getrieben. Gmeiner dachte an die Sorgen mit Kurt, der manchmal unverträglich wurde, den großen Herrn spielte und heimlich einem kleinen Bauernmädchen nachstellte.

Aber was sind das schon für Kleinigkeiten, mußte er sich sagen, gegen das gewaltige Erlebnis, diese unbeherrschten, seelisch kranken, geschlagenen und verdorbenen Buben hier zu einer fröhlichen Gemeinschaft zusammengebracht zu haben. Sie waren andere geworden während dieser sieben Tage. Sie hatten sich geändert. Sie waren wieder junge Menschen, ja Kinder, deren Freude am Dasein sich in allem kundtat, was sie trieben. So stellte er sich normale Buben vor. So könnten sie sein. Sie waren nicht schlecht. Nein, er hatte recht gehabt, was er Kaplan Mayr gesagt hatte: Das Milieu formt.

Freilich, mußte er bekennen, hatte er aber auch damit recht gehabt, daß sein Bemühen umsonst ist, wenn die Buben immer wieder in das alte, trostlose Milieu zurückfallen. Heute jedoch konnte er den Weg schon sehen, den er damals noch vergeblich gesucht hatte.

Und während sie alle fröhlich um das Lagerfeuer saßen, faßte er seine Erkenntnisse noch einmal zusammen, die er aus dem Erlebnis mit den Buben und aus den vielen Gesprächen mit ihnen während des Lagers gewonnen hatte.

Diesen Kindern — und er mußte lächeln, weil diese zum Teil schon größeren Buben, die sich jetzt um das Lagerfeuer versammelt hatten, in ihrer Unbefangenheit eben wirklich Kinder waren — fehlen nur einige, für ihr Leben jedoch entscheidende Faktoren.

Einmal das Erlebnis einer Mutter. Sie hatten zumeist nie die Wärme einer guten Frau und Mutter gespürt. Da war es wieder, und er erkannte es jetzt deutlich als das Urerlebnis, das dem Kind Sicherheit gibt und inneren Halt.

Dann fehlt ihnen das Erlebnis der Familie. Er hatte es sich erzählen lassen, daß sie kein Gemeinsames kannten in ihrem Zuhause. Geschwisterlichkeit war ihnen kein Begriff. Wo einige dieser Burschen Geschwister hatten, da gingen doch alle ihre eigenen Wege. Es fehlte die elterliche Achse. Das Erlebnis eines Eßtisches. Es fehlte zumeist ja die Wohnstube. Sie hatten nie den Raum erlebt, der Wärme ausstrahlt, Geborgenheit schenkt, Vertrautheit und das Gefühl des Daheimseins. Wo aber sollten diese ungezählten Geheimnisse aufbrechen, die jedes normale Kind braucht und die es in seiner seelischen Entwicklung mitformen und mitbilden? Bei diesen Kindern gab es keine Geheimnisse. Da lag das Dasein nackt und kahl vor ihnen. In seiner ganzen realistischen Erbärmlichkeit.

„Ich habe kein Zuhause", gestand ihm Gottfried, der 16jährige, obwohl er bei seinen Eltern lebte und noch eine ältere Schwester hatte. Das hatte Gmeiner erschreckt. Die Worte des Buben waren zu überraschend gekommen. Aber Gottfried hatte recht. Seine Eltern waren niemals Eltern. Sie hatten ihre beiden Kinder verkommen lassen. Der Vater war ein Trunkenbold, die Mutter hatte Beziehungen zu einem anderen Mann. Gottfried hatte kein Zuhause. Er hatte Essen und hatte ein Bett. Er hatte, was er gerade zum Leben brauchte. Das Entscheidendste hatte er jedoch nicht: Geborgenheit.

Nachdem Gmeiner dies so deutlich erkannt hatte, formte er seine Idee, die aus dieser trostlosen Situation Ausweg sein sollte. Für ungezählte Kinder. Für alle diese verlassenen, verstoßenen und sozialwaisen Kinder.

Man muß ihnen eine Frau geben, die wieder Mutter ist. Man muß ihnen Geschwister geben, um durch dieses natürliche Gemeinschaftsverhältnis die bisherige Verkrampfung zu lösen, die Kinder wieder frei zu machen und ihrer natürlichen Entwicklung auf die Beine zu helfen. Man muß ihnen einen freundlichen Wohnraum schaffen, ein Daheim, ein Elternhaus — Heimat.

Gmeiner rief Fritz zu sich. Die Buben sangen. Ihre Augen waren nur auf das Lagerfeuer gerichtet.

„Stell dir vor, Fritz", sprach Gmeiner, „wir könnten so viel Geld aufbringen, um für diese Buben ein Haus zu bauen. Und in dieses Haus würden wir eine Frau geben, die den Kindern wieder Mutter ist. Wir würden eine solche Frau finden, verlaß dich darauf! Und die würde dort kochen und nähen und waschen und eben den Kindern wieder Mutter sein."

„Dir ist bei der Flamme ja das Hirn angebrannt", meinte Fritz lachend. „Wie willst du denn ein Haus bauen, wo du nicht einmal genug Geld hast für die Mensa? Und wie sollen denn da alle Kinder hinein? Das kannst du doch gar nicht so ohne weiteres machen. Glaubst du, da würde sich niemand einmischen? Das Jugendamt zum Beispiel. Die würden dir was blasen!"

Er lachte wieder und hörte kaum, was ihm Gmeiner antwortete, dem es sehr Ernst war in dieser Stunde: „Natürlich nicht alle Burschen, sondern nur die wirklichen Fürsorgefälle unter ihnen. Da hätte doch das Jugendamt nichts dagegen. Die sind doch froh, wenn wir einen Pflegeplatz schaffen. Ich stell' mir halt so acht Kinder vor — wie wir daheim waren. Höchstens zehn. Mehr, glaube ich, kann eine Frau nicht schaffen."

Fritz hatte sich wieder den Buben zugewendet. Aber das störte Gmeiner nicht, er verfolgte seine Gedanken weiter: „In einem solchen Haus hätten sie dann Ruhe und Frieden. Das muß man sich einmal vorstellen! Kein Streit zwischen Erwachsenen. Kein Schmutz in der Wohnung. Keine Trunkenheitsszenen. Das müßte doch zu machen sein! Da könnte ich wenigstens den ärgsten Fällen aus meinem ‚Stoß-Trupp' wirksam helfen. Was könnte aus denen werden, wenn sie eine Mutter hätten!"

„Warum redest du dauernd nur von einer Mutter? Die Kinder brauchen ja auch einen Vater!"

„Ich weiß nicht, Fritz", entgegnete Gmeiner und biß sich in die Lippen. Er hatte auch darüber schon nachgedacht, aber dann hatte er sich instinktiv nur für eine Mutter entschieden. Die Argumente, die er sich dabei zurechtgezimmert hatte, waren schwach, mag stimmen. „Ich weiß auch nicht, warum ich nur an die Mutter allein denk'! Vielleicht, weil diese Kinder sie nie erlebt haben und weil sie diese am dringendsten brauchen. Vielleicht, weil ich so viele Fälle von Kindern erzählt bekam, die auf Pflegeplätzen ganz einfach deswegen versagten, weil eigene Kinder da waren und bei einem gesunden, normalen Elternpaar eigene Kinder wahrscheinlich sind. Vielleicht, weil ich in erster Linie für diese Kinder eine Therapie sehe, wie sie nur von einer guten Mutter ausgehen kann! Ich weiß es nicht, vielleicht hab' ich auch unrecht. Vielleicht kann's auch ein Elternpaar sein. Magst recht haben. Darüber müßte ich mir erst klarwerden. Das kann ich noch gar nicht entscheiden. Aber das Haus sehe ich, das eigene, für diese acht oder zehn Kinder. Und die Familie seh' ich und den eigenen Herd der Mutter und die Wohnstube."

„Nachtgespenster", murmelte Fritz und war von da ab für heute abend nicht mehr in ein solches Gespräch zu ziehen.

Auch Gmeiner gab sich wieder dem Lagerfeuer und seinen darum gescharten Buben hin. Er war glücklich, denn nun hatte er wenigstens einen Plan.

Es bleibt merkwürdig, daß Gmeiner sich damals nicht einfach sagte, eine solche Lösung wäre an und für sich schon auf einem guten Pflegeplatz gegeben. Er hatte sich bereits so konkrete Vorstellungen von einem Familienhaus gemacht, daß er diesen Gedanken nicht einfach einer Gegebenheit opfern wollte. Das wäre der leichtere und bequemere Weg gewesen. Aber Gmeiner war nicht für bequeme Wege.

Hansl brachte er am kommenden Morgen in die Anstalt zurück. Es war ihr letztes Beisammensein. Denn noch während der Ferien holte ihn sein Vater überraschend aus der Anstalt. Er hatte nach seiner Haftentlassung — das Urteil war revidiert worden — bald eine gute Arbeit in Deutschland gefunden. Hansl war überglücklich. Später einmal schrieb er an Gmeiner: „Es geht mir gut, und ich bin sehr zufrieden. Grüß mir den ‚Stoß-Trupp'. Ich danke Dir für alles, Hermann. Du hast mir so viel geholfen. Ich konnte Dir gar nichts dafür geben!" — „Dummer Kerl", hat Gmeiner diesen Brief kommentiert. „Du hast mir eine Lebensaufgabe geschenkt!"

Daheim in Alberschwende

Wenn man von Bregenz am Bodensee südwärts die Römerstraße fährt und die Bregenzer Ache überquert hat, gelangt man nach Lauterach, wo von rechts — jenseits des Rheintales — die Schweizer Berge herübergrüßen und sich links der Bregenzer Wald erhebt. Hoch vom Berg schaut die Wallfahrtskirche Bildstein weit über das Land; hinein ins „Ländle", wie die Vorarlberger ihre gebirgige Heimat benennen. Der Bregenzer Wald drängt sich hier förmlich auf. In Windungen ansteigend geht es nach dem kleinen Ort Haselstauden höher und höher. Der Bodensee leuchtet hier herauf, und der Blick kann von ihm aus den Rhein aufwärts verfolgen, bis er sich in den Schweizer Bergen verliert. Noch ein Stück weiter, und man erreicht eine grüne Hochfläche, auf der sich einer jener friedlichen Orte erhebt, wie man sie in der Bergwelt Vorarlbergs antrifft: Alberschwende!

Gmeiner liebt sein Alberschwende! Hier wurde er geboren. Hier steht sein Vaterhaus. Hier erlebte er seine glückliche Kindheit. Hier lief er barfuß zur Schule, von hier fuhr er nach Feldkirch ins Gymnasium. Hier trieb er die Kühe des Vaters durch den Ort. Hier durfte er am Glockenstrang der Kirche ziehen, um die Menschen zum Gottesdienst zu rufen. Hier war das Grab seiner geliebten Mutter. Hier hatte er Abschied genommen von Vater und Geschwistern, Freunden und dem Pfarrherrn, als er voll jugendlichem Tatendrang zum Militär einrückte. Hier hatte er wieder Einzug gehalten nach dem Krieg, verwundet und in einer abgetragenen Uniform. Hier kannte er jedes Haus, jeden Baum, jeden Stein. Über diese Wiesen war er getollt, und im Wald dahinter hatte er Baumrinden gesammelt für die Weihnachtskrippe. Hier liebte er alles. Auch die würzige Luft und die Wolken, als würden sie nur hier — ober Alberschwende — vom Himmel grüßen und sich dann wieder auflösen. Hier war seine Heimat. Sein Daheim. Und da drüben steht das gute, alte Haus.

In diesem Haus hatten ihn die Hände seiner guten Mutter gestreichelt. Die Erinnerung daran war blaß geworden, aber in seinem Herzen war ihr Bild lebendig. Er wußte um dieses Gesicht seiner Mutter, auch wenn er sie schon im Alter von fünf Jahren verloren hatte. Er sah dieses Antlitz jetzt vor sich, auf das rosa Kissen gebettet, blaß und müde, aber mit jenen unvergeßlichen Augen, die auf ihn gerichtet waren, als er von ihr Abschied nahm. Man hatte sie alle in ihr Sterbezimmer gerufen, Hermann und seine sieben Geschwister. Er war unter den Kleinen — hatte drei unter sich —, doch er sah über die Tuchent hinweg in das Gesicht der Sterbenden, die ihre Kinder noch einmal um sich haben wollte. Der Vater hatte sich abgewandt. Hermann hatte es wohl gesehen, aber nicht zu deuten gewußt, wie ihm alles so seltsam war in jener Stunde. Heute wußte er, daß Vater geweint hatte und seine Tränen verbergen wollte vor den Kindern und der Mutter. Sie standen um ihr Bett, und es war sehr still. Sogar die größeren Schwestern hatten zu schluchzen aufgehört. Von der Wand tickte die alte Kuckucksuhr. Draußen pochte leise der Regen an die kleinen Fenster. Zaghaft und vorsichtig, als wollte auch die Natur diese Stunde nicht stören. Und dann hatte Mutter einen nach dem anderen angesehen und gesagt: „Bleibt gut, Kinder!" Vater war aus dem Sterbezimmer gegangen. Die älteste Schwester nahm die Kleineren und führte sie auch hinaus.

Ja, dort drüben in dem guten, alten Haus hatte er seine Mutter verloren — und in seiner ältesten Schwester eine neue gefunden. Sie übernahm wie selbstverständlich die Pflichten der Verstorbenen, und alles wurde wieder wie früher für ihn. Nur wenn man zum Friedhof hinausging und Blumen niederlegte vor dem schlichten Kreuz, Unkraut auszupfte und ein Lichtlein anzündete, dann war ihm immer so seltsam zumute. Da hörte er wieder jenes „Bleibt gut, Kinder!" und spürte, daß er eine Mutter gehabt hat, der er verpflichtet war. Sein Leben lang. Manchmal war es ihm sogar, als redete seine Mutter mit ihm. Er fühlte dann ihre Gegenwart, aber es war nichts Unheimliches dabei, sondern eher etwas Selbstverständliches und Natürliches. Draußen im Krieg hatte er dies oft erlebt. Wenn die feindlichen Panzer anrollten und sich in den Lärm der Raupenketten die Schreie der Verwundeten mischten. Da war sie ihm immer ganz nahe gewesen.

In diese Gedanken versunken stand er eine Zeitlang unter der alten Linde von Alberschwende, von der die Leute sagen, daß sie 800 Jahre alt sei, von der er jedoch als Kind glaubte, daß sie immer schon hier gestanden war.

Daheim hatte man ihn schon erwartet. Der Händedruck des Vaters tat wohl. Er liebte seinen Vater, diesen kernigen, wortkargen Bauern. Da war Verstehen ohne viele Worte. Nie hatte der Vater etwas dagegen gehabt, daß der Sohn ein „Studierter" werden sollte. Er hatte eben noch kräftiger zugepackt, um aus dem Hof herauszuwirtschaften, was geht. Denn der Gymnasiast brauchte Geld in der Stadt. Er hatte auch nicht gemurrt, als Hermann nach dem Krieg wieder fortging, um in Innsbruck zu studieren, obwohl man ihn daheim gebraucht hätte. Vielleicht war er auch ein wenig stolz darauf, daß sein Sohn Arzt werden sollte.

Er ließ es sich zwar nicht anmerken, der alte Gmeiner, aber irgendwie war er doch immer anders, aufgeschlossener, redseliger, wenn sein Sohn von Innsbruck auf Besuch kam.

Und dann waren die anderen da, seine Geschwister, die eine verschworene Gemeinschaft sind und zusammenhalten. Zu seiner ältesten Schwester freilich schaute er noch immer wie zu einer Mutter auf, und sie selbst konnte auch nicht das Bemuttern ganz ablegen, auch wenn ihr Hermann inzwischen schon erwachsen war.

Gmeiner war also wieder einmal daheim. Wenn überhaupt wo, dann konnte er nur hier Ruhe finden für seine Gedanken und Pläne.

Schon nach wenigen Stunden war sein Daheimsein so selbstverständlich, als wäre er gar nicht weggewesen. Sein Anzug hing im Kasten. In seinem alten Arbeitsgewand war er wieder einer von ihnen, war er wieder der Hermann, der seine gewohnte Arbeit und seinen gewohnten Platz im Elternhaus hatte. Er liebte die Landwirtschaft und ging in ihr auf. Die Arbeit tat ihm jetzt besonders wohl. Immer wieder atmete er tief die heimatliche Luft ein. Er hatte in den letzten Monaten viel hinter sich. Er war reifer geworden. Er spürte, daß er dieses Daheim jetzt brauchte, daß er das Gespräch brauchte mit seinem Vater und mit seinen Geschwistern. Daß er all das brauchte, das ihn jetzt in seinem Elternhaus umgab und in Alberschwende.

Hermann war von daheim viel fort gewesen. Mehr als alle anderen seiner Geschwister. Mit 14 Jahren hatte er das Gymnasium in Feldkirch bezogen, weil er ein sehr strebsamer, fleißiger und gescheiter Bub war, der nur einen Wunsch kannte: zu studieren, um einmal Arzt zu werden.

Der Wunschtraum des Buben, ins Gymnasium nach Feldkirch zu kommen, ging zwar in Erfüllung, aber — Gmeiner mußte jetzt lächeln, wenn er daran dachte — brachte ihm auch Enttäuschungen. Es war gar nicht so leicht, erstmals von daheim wegzusein. Er verspürte Heimweh. Die Menschen in der Stadt waren ihm fremd, und alles war so anders, war kalt und ablehnend. Es war ein hartes Brot, das er dort als Gymnasiast essen mußte, aber er hatte es sich einmal in den Kopf gesetzt und war schon damals keiner, der aufgab und wieder heimlief. Er wollte studieren. In seinem ärmlichen und kleinen Zimmer in Feldkirch kam oft die ganze Traurigkeit seines Alleinseins und Verlassenseins über ihn. Von daheim konnte man ihm nicht viel Geld geben. Er war ein Kostgängerbub, und das war nicht immer erfreulich. Aber er ließ seine zeitweise Niedergeschlagenheit niemanden anmerken und hatte bald Freunde. Er war ein Gymnasiast wie alle anderen, voll von Streichen.

Und dann kam die lange Trennung von daheim. Er mußte in den Krieg. Es war ein schwerer Abschied, besonders schwer für ihn, weil er so sehr an seiner Heimat und an seinem Elternhaus hing.

Hermann mußte jetzt lachen. Er freute sich, daß er wieder

daheim war. Und wie immer, wenn er an die Kriegszeit zurückdachte, erfüllte ihn eine unaussprechliche Dankbarkeit, daß er von den Jahren an der Front wieder glücklich heimgekehrt war. Zwar war er mehrmals verwundet worden. Viele seiner Freunde aus Alberschwende aber blieben für immer fort. Nach seiner Heimkehr vom Weltkrieg mußte Hermann Gmeiner den elterlichen Hof übernehmen. Seine Brüder waren noch in Gefangenschaft. Dann war ein Bruder heimgekehrt, und so konnte Hermann schließlich nach Innsbruck gehen und sein Studium beginnen.

Die Tage daheim flogen jetzt dahin. Erst hatte er gehofft, daß die Gedanken, die in den vergangenen Monaten auf ihn eingestürmt waren, sich formen und bilden würden; sich ordnen würden. Aber sooft er an seine Jugendarbeit dachte, an seine kleinen armen Freunde, sooft er an die Probleme der Fürsorge dachte, mit denen er sich herumzuschlagen begonnen hatte, mußte er erleben, daß er auch daheim in Alberschwende keine Lösung finden konnte.

Kaum war Gmeiner wieder in Innsbruck und wieder an der Universität, war es wie früher. Die Gedanken, die sich um das verlassene Kind drehten, erfüllten ihn stärker denn je. Und irgendwo begannen sie sich jetzt auch zu ordnen.

„Ich muß irgendeinen Plan fassen. Irgendeine Idee ausarbeiten", sagte er sich. „Ich möchte nicht so wie die anderen mit leeren Händen dastehen und nur über die Probleme der heutigen Jugend reden. Ich möchte nicht reden, ich möchte etwas tun. Wir sind durch einen Krieg gegangen, und wir sind in diesem Krieg reif geworden. Wir haben den Zusammenbruch einer Welt erlebt, an die wir junge Menschen irgendwie doch geglaubt hatten. Ich möchte nicht auch verzweifeln. Ich möchte arbeiten und etwas leisten."

Gmeiners Tagesablauf wurde rastlos. Universität, Nachhilfestunden, Jugendgruppe, Gespräche, Studium, Lektüre.

Die Idee reift

Kaplan Mayr saß über das Brevier gebeugt in seinem Zimmer. Er merkte nicht, daß Hermann Gmeiner eingetreten war.

„Guten Abend, lieber Freund!" Kaplan Mayr sah auf. „Hermann!" Sie begrüßten einander freudig. Dann aber betrachtete ihn der Seelsorger und meinte: „Ja, um Gottes willen, du siehst heute aus, als wärst du bei der Staatsprüfung durchgerasselt. Was ist denn los mit dir?"

Gmeiner setzte sich. „Weißt du, ich kann eine Frage nicht mehr loswerden; die Frage, was mit all diesen Kindern geschieht, die keine Eltern mehr haben. Ich glaube nicht daran, daß die Anstalten und Heime für die Zukunft der rechte Weg sind, diese Kinder zu betreuen. Wir leben doch im 20. Jahrhundert. Überall setzt sich der technische Fortschritt durch, und nur auf sozialem Gebiet sollten wir so rückschrittlich sein? Ich muß zu einer Lösung kommen. Ich möchte ein Programm entwerfen, um helfen zu können. Du weißt, meine Gruppe, die Buben. Ich kann es den Kleinen nicht antun, daß ich nur meine Heimabende mache und sie im übrigen im Stich lasse. Ich möchte ihnen helfen, und ich weiß auch schon wie! Ich habe einen Plan gefaßt. Mein Plan ist, ein Haus zu bauen, um diesen Buben dort ein Daheim zu schenken. Kein Waisenhaus, sondern ein Familienhaus, wo ich diesen Buben eine Mutter geben kann. Eine Mutter! Jedes Kind braucht eine Mutter. Wie sollte ein Kind wachsen und gedeihen und sich zu einem anständigen Menschen entwickeln können, wenn es niemals Mutterliebe erhalten hat? Siehst du, diesen Plan möchte ich jetzt konkret ausarbeiten. Freilich wird die Errichtung so eines Hauses Geld kosten. Aber ich werde dieses Geld zusammenbringen, und ich werde Wege aufzeigen, es zusammenzubringen. Vielleicht kann dieses Haus der Anfang sein für etwas Neues, etwas Großes, das ich noch nicht weiß. Aber dafür gibt es doch Experten, Fachleute und Organisationen, die solche Arbeit tun. Ich glaube, sie werden dankbar sein, wenn ich einen solchen Plan bringe.

Ich möchte nichts anderes, als meinen Beitrag leisten im Kampf um das Gute in dieser Welt. Wir stehen doch alle nach diesem grauenhaften Krieg vor einer ganz persönlichen Entscheidung. Vor der Entscheidung, Gutes zu tun, um die Welt ein wenig lichter zu machen, oder zu resignieren. Resignieren bedeutet, daß man nur mehr an sich selbst denkt und an den Verdienst, damit man all das nachholen kann, was man versäumt zu haben glaubt. Ich glaube nicht, daß ich viel versäumt habe in den Jahren des Krieges. Sie haben mich reif gemacht. Sie haben mich Mensch werden lassen. Und jetzt möchte ich meine Menschlichkeit ein wenig unter Beweis stellen. Ich habe zwar eine Jugendgruppe, aber weißt du, ich habe für diese Gruppe noch zu wenig getan. Ich werde diesen jungen Menschen auch noch einen Weg zeigen, um wieder glücklich werden zu können. Das ist alles, was ich möchte, und ich glaube nicht, daß es mein Studium beeinträchtigen wird, wie manche sagen. Ich möchte Arzt werden — und ich werde Arzt werden! Andere machen Saufgelage neben ihrem Studium oder beschäftigen sich mit Burschenschaften. Ich möchte ein wenig in Menschlichkeit tun. Und jetzt hör mich bitte an, was ich mir so gedacht habe."

Gmeiner war in Schwung gekommen. Niemand kann ihn auch heute noch in solchen Situationen bremsen. Kaplan Mayr kannte ihn damals schon gut. Er klappte sein Brevier zu und fügte sich in die Rolle des aufmerksamen Zuhörers.

„Ich werde morgen einen Plan zu Papier bringen", sagte Gmeiner, „der den Bau eines Kinderdorfes vorsieht. Du wirst ja von Kinderdörfern schon gehört haben. Zum Beispiel von Pater Flanagans ‚Boys Town'. Was mir aber dabei vorschwebt, ist etwas anderes. Ich möchte in diesem Dorf dem verwaisten, verlassenen Kind wieder die natürliche Welt der Familie erobern. Daher kein Bubendorf, sondern ein echtes Kinderdorf mit Buben und Mädchen, mit Kleinen und Großen, so wie sie auch in jeder Familie aufwachsen. Neun Kinder sollen zusammen in einem Familienhaus leben, je drei in drei Schlafzimmern. In einem solchen Haus soll eine Frau wirken, die diesen neun Kindern

Mutter ist. Keine Fürsorgerin und keine Erzieherin. Es muß eine Frau sein, die ein für allemal ganz für diese Kinder da ist. Sie muß in diesem Haus für die Kinder die eigene Küche führen, sie muß dort wirtschaften und sorgen wie jede andere Hausfrau und Mutter in der normalen Welt der Familie. Die Kinder müßten wirklich Mutter zu ihr sagen dürfen. Die Kinder müßten bei ihr geborgen sein. Es muß ein echtes Daheim werden für die neun Kinder. Eine Familie, in der sich auch das seelisch krank gewordene Kind frei entwickeln kann. Und keine Anstaltsschule dürfte es in diesem Dorf geben. Die Kinder müßten hinaus in die öffentlichen Schulen und sich dort treffen mit allen anderen Kindern. Dieses Kinderdorf müßte in jeder Beziehung Eingliederung für das verlassene Kind bedeuten und nicht Ausgliederung, wie sie in den Anstalten praktiziert wird. Auf diese Weise könnten wir dem unschuldig aus dem Nest der Familie gefallenen Kind wieder jene gottgewollte Atmosphäre erobern, die jedes Kind benötigt, damit es seelisch gesund aufwachsen kann. Siehst du, so ein Kinderdorf würde dann Modell sein; Modell für eine neue und zeitgemäße Form der Jugendfürsorge. Es muß leuchten und hinausstrahlen in die Welt. Es muß die Menschen begeistern und allen bewußtmachen, daß jedes Kind Liebe und Geborgenheit braucht, um wachsen und gedeihen zu können. So ein Dorf müßte einfach bahnbrechend werden. Wir würden dann aufhören, das verlassene Kind in der Masse zu erziehen, und würden es wieder als Individuum sehen, so wie jede Mutter ihr eigenes Kind sieht."

Gmeiner machte eine Pause. Kaplan Mayr benützte die Gelegenheit, um die Frage einzuwerfen, weshalb er dabei nur an den Einsatz einer Mutter und nicht an den von Elternpaaren gedacht habe. Gmeiner hatte die Antwort sofort bereit. „Ich möchte keine aussichtslosen Experimente propagieren", sagte er.

„Freilich, theoretisch wäre ein Elternpaar besser. In der Praxis scheint mir eine solche Lösung ungeeignet, vor allem, wenn es darum geht, eine echte Lösung des Jugendfürsorgeproblems zu erreichen. Ich habe sehr viel darüber nachgedacht. Ich habe solche Versuche studiert. Vor allem aber habe ich die Pflegeplatzsituation jetzt genau kennengelernt. Das alles sagt mir, daß wir niemals so viele gute Elternpaare finden werden, die bereit sind, fremde Kinder wie eigene aufzunehmen. Nein, lieber Freund, dieses Experiment halte ich zum Scheitern verurteilt. Das seelisch krank gewordene Kind braucht in erster Linie eine Mutter. Es braucht Therapie. Therapie durch Liebe, Verständnis, Mütterlichkeit. Ich glaube daher, daß der von mir gedachte Weg richtig ist, in jedes Haus mit neun Kindern nur eine Mutter zu geben. Das väterliche Element müßte man durch einen Dorfleiter ersetzen, der genug Zeit hat für die Kinder und den Müttern mit Rat und Tat beisteht. Wir brauchen in der heutigen Jugendfürsorge eine Hilfe auf breiter Ebene."

„So ein Projekt kostet Millionen!" rief der Kaplan plötzlich energisch dazwischen.

Gmeiner parierte: „Jugendgefängnisse kosten noch mehr. Das wird man doch um Gottes willen bei den zuständigen Stellen einsehen! Es wäre doch gelacht, wenn man nicht ein paar Millionen Schilling für ein Dorf für verlassene Kinder aufbringen könnte."

Noch lange sprach Gmeiner über seinen Plan. Nun hatte er sich also in ihm geformt. Seine langen Überlegungen hatten Gestalt angenommen. Erstmals war ein Konzept daraus geworden. Freilich noch unklar und mit offenen Fragen und Problemen. Aber das Ziel war gegeben. Alles übrige würde sich finden, wenn man bereit war, diesem Ziel unbeirrt entgegenzueilen.

Spät in der Nacht verabschiedete sich Gmeiner. Kopfschüttelnd blieb Kaplan Mayr zurück. Er wußte nicht, ob er Gmeiner bewundern oder bedauern sollte.

Er ließ sich nicht beirren

Erst zwei Wochen später traf er ihn wieder.
Als Kaplan Mayr jetzt in Gmeiners Studentenbude stand, spürte er sofort, daß etwas Entscheidendes geschehen sein mußte.

„Ja", sagte Gmeiner, „es ist etwas geschehen. Es ist etwas geschehen, an das ich nie gedacht hätte. Man hat mich mit meiner Idee überall vor die Türe gesetzt. Ich war bei allen Stellen, von denen ich gedacht hatte, daß sie dankbar wären, wenn jemand einen Plan bringt, der eine Lösung der Jugendprobleme anschneidet. Man hat mich aber für einen Narren gehalten. Man hat über mich gelacht. Man hat mich höflich, aber entschieden überall hinausgeworfen. Man hat mich nirgends ernstgenommen."

Kaplan Mayr begann, im Zimmer auf und ab zu gehen. „Es soll dir eine Lehre sein, Hermann. Schau, du steckst noch mitten im Studium, vielleicht bist du noch nicht reif genug, diese ganze Problematik zu überschauen. Vielleicht gehst du nur von dem Erlebnis deiner Jugendgruppe aus, von dem Erlebnis deiner paar Buben, die dir dort anvertraut sind. Wahrscheinlich sieht alles anders aus, wenn man von oben herab diese Dinge sieht und von der Perspektive der Fachleute, die seit Jahrzehnten in dieser Arbeit stecken, deine Gedanken beurteilt. Ich möchte nicht sagen, daß dein Plan schlecht ist. Ich muß sogar ehrlich sagen, daß ich auch an diesen Plan glaube, aber schließlich ist es nicht einmal einem Pestalozzi gelungen, die Familienerziehung zu verwirklichen. Wie erst sollte es einem jungen Medizinstudenten im Handumdrehen gelingen, die ganze Jugendfürsorge auf den Kopf zu stellen. Dort herrschen jahrhundertealte Erfahrungen und Regeln. Du mußt schon etwas zurückstecken, Hermann. Du darfst nicht glauben, daß du mit deinem Schädel überall durchkannst. Warte vorerst einmal. Laß den Plan liegen, ein paar Jahre vielleicht, und wenn du einmal Arzt bist und gesichert im Leben stehst, dann hole deinen Plan wieder heraus, überdenke ihn neu, überprüfe ihn, und wenn du ihn dann noch bejahst, dann versuche es noch einmal. Dann bist du nicht mehr der kleine unbekannte Student aus Alberschwende, der an die Türe der Experten klopft, sondern dann kannst du von einer anderen Warte aus sprechen, vorschlagen und deinen Ideen zum Durchbruch verhelfen. Sei jetzt aber nicht enttäuscht. Sei nicht enttäuscht von all denen, die dich so abrupt vor die Türe gesetzt haben. Es ist nicht leicht, Gutes von Schlechtem zu unterscheiden. Behalte den Kopf oben!"

Gmeiner fuhr auf: „Ich habe meinen Kopf oben, und du brauchst nicht zu glauben, daß ich verzweifeln oder resignieren werde. Keine Sorge! Ich bin enttäuscht, aber nicht entmutigt. Ich habe nur eine aufs Dach bekommen von der Wirklichkeit des Lebens, aber mein Kopf hält etwas aus. Im Gegenteil, ich weiß jetzt, was ich tun muß. Diese kalte Dusche hat mich ernüchtert. Ich sehe klar. Ganz klar. Ich weiß, was vor mir liegt. Ich werde nach dem alten Spruch handeln: Hilf dir selbst, dann hilft dir Gott. Ich werde versuchen, meinen Plan jetzt ohne fremde Hilfe zu verwirklichen. Denn ich bin von seiner Richtigkeit überzeugt. Daher muß ich handeln, sonst wäre ich ein schlechter Mensch, ja ein schlechter Christ."

Kaplan Mayr lachte. „Hermann, du bist immer der gleiche. Laß dich doch einmal beschwichtigen. Im übrigen kannst du jetzt deinen Plan gar nicht verwirklichen, denn eine andere Aufgabe wartet auf dich. Und deswegen bin ich heute auch zu dir gekommen. Ich muß dir sagen, daß du sehr viel Aussicht hast, zum Dekanatsjugendführer gewählt zu werden."

„Dekanatsjugendführer?" rief Gmeiner. „Was soll ich als Dekanatsjugendführer? Da sind ja viel bessere Kandidaten da."

„Vielleicht", meinte der Kaplan, „aber keiner, der so viel Feuer in sich hat wie du. Du mußt annehmen, wenn du gewählt wirst."

Und Hermann Gmeiner wurde gewählt. Er stand damit in seinem zuständigen Dekanat der Katholischen Jugend vor. Man hatte seine Arbeit in der Jugendgruppe von Mariahilf zu würdigen gewußt. Zwar gab es viele, die über diese Jugendgruppe lächelten oder die Achseln zuckten. Waren es nicht nur Halbstarke, die Gmeiner dort um sich gesammelt hatte? Was wollte er mit diesen Straßenbuben? Ja, Gmeiner hatte auch viele, die nicht gut über ihn redeten. Aber die Mehrheit der jungen Menschen und Jugendführer hatte die Bedeutung seiner Jugendarbeit erkannt und ihm jetzt ihr Vertrauen ausgesprochen. Gmeiner übernahm sein Ehrenamt mit jener Energie, die ihn bei allen seinen Unternehmungen auszeichnet.

Kaplan Mayr war glücklich darüber. Nur in einem Punkt hatte er sich getäuscht. Es war in der Annahme, daß Gmeiner damit nicht mehr an sein Kinderdorfprojekt denken würde, mit dem er so schmählich Schiffbruch erlitten hatte. Gmeiner war mehr denn je entschlossen, seine Idee eines Tages zu verwirklichen. Nur war es noch schwerer für ihn geworden. Neben dem Studium, das er sich nach wie vor zum Großteil durch Nachhilfestunden selbst finanzieren mußte, war nun die verantwortungsvolle und vielfältige Arbeit als Dekanatsjugendführer zu machen.

Die Abfuhr, die er mit seinem Kinderdorfplan erlitten hatte, bohrte in Gmeiner. Das wollte er nicht einfach so hinnehmen. Koste es, was es wolle. Ist es vielleicht nur persönlicher Ehrgeiz, fragte er sich, daß ich diese Niederlage nicht einstecken will? Nein, es ging ihm nicht um persönlichen Ehrgeiz. Es ging ihm um das verlassene Kind, das er entdeckt hatte; hundertfach entdeckt hatte. Für dieses Kind hatte er seinen Plan entwickelt, und wenn die zuständigen Stellen und Organisationen nicht bereit waren, ihm bei der Verwirklichung dieses Planes zu helfen, dann mußte er die Realisierung eben allein in die Hände nehmen. Denn von der Richtigkeit seiner Gedanken war er überzeugt. Daran gab es nichts mehr zu rütteln.

Die einzig mögliche Form, dieses Projekt jedoch allein verwirklichen zu können, war die Gründung eines Vereins. Soviel hatte Gmeiner nach verschiedenen Gesprächen nunmehr erkannt. Wie aber sollte der Verein heißen? Was sollten die Aufgaben dieses Vereines sein? Kann man ihn nur auf die Gründung eines Kinderdorfes beschränken? Müßten nicht noch andere soziale Aufgaben eingebaut werden? Tausende Fragen waren zu beantworten. Sie beschäftigten ihn auf Schritt und Tritt. Und eines Tages glaubte er, das Konzept für einen solchen Verein gefunden zu haben. Es müßte eine soziale Gesellschaft sein, sagte er sich. Eine Gesellschaft von Ärzten und Schwestern, Fürsorgerinnen und Sozialarbeitern, die in gemeinsamer Arbeit eine Lösung des Problems, die Jugendfürsorge auf eine zeitgemäße Ebene zu stellen, finden sollten. Dieser Gesellschaft gab er den lateinischen Namen Societas Socialis, was man auch mit SOS abkürzen konnte. Das ergab zugleich, überlegte sich Gmeiner, den Hinweis auf den internationalen Hilferuf auf hoher See „Rettet unsere Seelen!" (Save Our Souls!). Er war sehr zufrieden mit dieser Vereinsbezeichnung und gab ihr noch den Untertitel „Hilfswerk für Waisenkinder".

Ein befreundeter Rechtsanwalt war ihm behilflich, die Statuten für diese geplante Gesellschaft aufzustellen. Sie sollte ein Privatunternehmen mit sozialen Einrichtungen sein und ihren Sitz in Innsbruck haben. Ihre Tätigkeit sollte sich vorerst nur auf das Land Tirol erstrecken. Neben der Errichtung eines Dorfes für Waisenkinder sah er auch noch die Schaffung einer Einrichtung „Mutter und Kind" zum Schutze unverheirateter Mütter vor.

Schließlich wollte Gmeiner in den Statuten auch die Errichtung eines Mutterhauses verankern, um dort eine SOS-Schwesternschaft auszubilden, die in der Lage wäre, soziale Arbeit zu tun.

Am 25. April 1949 war es dann soweit. Mit ein paar seiner Getreuen hielt er die Gründungsversammlung des neuen Vereines ab. Am 13. Juni 1949 wurde der Bestand des Vereines Societas Socialis von der Sicherheitsdirektion für Tirol unter der Zahl V/374/49—167/49 (V) bestätigt. Damit hatte Gmeiner den Grundstein zu seinem späteren Werk gelegt.

Einen Schilling im Monat

Nach der Gründung des Vereines, für den er unter seinen Studienkollegen Mitglieder gefunden hatte, galt es, auch die Finanzierung für die Verwirklichung der Pläne zu finden, die ihm mit diesem Verein vorschwebten. Aber wie? Eine einfache Überlegung gab ihm den Hinweis. Er sagte sich, daß es gelingen müßte, ein solches Werk allein dadurch zu finanzieren, daß eine große Anzahl von Menschen bereit wäre, als Freunde und Gönner monatlich einen Schilling zu opfern. Ein paar Frauen kamen ihm zu Hilfe. Mit Anmeldelisten wanderten sie von Haus zu Haus, um die ersten Freunde und Gönner für das Werk Hermann Gmeiners zu werben.

In der Anichstraße in Innsbruck, in einem Haus vis-à-vis der Universität, bekam Gmeiner sogar einen kleinen Raum zur Verfügung gestellt. Es war ein Abstellraum. Er wurde notdürftig mit alten Tischen und Sesseln eingerichtet. Gmeiner war sehr stolz darauf. Er fühlte sich wie ein Feldherr vor einer großen Schlacht. Keinen Augenblick zweifelte er daran, daß er mit seiner Idee durchdringen würde.

Diese Idee war vorerst nur auf das geplante Kinderdorf konzentriert. Später hat Gmeiner alle übrigen Aufgaben, die im ersten Vereinsstatut noch verankert waren, fallengelassen. Er wollte sich nicht zersplittern. War einmal das Kinderdorfprojekt verwirklicht, würde dieses Werk ausstrahlen und von selbst andere soziale Aufgaben an ihn herantragen. Daher wurde der Verein „Societas Socialis" später in „SOS-Kinderdorf" umgetauft, sein Tätigkeitsbereich über ganz Österreich ausgedehnt und sein Zweck ausschließlich auf die Errichtung von SOS-Kinderdörfern zum Schutze elternloser und verlassener Kinder eingeengt.

Die Arbeit im ersten Büro in der Anichstraße erfüllte ihn derart, daß er vorerst für nichts anderes mehr Zeit hatte. Gmeiner wußte, daß es nun darauf ankam, diesem Verein Leben einzuhauchen. Es mußte etwas geschehen. Er durfte sich nicht noch einmal blamieren. Er durfte keine zweite Niederlage einstecken. Damit wäre das Kinderdorfprojekt ein für allemal begraben worden. Die Aussichten waren karg. Die Chancen für Hermann Gmeiner standen schlecht. Wer sollte schon von einem neuen Verein Notiz nehmen, den ein junger Vorarlberger Medizinstudent ins Leben gerufen hatte und der noch dazu einen für die breite Masse unverständlichen Namen führte?

Gmeiner aber sah nicht auf die Schwierigkeiten. Er hatte nur das Ziel vor Augen. Und so steckte er vorerst sein ganzes Taschengeld — 600 Schilling — in die begonnene Arbeit und finanzierte damit die ersten abgezogenen Werbelisten und Flugblätter, die in Innsbruck verteilt wurden. Zugleich aber schrieb er an eine Reihe von Tiroler Gemeinden mit der Bitte, dem jungen Verein kostenlos ein Grundstück für den Bau eines Kinderdorfes zur Verfügung zu stellen. Fritz, der mit Feuereifer in der Anichstraße mithalf, war wieder einmal skeptisch. „Du wirst doch wohl nicht glauben, daß dir ein Bürgermeister auf den Leim geht! Das sind doch Realisten!"

„Wenn du damit sagen willst, daß ich ein Phantast bin", entgegnete Gmeiner, „muß ich dir ganz energisch sagen, daß dies nicht stimmt. Ich bin auch Realist. Und als solcher schreibe ich an die Gemeinden, auch wenn es euch nicht paßt."

Und was niemand gedacht hatte, traf ein. Am 13. Juni war die Societas Socialis anerkannt worden. Am 27. Juli bereits hatte Hermann Gmeiner jenen bedeutungsvollen Brief in Händen, der die Entscheidung über das erste SOS-Kinderdorf brachte. Dieser Brief war von Bürgermeister Josef Koch aus Imst in Tirol und hatte folgenden Wortlaut:

„Wir haben Ihre Zuschrift vom 22. Juli erhalten und interessieren uns sehr für Ihren Plan zur Erstellung eines Kinderdorfes. Wir werden Ihre Anfrage bei der nächsten Gemeinderatssitzung zur Sprache bringen, sollten aber Ihrerseits noch nähere Angaben erhalten:

1. Um welche Gesellschaft es sich handelt.

2. *Wer die Angelegenheit baut und finanziert.*
3. *Um welche Kinder es sich handelt.*
4. *Werden die Kinder von weltlichen oder geistlichen Schwestern betreut? Was verstehen Sie zum Beispiel unter ‹nicht zu weit von einer Schule entfernt› und welche Strecke?*

Wir waren neulich in der Schweiz und haben dort in Speichern bei St. Gallen ein Kinderdorf gesehen und auch besucht und waren von dieser Einrichtung vollauf begeistert.»

Als Gmeiner diesen Brief erhalten hatte, jubelte er. Es war für ihn ein Lichtblick. Bereits einige Tage später saß er dem Bürgermeister von Imst gegenüber. Nach diesem Gespräch war es eine besiegelte Sache. Das Kinderdorf sollte in Imst entstehen. Der Bürgermeister führte damals Gmeiner hinauf auf eine bewaldete Anhöhe oberhalb von Imst und meinte, daß die Stadtgemeinde von Imst diesen Grund wohl kostenlos für die Errichtung eines Kinderdorfes zur Verfügung stellen könnte. Gmeiner nahm mit Freuden an. Erst später kam ihm zu Bewußtsein, daß es keine Straße dort hinauf gab, daß kein Wasseranschluß vorhanden war und keine Lichtleitung auf diesen Berg führte. Aber Gmeiner kannte keine unüberwindlichen Schwierigkeiten. Auch das Problem der Finanzierung galt für ihn als kein unüberbrückbares Hindernis. Er entdeckte durch Zufall in Imst einen Kriegskameraden, der Baumeister war. Und dieser Baumeister erklärte sich bereit, das erste Kinderdorfhaus auf Kredit zu errichten.

Gmeiner war nun an der Universität kaum mehr anzutreffen. Seine Arbeit um die Kinderdorfidee nahm ihn voll in Anspruch. Er hatte eine Baracke ausfindig gemacht, die er für wenig Geld erwarb. Dort konnte man arbeiten. Dort konnten all die freiwilligen Helfer Druckschriften und abgezogene Briefe verpacken und die Listen zusammenstellen, um neue Freunde und Gönner zu finden.

Und so war es zu jenem 2. Dezember 1949 gekommen, an dem das erste Kinderdorfhaus in Imst seine Dachgleiche erlebte.

Der bessere Weg

Ein Film ist abgerollt. Er mutet wie eine Legende an. Aus den Trümmern einer alten Welt blühte die SOS-Kinderdorfidee auf. Kann man dieses langsame Werden und langsame Reifen überhaupt historisch erfassen? Kann man die Geschichte dieser Idee in den Rahmen einer strengen Chronik pressen? Sind nicht tausenderlei kleine, kaum spürbare Ereignisse und Erlebnisse Pate gestanden zu der Idee Hermann Gmeiners? Wurde diese Idee nicht von ungezählten Gedanken und Gesprächen in einem jahrelangen Reifeprozeß geformt, bis sie zum eigentlichen Kampf gegen eine Welt des Mißtrauens antreten konnte?

Wir können nur den Mann sehen, der erfüllt war von seiner Idee und bereit, ihretwegen alles aufzugeben und in Einsatz zu bringen. Es gibt viele, die vorgeben, Idealisten zu sein. Es gibt viele, die es wirklich sind. Aber sie bleiben meist im luftleeren Raum. Sie sind entweder nur falsche Propheten oder Phantasten, die den Boden unter den Füßen verlieren. Denn Idealist zu sein bedarf einer gesunden, sehr „realistischen" Einstellung zum Dasein. Und diese brachte der Vorarlberger Bauernsohn von Natur aus mit. Er machte sich nichts vor und ließ sich nichts vormachen. Er erkannte eines Tages seinen Weg und ging ihn; voll des Bewußtseins, daß dieser Weg steinig sein wird. Er ging diesen Weg als Realist. „Kindern kann man nicht mit schönen Worten helfen, sondern nur mit Taten", ist einer seiner Aussprüche. Und ein anderer: „Wenn Kinder hungern, brauchen sie Brot und nicht fromme Sprüche von Weltverbesserern."

So bleibt für mich das langsame Wachsen und Reifen der SOS-Kinderdorfidee Legende. Als diese Idee jedoch eines Tages sichtbar wurde, setzte der eigentliche Kampf ein. Da wurde Hermann Gmeiner vor die Entscheidung gestellt, diesen Kampf aufzunehmen oder sich in die Reihen derer zu stellen, die nur mit Worten und Resolutionen operieren. Er stellte sich in die Reihe der Kämpfenden. Und damit beginnt die eigentliche und sichtbare Entwicklung der SOS-Kinderdorfidee. Sie war eine un-

unterbrochene Auseinandersetzung mit dem Althergebrachten. Das ist verständlich. Das ist Gesetz der Natur. Anfangs schien es, als würde diese unausbleibliche Auseinandersetzung Gmeiner und seine neue fürsorgepädagogische Reformidee unter dem Schutt seines ersten Kinderdorfhauses in Imst begraben. Da tauchten prominente Namen auf und setzten sich in Front gegen den Namen Hermann Gmeiner, der nur im Matrikel der Universität aufschien, aber sonst in der Öffentlichkeit nicht bekannt war. Da fegte man seine Eingaben und Bittgesuche mit lässiger Handbewegung von den grünen Tischen, um die nur jene saßen, die sich allein berufen fühlten, die sozialen Probleme zu lösen. Was sollte da ein kleiner, unbekannter Vorarlberger Bauernsohn? Noch dazu im heiligen Land Tirol, wo man nicht viel hält von einem Zugereisten. Gmeiner hatte es schwer. Aber er war sich dessen bewußt. Und so gab er nicht nach. Er kämpfte ja nicht für sich und seine Interessen. Er kämpfte für das verlassene Kind und für eine bessere Zukunft aller Waisenkinder. Das Recht war auf seiner Seite. Die Macht noch nicht. Die hat er sich mühsam errungen. Jahr um Jahr ein wenig mehr.

Dieser Kampf wurde mit ungleichen Waffen geführt. Auf der einen Seite war es die Waffe der Schmähung, der verschlossenen Türen und des Totschweigens. Auf der Seite Gmeiners war es nur die Waffe der rastlosen Arbeit. „Ich habe niemals auf einen Vorwurf reagiert. Ich habe niemals auf einen Presseangriff geantwortet. Ich habe niemals wegen Ehrenbeleidigung geklagt. Ich habe niemals zurückgeschlagen. Und ich werde das auch niemals tun. Ich arbeite für mein Werk. Ich arbeite für das verlassene Kind. Ich will dafür meine ganze Kraft aufbieten und werde sie nicht durch Gegenangriffe zersplittern."

Gmeiner blieb dieser Meinung treu. Durch seine korrekte Haltung hat er seinen Gegnern immer bereitwillig die Hand zu einem Miteinander entgegengehalten. Und dieses Miteinander hat er schließlich nach vielen Jahren erreicht. Man hat eines Tages erkannt, daß der von ihm eingeschlagene Weg richtig ist. Und da hat man begonnen, ihn zu bejahen.

„Ich habe nie behauptet, daß die alten Heime und Anstalten keine Leistungen vollbrachten", pflegt Gmeiner zu sagen. „Ich bin voll Hochachtung vor den Opfern, die das Erziehungspersonal in den traditionellen Fürsorgeeinrichtungen auf sich genommen hat." Oder: „Wir werden für einen Teil unserer sozialwaisen Kinder immer Anstalten benötigen. Und ich habe die SOS-Kinderdörfer nicht geschaffen, um allen Anstalten das Licht auszublasen, sondern um eine Reform zu schaffen." Mit Deutlichkeit formuliert er diese Reform: „Alle pädagogischen Erfahrungen und Erkenntnisse sowohl der Vergangenheit als auch der jüngsten Zeit sprechen entschieden dagegen, ein körperlich und geistig normales Kind — nur weil es die Eltern verloren hat — in geschlossenen Anstalten unterzubringen. Der Pädagoge und verantwortungsbewußte Jugendfreund wird, auch wenn er selbst in einer geschlossenen Anstalt wirkt, die neuen fortschrittlichen Formen der Jugenderziehung unterstützen und anerkennen. Die SOS-Kinderdörfer haben mit ihrer Arbeit das Verantwortungsbewußtsein der Öffentlichkeit gegenüber dem hilflosen Kind wachgerüttelt und den Menschen das Kind wieder nahegebracht. Der öffentlichen, privaten und kirchlichen Fürsorge wurde damit Hilfe geleistet, indem das Verständnis für die schwere und verantwortungsvolle Arbeit der Fürsorgeeinrichtungen im Volk geweckt wurde. Vor allem wurde der Bevölkerung die überragende Bedeutung der Familie bewußtgemacht. Es ist den SOS-Kinderdörfern gelungen, als privates Sozialwerk Modelle zu schaffen, die für die künftige Waisenfürsorge beispielgebend sind. Sie haben alle mit der Verwirklichung des neuen Weges der Waisenfürsorge verbundenen Risiken getragen und sich verschiedenen anfänglichen Bedenken zum Trotz hervorragend bewährt. Wo es um die Zukunft schutzbedürftiger Kinder geht, soll es nur einen Weg für die künftige Entwicklung geben: den besseren!"

Diesen Weg hatte Hermann Gmeiner 1949 mit der Gründung seines Vereines beschritten. Das erste Kinderdorfhaus, das Ende desselben Jahres im Rohbau stand, war der erste Meilenstein.

II.
KAMPFZEIT

Genug des Sozialen!

Noch stand dieses Werk auf schwachen Beinen. Es war kein finanzieller Rückhalt da. Und doch konnte ich im Dezember 1953, als ich erstmals nach Imst fuhr, ein Dorf mit zehn Häusern bewundern, in denen bereits 90 Kinder ein Zuhause gefunden hatten. Wie war das möglich geworden? Wie sah die Arbeit in den Jahren 1949 bis 1953 aus?

Hermann Gmeiner spricht wenig darüber. Es waren Jahre harter Arbeit, harter Lebenserfahrungen, harter Rückschläge. „Es war nur möglich, weil ich einfach den Glauben daran hatte und weil ich alles andere aufgab, um mich ganz auf dieses Werk zu konzentrieren. Ich gab mein Studium auf und meine sichere Zukunftsexistenz. Ich zog mich von der Jugendarbeit zurück und stellte meine Berufung als Dekanatsjugendführer zur Verfügung. Von meinen Studienkollegen ausgelacht, von seiten der Behörde als Phantast bezeichnet, begann ich meinen Kampf mit aller Welt und mit mir selber. Fast wie ein Verstoßener wich ich in jener Zeit allen aus, mit denen ich früher in guter Freundschaft stand. Nie im Leben war ich aber so frei wie in jenen Jahren des ersten Schaffens. Weitestgehend bestand meine Tätigkeit im Sammeln von Menschen, die zu mir stehen wollten. So gewann ich meine ersten Mitarbeiter. Nächte hindurch arbeiteten wir an Aufrufen und Bittschriften. Bei Tag verteilten wir diese Schriften auf der Straße, vor Kinos, in Gaststätten und Häusern. Wiederholt wurden wir dabei von der Polizei angehalten und oft stundenlang in den Wachstuben verhört. Es war Kampfzeit. Es war aber auch Zeit der ersten großen Siege. Bald waren wir zehn Mitarbeiter, Frauen und Männer, die alle beseelt waren von der Kinderdorfidee. Der Widerstand von außen band uns nur noch mehr zusammen und machte uns zu Fanatikern. Mit den ersten 100 Mitgliedern erkannte ich auch die Richtigkeit meiner Finanzierungsidee. Ich wollte nur einen Schilling monatlich von den Menschen. Ein Schilling ist nicht viel. Jeder kann ihn geben. Aber wenn ihn einmal Tausende, ja Zehntausende oder Hunderttausende geben würden, könnte man damit Großes für die verlassenen Kinder schaffen. So verbissen wir uns in die Bemühung, immer mehr Freund- und Gönnermitglieder zu finden, die zu diesem kleinen Opfer bereit waren. Immer mehr Listen wanderten in die Häuser und in die entlegensten Ortschaften von Tirol. Immer mehr Anmeldungen kamen. Und sobald die Zeitungen von unserem kleinen Unternehmen in Imst Notiz zu nehmen begannen, war das erste Eis gebrochen. Wir konnten auf unser Vorhaben verweisen. Wir konnten bereits etwas vorzeigen. Wenn es auch nur ein unscheinbares, bescheidenes Tiroler Häuschen im Rohbau war, das da verlassen in einem Waldstück oberhalb von Imst stand."

Aber es war wohl eine Anmaßung, auf eigenen Füßen gehen zu wollen — ohne Privilegien und noch dazu als einer, der weder in der Wohltätigkeit noch in der Fürsorge zuständig war. Das bekam Gmeiner in den folgenden paar Jahren immer mehr zu spüren. Er hatte die Todsünde begangen, an der müden Wohltätigkeit zu zweifeln, die von so vielen nach dem Krieg gepredigt und von so manchen öffentlichen und privaten Institutionen reichlich gepflogen wurde, ohne daß dabei viel bessere Lebensbedingungen geschaffen wurden. Gmeiner sagte sich: „Wenn ihr so viel Wohltätigkeit wirkt, dann müßte euch dieses Wirken weh tun. Es tut euch aber nicht weh, weil ihr euch zu wenig antut. Arbeiten, um essen zu können, tun alle, die vernünftig sind. Wenn ihr aber darüber hinaus auch noch anderen helfen wollt, muß das mit Opfern verbunden sein. Von diesen Opfern spürt man nichts bei euch. Euer ganzes Sinnen ist nur darauf bedacht, daß kein anderer sich in euren Bereich mischt. Ihr hält euch für privilegiert, allein wohltätig zu sein. Und so seid ihr mir sehr böse, daß ich wagte, auch karitativ zu wirken und darüber hinaus noch aus der Reihe zu tanzen. Sozial sein möchte ich ja gar nicht. Genug des Sozialen! Nächstenliebe brauchen wir. Die hilflosen Kleinen erbarmen mich. Weshalb wollt ihr verhindern, daß ich diesen Ärmsten helfe? Warum seid ihr privilegierte Wohltäter eigentlich gegen mich?"

Aber er sprach alles das nie laut aus. Er wollte sich nicht einlassen in fruchtlose Auseinandersetzungen. Das hat man ihm übelgenommen. Man arbeitete fieberhaft gegen diesen Fremdling in der Fürsorge.

Bei der Sicherheitsdirektion in Tirol wurde eine Akte Gmeiner angelegt. Bis in die letzten Winkel seiner Bubenzeit haben beauftragte Detektive und Presseleute das Privatleben von Hermann Gmeiner in jener Zeit ausgeschnüffelt. Irgendwo wollte man ihm ankommen. Irgendwie müßte es wohl gelingen, ihn mundtot zu machen.

„Wie gut, daß manches Gott allein nur sieht", meint Gmeiner heute dazu. „Nie hätten diese Leute mir damals meine kleinen Sünden vergeben!"

Alle Schwierigkeiten und Angriffe waren wohl notwendig gewesen, damit Gmeiner stark wurde. Und bald brauchte dieses rasch gewachsene Werk einen starken Mann, der imstande war, die Geschicke dieses jungen Sozialvereines zu lenken.

„So haben eigentlich jene, die mich nicht wollten, viel geholfen. Sie haben mich stark gemacht und hart gemacht für eine Revolution; wenn auch nur für eine Revolution des Guten. Ich verdanke diesen Leuten weitgehend das Gelingen meines Werkes."

In Imst tauchten mit dem Weiterbau des ersten Kinderdorfhauses neue Probleme auf. Eine Wasserleitung war notwendig. Ein Kanal. Das elektrische Licht mußte zugeleitet werden. Eine Straße war anzulegen. Das Gelände ist felsig dort oben. Sprengungen wurden notwendig. Gerodet mußte werden. Das alles kostete Geld.

Gmeiner wußte das. Bisher hatte er noch keine paar tausend Schilling investieren können. Sein Kriegskamerad, der Baumeister, hatte ihn auch noch um keine Zahlung ersucht. Er baute nur. Langsam. Bedächtig. So wie er eben ein paar Maurer frei hatte. Aber es ging weiter. Und während so in Imst das erste Kinderdorfhaus emporwuchs, waren Gmeiner und seine Freunde in Innsbruck verbissen tätig, den finanziellen Grundstock zu sichern. In immer größerer Zahl schickten die Freund- und Gönnermitglieder ihren monatlichen Schilling per Post dem neuen Verein. Viele aber kamen direkt in das armselige Büro, um diesen Schilling vor Gmeiner auf den Tisch zu legen. Sie wollten sehen, was dahintersteckt. Manche schüttelten den Kopf, wenn sie das Häuflein fleißiger Männer und Frauen in der Kinderdorfkanzlei sahen, und gingen wieder, ohne ihren Schilling dazulassen. Andere aber traf dieser ehrliche Wille einiger Besessener ins Herz, und sie hinterließen einen Hunderter. „Zuerst kamen die Armen", erzählt Gmeiner von jener Zeit, „dann die Rentner und Arbeiter. Später die Bürgerlichen und die Reichen. Diese waren zurückhaltender, aber auch sie gaben dann — und manchmal sogar reichlich —, wenn sie sich überzeugt hatten, daß wir wirklich darauf aus waren, etwas Gutes zu schaffen."

Der Erdrutsch der Nächstenliebe und Opferbereitschaft, den Hermann Gmeiner mit seinen SOS-Kinderdörfern auslöste, begann sich zaghaft anzudeuten.

Baujahr 1950

So kam das Jahr 1950. Es wurde zu einem Baujahr. Im Frühjahr bereits hatte Gmeiner fast 1000 Freund- und Gönnermitglieder, mit deren Hilfe er rechnen konnte. Und er hatte überdies die ersten größeren Spenden, die es ihm ermöglichten, den Weiterbau des ersten Hauses zu beschleunigen.

Eines Tages marschierte er stolz in die Baracke des Kinderdorfbüros und verkündete seinen Freunden: „Ich habe heute den Auftrag gegeben zum Bau von weiteren vier Kinderdorfhäusern!"

Man hielt es für einen guten Witz. Gmeiner aber legte los: „Nein, es ist Wirklichkeit. Ich war heute in Imst. Die Stadtgemeinde hat mir den Bau einer Straße und die Versorgung des Dorfes mit Licht und Wasser kostenlos zugesagt. Das heißt, daß wir alles Geld, das wir dafür bereitgehalten haben, in den Bau neuer Häuser stecken können. Es geht sich gerade für vier weitere Rohbauten aus. Dann werden wir weitersehen. Bis die Mauern stehen, werden wir schon wieder neue Freunde gewonnen haben. Nur müssen wir jetzt beginnen, unsere Arbeit über ganz Österreich auszudehnen. Wir können aus dem kleinen Tirol nicht so viel herausholen. Und das Dorf soll ja einmal für Kinder aus ganz Österreich offenstehen. Also bin ich überzeugt, daß wir überall Menschen finden werden, die mir helfen wollen."

Und so geschah es. Flugblätter vom SOS-Kinderdorfverein wanderten in andere Bundesländer. Keinen Augenblick hatten seine Mitarbeiter gezögert, Gmeiners Pläne mitzumachen. Man hatte sich an seine stürmische Aktivität gewöhnt. Er ließ sich nicht halten, wenn es um den Erfolg des Kinderdorfes ging. Da sprengte er alle Grenzen. Da sah er keine Hürden und Schwierigkeiten. Da sah er nur neue Häuser, neue Dörfer, glückliche Kinder.

Es wurde ein Jahr intensiver Werbetätigkeit. „Ich scheute mich nicht", sagt Gmeiner, „in jenem Jahr oft unsere ganzen Ersparnisse in eine Aktion zu werfen. Je mehr Rundschreiben wir hinausbrachten, desto größer war der Erfolg. Und wir hatten dann das Drei- und Vierfache eingenommen und konnten weiterbauen." Ende des Jahres 1950 vermochte Gmeiner alle bisherigen Schulden abzuzahlen. Die ersten fünf Häuser standen vor der Vollendung.

Das ganze Jahr über hatte sich Gmeiner auch bemüht, Frauen zu finden, die als Kinderdorfmütter in Frage kämen. Er wußte aber noch nicht, welche Frauen sich am besten für diese Aufgabe eignen würden. Sicher, sie müßten unverheiratet und kinderlos sein und schon eine gewisse Lebensreife besitzen. Aber sollten es geschulte Frauen sein? Sollte er sie aus dem Kreis der Kindergärtnerinnen nehmen? Würden sich gebildete Frauen aus der Stadt besser eignen als einfache Bauerntöchter?

Er wußte es nicht. Er verließ sich vorerst auf das Charakterbild der Bewerberinnen. Und so sprach er mit diesen Frauen, die sich dafür interessierten, und ließ seine Mitarbeiter mit diesen Frauen sprechen. Auch Dr. Vinzenz Neubauer, Universitätsprofessor für Psychologie in Innsbruck, den er ebenfalls zur ehrenamtlichen Mitarbeit gewonnen hatte und mit dem er alle pädagogischen Fragen erörterte, hatte er gebeten, die Frauen zu testen. So fand man die ersten Mütter. Sie kamen durchwegs vom Land. Eine aus Kärnten, eine aus Salzburg, zwei aus dem Burgenland und eine aus Osttirol. Es waren Frauen, die eine Lebensaufgabe mit Kindern suchten. Sie waren religiös gefestigt und standen alle mit beiden Beinen im Leben. Waren natürlich und sicher. Verstanden die Hauswirtschaft und stammten selbst aus kinderreichen Familien. Sie fürchteten sich nicht vor einem Haus mit neun Kindern.

Jammervolle Ernte

Es ging auf Weihnachten 1950 zu. In einem burgenländischen Dorf hatte es in jenen Tagen ein Ereignis gegeben, das die ganze Bevölkerung in Bann hielt. Die Mutter von fünf kleinen Geschwistern war seit einem Tag verschwunden. Den Vater hatten die Kinder ein halbes Jahr zuvor verloren. Man besaß eine Keusche. Viel Not herrschte dort. Die Mutter mußte hart arbeiten, um ihren Kindern das tägliche Brot zu sichern. Und jetzt — fünf Tage vor dem Heiligen Abend — war sie verschwunden. Nachbarn nahmen sich der fünf Kinder an, von denen das jüngste erst ein halbes Jahr alt war. Die Bevölkerung des Ortes suchte die Gegend ab. Aber die Mutter war nicht zu finden. Da meinte das älteste der fünf Kinder, ein neunjähriges Mädchen, die Männer mögen doch auch in den tiefen Brunnen vor dem Haus schauen. Man leuchtete hinein. Und wirklich, dort lag die Mutter tot auf dem Boden des tiefen Brunnenschachtes. Fünf Kinder waren zu Waisen geworden. Wo sollten sie ihre Weihnachten verbringen? Der Pfarrer des Ortes grübelte. Da erinnerte er sich an eine Zeitungsnotiz über ein Kinderdorf, das irgendwo in Tirol erbaut werden sollte. Er griff zum Telefon. Rief die Zeitung an. Wurde weitervermittelt. Erhielt die Telefonnummer des Kinderdorfbüros. Gmeiner hob selbst ab.

Am Heiligen Abend 1950 standen fünf burgenländische Kinder verschüchtert und verweint im Kinderdorf Imst. Drinnen im ersten Haus aber hatte eine Frau mit zitternden Händen einen Christbaum zurechtgemacht. Und als vom Wohnstubenfenster das Licht vieler Kerzen hinaus in die Winternacht tanzte, wischten sich einige von den Menschen, die draußen standen, mit den Händen über die Augen. Dann sagte Gmeiner: „Kommt, jetzt haben wir uns auch ein Weihnachten verdient, denn wir haben ein kleines Bethlehem geschaffen!"

Gmeiner konnte nun endlich auch die bedürftigen Fälle aus seiner Jugendgruppe Mariahilf in die ersten Kinderdorfhäuser aufnehmen. Diese Buben aus seinem „Stoß-Trupp" waren ja seine Sorgenkinder gewesen. Ihnen wollte er ein Haus bauen. Jetzt — nachdem er sein Versprechen wahr gemacht hatte — war ein kleines Dorf daraus geworden.

Und dann kamen weitere Kinder. Verwaiste Kinder. Weggelegte Kinder. Geschlagene Kinder. Verführte Kinder. Seelisch kranke Kinder.

Da kam *Peter*.
Neun Jahre alt. Aus Oberösterreich. Vater und Mutter waren schon lange tot. Seither lebte er bei einer alten Frau. Als diese starb, vererbte sie dem Buben ihr Bett, das er bisher mit ihr geteilt hatte. In der Nacht, nachdem die alte Frau zu Grabe getragen war, sah man in des Buben geerbtem Bett die Tochter der alten Frau schlafen. Dann mußte Peter fort. Nicht einmal mehr auf dem Boden war Platz für ihn. Und sein einziges Erbe, das Bett, haben die Erwachsenen ihm weggenommen. Als er im Kinderdorf Imst ankam, sagte er zu Gmeiner: „Ich glaube an euch alle nicht mehr, und aus mir wird wohl nichts Rechtes werden."

Da kam *Klaus*.

Er war schon zwölf Jahre alt, als er im Jänner 1951 von selbst ins Imster Kinderdorf kam. Er hatte in einer Zeitung davon gelesen und sagte zu Gmeiner: „Ich habe es zu Hause nicht mehr ausgehalten. Bitte, behalten Sie mich!"

Nachforschungen ergaben, daß der Bub schon lange keine Mutter mehr hatte, der Vater wurde aus Verzweiflung ein Säufer und verkam. In einer Elendssiedlung, bei einem betrunkenen Vater, bei schlecht beleumundeten, lieblosen Nachbarn wuchs der Junge auf und erlebte nur Gemeinheit, Not und Hunger. Nach Aussagen der Nachbarn war nichts Gutes mehr an dem Buben geblieben, und man war froh, ihn los zu sein. „Ich könnte alles zerschlagen", fluchte er, wenn man ihn nach seinen Leuten fragte, oder er sagte: „Es wäre besser für Sie, Sie schickten mich wieder weg, da ich doch gar nichts wert bin."

Nach einigen Wochen wurde Gmeiner in das Haus gerufen, in dem Klaus nun daheim war. Die Familie war gerade beim Abendessen. Auf dem Schoß des zwölfjährigen Klaus saß die kaum ein Jahr alte Lisa, die er mit größter Fürsorglichkeit fütterte. „Zuerst Lisa, dann ich", sagte er bei jedem Löffel. Klaus war glückselig, lachte und spielte mit dem kleinen Schwesterlein. Seine Kinderdorfmutter schmunzelte: „Jeden Tag, bevor er ins Bett geht, schaut er ins Zimmer der kleinen Lisa, ob sie gut schläft." Einmal, als Lisa krank war, schützte Klaus Kopfweh vor, um nicht in die Schule gehen zu müssen. Er wollte sich von Lisas Krankenbett einfach nicht trennen. Er war so besorgt, daß er sogar nachts wiederholt an der Tür zu Mutters Zimmer klopfte und sich nach dem Befinden seiner kleinen Schwester erkundigte.

Im Laufe der Monate fühlte sich Klaus im Hause bald für alles verantwortlich und half der Mutter bei vielen Arbeiten. Er ging einkaufen, machte Holz, schürte das Feuer an und führte sonntags voll Stolz die fünf kleinen Geschwister zur Kirche. Seine Kinderdorfmutter erzählte Gmeiner in dieser Zeit einmal: „Klaus ist nicht wiederzuerkennen. Er ist glücklich darüber, daß er kein Nichtsnutz mehr sein muß, daß er Schwachen helfen kann und eine große Aufgabe bekommen hat. Aus einem verbitterten Buben ist ein hilfsbereiter junger Mensch geworden. Für jedes gute Wort ist er dankbar, und ich glaube, am meisten darüber, daß ich abends, wenn er schon im Bett liegt, zu ihm hinaufgehe, ihm die Hand gebe und gute Nacht sage. Wie seine Augen immer leuchten, wenn er mir sagt: ‚Schlafe gut, Mama, danke schön!' Ich weiß aber immer noch nicht, ob Klaus mir dafür so dankbar ist, daß ich ihm helfe und ihm gut bin, oder weil ich ihm die Lisa pflege und bemuttere. Den Buben hat uns jedenfalls die Lisa erobert."

Heute ist Klaus ein 35jähriger Mann und steht im Berufsleben als Modelltischler. Er ist verheiratet und hat drei Kinder. Zum Muttertag aber kommt er nach Hause ins SOS-Kinderdorf zurück. Dort wartet man auf den Senior. Und immer bringt er für die Kinder etwas mit.

Da kam *Iwan*.

Ein russisches Besatzungskind. Vom Vater wußte niemand etwas. Die Mutter war in den Wirrnissen der Nachkriegszeit verschollen. Iwan wurde von der Großmutter liebevoll und gütig aufgenommen und gepflegt — eine Großmutter, so gut man sie sich vorstellen kann. Aber dann kam der große Unglückstag für den Buben. Die Großmutter starb, und Iwan stand allein da — ganz allein. Er war kaum zwei Jahre alt, ein gesunder, frischer Bub. Als er vier Jahre alt war, sprang er Hermann Gmeiner einmal entgegen, als er wieder ins Dorf kam, und sagte: „Gelt, es ist wahr, du hast mich in Rußland gefunden, und jetzt gehöre ich dir." — „Ja, Iwan, du wirst für immer zu uns gehören."

Da kam *Maria*.

Sie wurde auf der Flucht geboren. Ihr Vater war verschollen. Die Mutter landete mit drei Söhnen und Maria in einem Flüchtlingslager in Tirol. Von dort aus verdingte sie sich als Sennerin, während die Söhne als landwirtschaftliche Arbeiter tätig waren. Alle sprachen kaum deutsch. Die Mutter versuchte alles, um in ihrer neuen Heimat Fuß zu fassen und die Kinder beisammen zu halten. Die Frau besaß einen guten Leumund. Sie arbeitete wie ein Mann, alles nur den Kindern zuliebe. Auch im Winter arbeitete sie auf einer Hütte als Köchin. Maria hatte sie immer bei sich. Einmal im Winter mußte die Mutter wieder ins Tal hinunter, um den Einkauf zu besorgen. Es wurde spät, als sie den Rückweg antrat. Der Schnee lag hoch, und der Berg war steil. Plötzlich merkte sie, daß Föhn aufkam. Sie bekam Angst vor den Lawinen. Sie wollte den Weg in der Nacht nicht mehr fortsetzen und bat um Einlaß in ein Bauernhaus. Sie wurde auch aufgenommen. Im Nebengebäude wurde ihr ein kleines Zimmer zugewiesen. In der Nacht kam die Lawine. Das Haus, in dem die Frau schlief, wurde mitgerissen. Am nächsten Tag hat man eine tote Mutter ausgegraben. Maria war ohne Eltern. Die Brüder konnten nicht für sie sorgen.

Da kamen die *fünf Welsmüller-Kinder*.
Der Vater war Angestellter bei der Landesregierung. Es ging ihm nicht schlecht, denn er hatte eine Erbschaft gemacht und konnte sich sogar ein Auto kaufen. Eines Tages war er mit seiner Frau allein unterwegs. Es war Jänner, die Straßen waren vereist. Auf der Brücke, die über einen Bach in eine kleine Waldschneise führt, kam der Wagen ins Rutschen, glitt ab, überschlug sich mehrmals und blieb im Bachbett liegen. Am nächsten Morgen, als fünf Kinder aufwachten, gab es für sie keine Eltern mehr. Sie waren tot. Lagen noch immer im Flußbett. Schnee kam, und niemand hatte das Autounglück bemerkt. Grauenhaftes Schicksal. Wenigstens aber mußten die Kinder nicht auseinandergerissen werden. Sie durften alle fünf gemeinsam im SOS-Kinderdorf in einer Familie beisammen bleiben.

Das neue Daheim

So waren sie also gekommen. Ein Kind nach dem anderen. Die ersten fünf Kinderdorfhäuser waren bald voll Leben. Bis zum Sommer 1951 waren es bereits 45 Kinder. Das Experiment Hermann Gmeiners war gestartet. Würde es erfolgreich ausgehen? Oft sah es nicht so aus. Alles war noch so neu und ungewohnt. Die Kinderdorfmütter mußten sich erst in die neue Arbeit einfinden. Sie hatten es nicht leicht. Nicht einmal eine ordentliche Waschküche stand ihnen noch zur Verfügung. Ein Waschtrog im Freien mußte sie ersetzen. Die Lebensmittel mußten mühsam von Imst heraufgeschleppt werden. Das Gelände war noch ungepflegt. Kein Kindergarten für die Kleinen war vorhanden. Die Bevölkerung von Imst war noch argwöhnisch. Selbst der Bürgermeister gestand später, daß er zu jener Zeit manchmal heimlich abends um die Häuser schlich, um das Leben im Kinderdorf zu beobachten.

Das Jahr 1951 wurde derart zum Jahr der praktischen Erfahrungen, zum Jahr der Bewährungsprobe. Langsam begann sich ein Dorfleben herauszukristallisieren, wie es später in einer eigenen Dorfordnung niedergelegt wurde.

Hermann Gmeiner war der erste Dorfleiter eines SOS-Kinderdorfes geworden. Plötzlich war er Vater von fast 50 Kindern. Und er fühlte sich wohl in dieser neuen Vaterrolle. Tagsüber war er bemüht, den Müttern in ihren oft schwierigen Problemen mit Rat und Tat beizustehen. Nachts aber saß er in seinem Innsbrucker Büro und arbeitete zusammen mit Fritz Haider Unterlagen für das Dorf aus. Karteiblätter, Impfkarten und Dokumentenmappen. Gmeiner wollte von Anfang an alles in eine gesunde Organisation bringen. Eine solche Aufgabe vertrug keine Improvisation. Man durfte sich den anderen Institutionen gegenüber auch keine Blöße geben. Korrespondenz mit Jugendämtern, Fürsorgeanstalten und Pflegschaftsgerichten war zu führen. Alles neue Aufgaben. Alles mußte erst erkundet und in eine entsprechende Form gebracht werden.

Als der Sommer 1951 gekommen war, hatte sich das Leben im Dorf bereits glücklich eingespielt. Die ersten Schulzeugnisse wurden nach Hause gebracht. Sie waren ein guter Durchschnitt, obwohl ein Großteil der schulpflichtigen Kinder schulisch verwahrlost ins Dorf gekommen war. Man hatte auch dieses Problem gemeistert. Der Besuch der öffentlichen Schulen schien sich zu bewähren. Darin hatten die Gegner einen der schwächsten Punkte in der Idee Hermann Gmeiners gesehen. „Er wird sich damit selbst mit seinem Dorf das Grab schaufeln", meinte man. „Wenn erst einmal die Kinder hinunter nach Imst in die Schule stürmen, werden sie so viel Unfug treiben, daß die Behörden einschreiten und den Übelstand abschaffen werden."

Es kam ganz anders. Die Buben und Mädchen aus dem Kinderdorf stellten auf dem Schulweg nicht mehr und nicht weniger an als alle anderen Kinder auch. Es gab selten Beschwerden. Im Gegenteil. Die Kinder waren dazu angehalten, die Erwachsenen freundlich zu grüßen. Das trug ihnen bald Sympathien ein. Und so wurde im Laufe der Zeit der Besuch der öffentlichen Schulen zu einer der stärksten Säulen in der SOS-Kinderdorfpädagogik. Die Anstaltsschule als alleinige Möglichkeit für das verlassene Kind war überwunden. Sie war in die Vergangenheit verwiesen, Gmeiner hatte dem Waisenkind den Platz neben dem normalen Kind erobert. So saßen die Kinder des Kinderdorfes Imst in der Schulbank neben den Kindern aus der Stadt Imst. Der Waisenbub neben dem Buben des Bürgermeisters oder Rauchfangkehrers. Das Waisenmädchen neben dem Töchterlein des Apothekers oder Straßenfegers. Die normale Welt war hereingeholt in das Leben der elternlosen Kinder. Gmeiner vollzog mit dem Besuch der öffentlichen Schulen die Eingliederung in das normale Leben. Eingliederung in die Gesellschaft aber bedeutet Therapie für jenes Kind, das da verzweifelt im Leben gestanden war, weil niemand es mochte, weil man es überall ablehnte, weil es nirgends ein Daheim und nur mehr die traurige Möglichkeit hatte, in ein Waisenhaus abgeschoben zu werden.

Vor allem erwiesen sich die Unterhaltskosten des Kinderdorfes als bedeutend geringer als diejenigen eines Waisenhauses. Jede Kinderdorfmutter bekommt monatlich ein den Lebensbedingungen angemessenes Wirtschaftsgeld, mit dem sie selbständig den Haushalt zu führen hat. Das schlug wie eine Bombe in den Bereich der bisherigen öffentlichen Fürsorge ein. Wo war die Großküche? Wo war der Speisesaal? Wo war die zentrale Heizanlage? Wo war der gemeinsame Stromzähler? Wo waren die Vorratskammern? Wo waren die Lager? Nichts von alldem konnte man in Imst entdecken. Gmeiner wollte jede Familie zu einem eigenen Wirtschaftskörper machen. Es gelang ihm. So sah man die Frauen und Kinder mit Einkaufstaschen in die nächstgelegenen Geschäfte gehen. Daheim aber kochte jede Frau in ihrer Küche nach einem eigenen Speisezettel. Im Haus der Kärntner Mutter konnte man die dampfenden Kärntner Nudeln und den „Türkensterz" auf dem Tisch finden, im Haus der Salzburger Mutter leckere Salzburger Nockerln. Jede Familie gewann langsam ihr Eigenleben. Sie wurde zu einer kleinen Welt für sich. Das Massenheim war zerschlagen. Die Familie dem Waisenkind erobert. Und weil in jedem Haus eine Frau mit ihrem Haushaltsgeld wirtschaften und rechnen mußte, wurde automatisch gespart. Da wurde der Franzl ermahnt, das Licht im Schlafzimmer abzudrehen, damit man keine so hohe Stromrechnung zu bezahlen habe. Da wurde vor dem Haus ein kleines Gärtchen angelegt, damit frischer Salat und selbstgezogenes Gemüse den Speisezettel bereichern und der Mutter den Einkauf des teuren Gemüses ersparen sollte. Diese Selbständigkeit der Familie zeichnete sich aber nicht nur in niedrigen Unterhaltskosten für das Dorf ab, sondern auch als wertvolles Erziehungsmittel. Das Sparen war hereingeholt worden in die Waisenfamilie. Die Mutter mußte rechnen und einteilen und ihren Kindern oft sagen: „Heute gibt's nur eingemachte Erdäpfel. Wir müssen ein bisserl sparen, damit wir am Sonntag einen Braten machen können." Den Kindern wurde die Küche bald zu einem beliebten Aufenthaltsort. Dort konnte man der

Mutter beim Kochen zusehen, und da fiel immer einmal etwas für die hungrigen Münder ab. Die Mädchen halfen beim Kochen. Die Buben trockneten das Geschirr ab. Alle bekamen das Gefühl: Das ist mein Daheim. Das ist mein Zuhause. Da muß ich mittun und mithelfen, damit wir es schön haben.

Auf nach Wien!

Während also 1951 das Kinderdorf Form annahm und im Alltagsleben jene Wandlungen durchmachte, die notwendig waren, damit der Boden für die endgültige Struktur eines echten SOS-Kinderdorfes gefestigt wurde, galt das Streben von Hermann Gmeiner, die Mitgliederwerbung über Tirol hinaus auszuweiten. „Wir müssen ein Büro in Wien haben", erklärte er eines Tages seinen treuen Helfern. „Wien läßt sich nicht von Tirol erobern. Wir müssen uns in der Bundeshauptstadt festsetzen." Und so machte er sich auf nach Wien. Da sein alter Koffer vor der Reise in zwei Teile zerfallen war, nahm er kurz entschlossen einen leeren Karton, packte seinen Pyjama und sein Waschzeug hinein und stand einen Tag später vor dem damals noch in Trümmern liegenden Wiener Westbahnhof. In der einen Hand einen Wiener Stadtplan, in der anderen seine Pappschachtel. Er fühlte sich keinen Augenblick lang verloren. Er steuerte einem Ziel zu. Und dieses Ziel war ein Stützpunkt in Wien. Er fand ihn. Er machte einen kleinen Raum hinter dem Wiener Rathaus ausfindig und gewann einen für die Kinderdorfidee begeisterten jungen Menschen, der dort arbeiten wollte.

Gmeiners Plan hatte sich bald bewährt. Die Aussendungen über die Wiener Geschäftsstelle des SOS-Kinderdorfes brachten großen Erfolg. Das goldene Wienerherz war für Gmeiner kein leerer Wahn. Es begann bald für sein Werk zu schlagen. Und schon ein Jahr später hatte sich die Zahl der Freund- und Gönnermitglieder verzehnfacht und steuerte jetzt auf 100.000 zu. Man konnte also Imst weiterbauen. Zwei neue Familienhäuser wurden 1952 errichtet. Dazu noch ein Gemeindehaus, in dem der Kindergarten, ein Gemeinschaftsraum, Waschküche, Nähstube, Bastelräume und Lagerräume für die vielen Kleiderspenden, die ins Kinderdorf kamen, untergebracht waren. Nun war Imst schon ein kleines Dorf. Klein zwar, aber eben ein Dörfchen nach Tiroler Art.

Ja, und so war dieses Dörfchen auf zehn Häuser angewachsen bis zum Dezember 1953, als es Hermann Gmeiner erstmals der Wiener Presse vorstellte, mit der ich als einziger oberösterreichischer Journalist mitgefahren war.

Damals lagen also schon vier Jahre intensiver Aufbautätigkeit hinter Gmeiner und seinen Mitarbeitern. Sie hatten die Anfangsschwierigkeiten überwunden. Aber noch war die Revolution des Guten, die Gmeiner ausgelöst hatte, mitten im Gang. Noch konnte alles wieder zusammenfallen. Gmeiner hatte Sorgen. Es mußten mehr und mehr Freund- und Gönnermitglieder gefunden werden. Der Gedanke des Schilling-Ringes hatte sich bewährt, aber der Ring mußte größer und größer werden. Das Werk brauchte innerliche und äußerliche Festigung. Es war noch im Aufbau.

Eine Lokalnachricht

Nach seinem kurzen Besuch in Linz war Gmeiner wieder nach Imst gefahren. Er ließ mich zurück als einen von seiner Idee noch mehr Infizierten. Er hatte mir Einblick gewährt in das Werden der Idee. Er hatte mich auch in seine Gedanken eingeweiht. Dort brannte es für das Gute. Und dieses Feuer schlug auf mich über. Ich war bereit, diesem Mann aus Imst zu helfen. Ich wollte ihm zur Seite sein. Ich wollte mit den bescheidenen Möglichkeiten, die mir als stellvertretendem Chefredakteur einer Linzer Tageszeitung zur Verfügung standen, ein Kampfgefährte Gmeiners werden.

Aber die Wellen des Tagesgeschehens schlugen bald wieder

über mir zusammen. Ich war nahe daran, Hermann Gmeiner ein zweites Mal zu enttäuschen. Zwar wurde inzwischen der Imster Artikel veröffentlicht. Aber die politischen Ereignisse rollten darüber hinweg.

Drei Wochen hatte ich von Gmeiner nichts mehr gehört. Drei Wochen hatte ich kaum Zeit gehabt, an sein Imster Werk zu denken. Nur ab und zu flackerte es auf, aber dann wurde das schlechte Gewissen, das mich unbewußt bedrückte, bereits wieder weggeschwemmt von neuen Meldungen. Denn die Zeit war politisch unruhig. Demonstrationen. Streiks. Geldentwertung. Kein Staatsvertrag. Druck der Besatzungsmächte.

Eines Tages flatterte auf meinen Schreibtisch eine Meldung, die in mein Gewissen wie eine Bombe einschlug. Sie gehörte eigentlich gar nicht in mein Ressort, sondern war für die Lokalredaktion bestimmt. Ich hatte sie der Sekretärin zur Weiterleitung schon halb in die Hand gedrückt. Aber dann nahm ich sie zurück und las. Da war ein Mord geschehen. In einem kleinen oberösterreichischen Ort. Der Mann hatte seine Frau im Fluß ertränkt. Der fünfjährige Sohn hatte das mitangesehen. Verhaftung des Mörders. Einlieferung des Buben in ein Waisenhaus.

Viel mehr sagte die Meldung nicht aus, aber mich rief sie doch auf den Plan. Ich sah plötzlich den kleinen Buben vor mir, wie er vor der Leiche seiner Mutter gestanden haben mag. Zu klein, um begreifen zu können, was hier vorgegangen war. Und doch schon groß genug, um zu erleben, daß die Mutter nie mehr für ihn dasein würde und da was Schreckliches passiert sein mußte. Und daß der Vater etwas damit zu tun hatte; der Vater, den man jetzt vor seinen Augen wegführte; an den er sich vielleicht geklammert hatte. Ich sah ihn vor mir, diesen Buben, in all seiner Not, in all seiner Verzweiflung. Vielleicht hat er sich gewehrt gegen diese Tragödie in seinem jungen Dasein. Vielleicht hat er gebrüllt und um sich geschlagen. Und dann wird man ihn beruhigt haben, und er wird in einem Auto gesessen sein. Eine Fürsorgerin an seiner Seite. Und verweint und blaß wird er hinter dem Tor eines Waisenhauses verschwunden sein. Nie mehr wird er daheim sein. Nie mehr wird er vor seinem Spielzeugkasten knien und den Teddybär füttern, den vielleicht das Christkind gebracht hatte. Nie mehr wird er zur Mutter in die Küche eilen und ihr sagen können, daß er sie so lieb hat. Nie mehr wird er an der Schürze seiner Mutter die Tränen abwischen können. Alles wird aus sein für ihn.

Ich wußte nicht weshalb, aber ich rief die Gendarmerie jenes Ortes an, wo dieses Unglück geschehen war. Und ich ließ mir den Vornamen des Buben geben und das Waisenhaus nennen, in das er eingeliefert worden war. Was sollte ich damit? Ich wußte es nicht damals. Ich folgte nur einem inneren Anruf. Ich wurde das Bild dieses Kindes nicht mehr los. Der Name des Kindes war Ulrich.

Am nächsten Tag rief ich Hermann Gmeiner in Imst an. Ob er wohl den Buben aufnehmen könne. In sein Dorf. Damit Ulrich wieder ein Daheim habe. Es war nicht möglich. Imst war voll. Die im Bau befindlichen Häuser würden erst in einem halben Jahr bezugsfertig sein.

Ulrich wurde in den nächsten Wochen und Monaten zu meinem Leitstern. Das Problem ließ mich nicht mehr los. Ulrich hatte mich wieder mitten hineingezogen in die Gedankenwelt Hermann Gmeiners; in die Gedankenwelt des SOS-Kinderdorfes. Ich werde jetzt wirklich beginnen, ihm zu helfen, sagte ich mir. Aber wie?

Mein erster Vortrag

Durch zahlreiche Zuschriften und vor allem durch den Kinderdorfboten, der Vierteljahreszeitschrift des SOS-Kinderdorfes für alle Freund- und Gönnermitglieder, war das Werk Hermann Gmeiners auch in Oberösterreich schon etwas bekanntgeworden. Aber es hatte hier von Anfang an auch große Gegner. Und wie in den Anfangsjahren der SOS-Kinderdorfgründung in Tirol traten diese Gegner auch hier auf und zogen gegen diese neue Idee ins Feld. Mein Artikel über Imst, der in Gmeiner einen österreichischen Pestalozzi ankündigte, hatte genügend Staub aufgewirbelt. Ich begann das alles jetzt zu erkennen, und je mehr ich mich damit beschäftigte, desto mehr wurde ich in die Diskussion mit hineingezogen. Dabei erkannte ich auch meine erste Aufgabe, die ich für Hermann Gmeiner hier in Oberösterreich erfüllen konnte. Ich mußte aufklären. Ich mußte Propaganda für diese neue Idee machen. Ich mußte die Vorwürfe beseitigen.

Ein neues Zusammentreffen mit Gmeiner kam mir dabei zugute. Ich hatte mir alle Angriffe, die man gegen Gmeiners Werk ins Treffen führte, genau notiert. Wir sprachen lange darüber. Vor allem über das Problem des fehlenden Vaters in der SOS-Kinderdorffamilie. Darauf hatten es die Gegner besonders abgesehen. Da mußte ich einhaken. Und so begann ich einen großen Vortrag in Linz vorzubereiten. Ich ließ Plakate drucken, Radiodurchsagen machen und hatte schließlich einen gesteckt vollen Saal. Das Herz klopfte mir bis zum Hals, als ich das Rednerpult betrat. Ich halte doch viele Vorträge und Reden, sagte ich mir, und ich rede doch gerne vor versammeltem Publikum. Aber diesmal war alles anders. Ich fühlte, daß ich eine Schlacht zu schlagen hatte. Allein, an vorderster Front in Hermann Gmeiners Fähnlein. Da ich die Fachwelt mit eingeladen hatte, durfte ich nicht in leere Schwärmerei fallen. Ich wollte das Problem des Vaters in den SOS-Kinderdörfern behandeln. Ich wollte meinen Zuhörern die Augen öffnen. Eingehend hatte ich alle Fragen studiert. Ich fühlte mich gewappnet. Mit den ersten Worten schwand auch meine Befangenheit.

„Meine Damen und Herren! Wenn ein politischer Redakteur sich entschließt, für eine fürsorgepädagogische Idee zu sprechen, so ist das nicht alltäglich. Und ich kann mir vorstellen, daß Sie, meine Damen und Herren, unter denen ich viele mir bekannte Fachleute auf dem sozialen Sektor erblicke, mit einem wehmütigen Lächeln für mich heute hiehergekommen sind. Aber wissen Sie, gerade für einen Menschen, der im Alltagsgeschehen steht und der dadurch mehr als jeder andere erleben muß, wieviel menschliche Unzulänglichkeit es im Großen und im Kleinen unserer heutigen Welt gibt, ist es ein unbeschreibliches Erlebnis, in diesem Dunkel plötzlich ein Licht zu sehen. Dieses Licht ist die Idee eines Hermann Gmeiner, der 1949 in Imst in Tirol begonnen hat, ein SOS-Kinderdorf zu errichten.

Jede Zeit bringt ihre Ideen. Sie schlummern in ihr, bis die Zeit reif ist, sie aufbrechen zu lassen. Kommen sie zu früh oder zu spät, werden sie von der fortschreitenden Menschheitsentwicklung hinweggespült. Dann erlangen sie keine Bedeutung, ziehen vorüber wie ein lauer Wind, wenn ihre Träger schwach, oder wie ein Orkan, wenn ihre Träger stark waren.

Das 20. Jahrhundert wird das Zeitalter des Kindes genannt. Niemand weiß, wer unserem Zeitalter diesen Namen gegeben hat, den es zu Unrecht zu tragen scheint. In keiner anderen Epoche der Weltgeschichte wurden so viele unschuldige Kinder geopfert; von Bomben erschlagen, vergast, gemordet, von Granaten zerfetzt, auf endlosen Flüchtlingszügen dem Hungertod preisgegeben, verraten und geschändet, verlassen und verdorben, der Mutter und dem Vaterhaus entrissen. Und doch ist es das Zeitalter des Kindes. Ironie der Menschheitsgeschichte? Oder mußten erst so viele Millionen Kinder in zwei blutigen Kriegen zugrunde gehen, damit das Kind gesehen und wieder erkannt wird? Aber wie sieht dieses Erkennen heute aus — heute, in jener glorreichen Zeit, neun Jahre nach dem gräßlichsten aller gräßlichen Kriege, wo der Lebensstandard bereits wieder in die Höhe schnellt, wo wir alle mehr oder weniger genug zu essen und ein Dach über dem Kopf haben und die fragwürdigen Geschenke einer hochgezüchteten Zivilisation begehren. Haben wir zuvor über Krieg und Not das Kind vergessen, so werden wir es jetzt bald über neugewonnenem Wohlstand vergessen haben.

Der Siegeslauf der Technik hat uns die Zeit geraubt, und

unser ärgster Feind ist die Hast geworden, das Tempo, darüber wir das Kind wiederum aus unseren Augen und aus unserem Herzen verlieren.

Vielleicht ist es verfrüht, das Zeitalter des Kindes als solches objektiv sehen zu können. Aber über allen Zeitgeist hinweg lassen sich doch einzelne Ansatzpunkte spüren, wo etwas für das Kind wächst. Als einen dieser Ansatzpunkte darf man das SOS-Kinderdorf sehen; das SOS-Kinderdorf nicht nur als dörfliches Gebilde, in dem einige Häuser bereitstehen, elternlosen und verlassenen Kindern wieder ein Daheim zu geben, sondern vielmehr durch diese äußere Form hindurch als Idee. Wirklich, wenn jetzt eine Zeit reif war für eine solche Idee, dann die heutige. Sonst hätte bereits ein Pestalozzi ein Kinderdorf geschaffen, ein Francke oder ein Don Bosco.

Einige Jahre nach dem Zusammenbruch von 1945 fand das Gedankengut der genannten und anderer markanter Persönlichkeiten einer fortschrittlichen Fürsorgepädagogik in der Idee des SOS-Kinderdorfes ihre bisher klarste Form und in einem bis dahin unbekannten Innsbrucker Medizinstudenten namens Hermann Gmeiner einen starken Träger. Viele Jahre Frontdienst hatten ihn zum Realisten gemacht, der einer Wirklichkeit mit Wirklichkeit begegnet und ihr keine phantastische, sondern eine reale Idee — sosehr sich diese Begriffe aufzuheben scheinen — entgegensetzt. Es ist eine so einfache und entwaffnende Idee, eine so klare und nüchterne Idee, wie es alle Ideen sind, die die Geschichte der Menschheit in ihren Lebensformen in Gang halten und bereichert haben.

Hermann Gmeiner setzte seine Idee 1949 einer trostlosen Situation in der gesamten Jugendfürsorge entgegen.

Krieg und Nachkriegszeit hatten Zehntausende Kinder eltern- und heimatlos gemacht. Eine Generation war in Gefahr, da ein Großteil dieser Kinder an seiner Entwurzelung verzweifeln mußte. Hermann Gmeiner wollte diesem entwurzelten Kind wieder die Geborgenheit und Wärme des Familienlebens erobern, weil er die Familie als jene Wirklichkeit erkannte, die allein imstande ist, dieses Kind wieder gesund zu machen und natürlich heranwachsen zu lassen. Er sah, daß Heim und Anstalt diese kleine Welt der Familie nie ersetzen könnten, auch wenn die von den in diesen Heimen und Anstalten wirkenden Erzieherinnen und Erziehern vollbrachten Opfer groß und anerkennenswert sind. So baute Hermann Gmeiner seine erste kleine Zelle — ein erstes SOS-Kinderdorf in Imst in Tirol, das, und davon bin ich überzeugt, bald Ausgangspunkt neuer Kinderdörfer in anderen Bundesländern und Nachbarstaaten Österreichs sein wird.

Das Beginnen von Hermann Gmeiners Arbeit konnte nur Experiment sein. Die Idee stand klar vor ihm: Dem Kind wieder ein Daheim gewinnen, es zurückführen in die Geborgenheit einer Wohnstube, in die Wärme eines häuslichen Herdes, an das Herz einer liebenden Mutter, zu Geschwistern, die keine Zöglinge mehr sind, und schließlich in eine geordnete öffentliche Welt ohne Zaun und Grenzen, mit dem täglichen Weg zur Schule, wo man eins wird mit allen anderen Kindern und nicht mehr ausgestoßen und benachteiligt ist.

Nach fünf Jahren Kinderdorfarbeit läßt sich eine erste Bilanz ziehen. Sie zeigt Erziehungserfolge, wie sie bisher an solchen Kindern nicht erlebt wurden. Diese Erfolge haben die Richtigkeit einer Methode erwiesen, die dem Fürsorgekind als seelisch belastetem Kind den notwendigen Gesundungsraum bietet.

Freilich hat sich dieses fünfjährige Experiment mehrmals in der Praxis als wandelbar erwiesen, um schließlich die Form zu finden, die heute Hermann Gmeiners Idee umschließt und die sich kaum mehr einschneidend verändern wird. Von Anfang an stand bei der Gründung des SOS-Kinderdorfes die Bereitschaft Pate, zu korrigieren, zu vervollkommnen und zu vertiefen. Welchem Chemiker gelingt sein erster Versuch, und wie oft mußte ein Pasteur neuerliche Versuche vornehmen, um schließlich jenen Nährboden zu finden, der ihm die Züchtung der von ihm gesuchten Bakterien ermöglichte. Wieviel notwendiger erscheint ein solcher Prozeß in der Erziehung, deren letzter Bereich das Seelische ist. Von dieser pädagogischen und organisatorischen Evolution im Rahmen der jungen Geschichte des SOS-Kinderdorfes soll aber hier nicht gesprochen werden. Ich möchte vielmehr ein Grundprinzip der SOS-Kinderdorfidee aufzeigen, an dem in diesen fünf Jahren nicht gerüttelt wurde, das nicht angetastet wurde und keiner Veränderung unterworfen werden mußte: das Prinzip des fehlenden Vaters in der SOS-Kinderdorffamilie.

Hermann Gmeiner durfte in den zehn Jahren Kinderdorfarbeit nämlich eines erleben: Daß gerade dieser anscheinend schwächste Punkt der Kinderdorferziehung ihr stärkstes Element ist; das Grundelement der so erfolgreichen Arbeit im SOS-Kinderdorf Imst.

Begleiten Sie mich einmal abends in eine der Imster SOS-Kinderdorffamilien. Das Abendessen ist gerade im Gange. Man hat gebetet und sitzt nun um den großen runden Tisch unter der Herrgottsecke. In der Mitte eine Schüssel dampfender Knödel. Die größeren Buben greifen zu. Die kleinen Mädchen langen auch tüchtig in die große Schüssel. Die Mutter hält das Kleinste auf dem Schoß. Es wird gegessen und dazu geschwatzt. ‚Gib mir das Putzi', sagt der Zwölfjährige, und die Mutter reicht ihm den Kleinen und den Löffel mit dem Teller Grießkoch und lächelt. Vor drei Monaten hat man ihr diesen Zwölfjährigen gebracht. Ein wilder Kerl, aus einer Jugendbande aufgegriffen, der sich mit ‚pah!' über die neue Situation in der Kinderdorffamilie hinwegsetzen wollte. ‚Du sollst hier für immer daheim sein', hatte sie ihm gesagt. ‚Blödsinn!' war seine Antwort. Dergleichen habe man ihm schon oft gesagt. Acht Pflegeplätze hatte er schon hinter sich. Ein Nichtsnutz. Und nun sitzt das Kleinste dieser neunköpfigen Kinderdorffamilie auf seinem Schoß, und er löffelt ihm bedächtig den Grießbrei in den aufgesperrten kleinen Rachen. Und bald werden sie in den Betten liegen, alle, und die Mutter wird kommen und ihnen über die Haare streichen und ‚gute Nacht' sagen. Und der Zwölfjährige, der noch vor Monaten im Kreise von

Halbwüchsigen vor Musikautomaten halbstark spielte, wird auf die Liebe dieser Frau warten, die nun seine Mutter ist und ihn bejaht und gern hat.

Wenn wir dann aus diesem Haus treten, dann brauchen Sie keine wissenschaftliche Abhandlung mehr lesen über die pädagogische Grundlage der Kinderdorferziehung, sondern haben sie selbst erlebt, erlebt in dem großen Wunder, das Gott den Menschen schenkte, indem er ihnen die Mütterlichkeit zur Seite stellte.

Die Mütterlichkeit ist das Herz der Kinderdorferziehung. Die Mütterlichkeit ist die Therapie dieser neuen Fürsorgepädagogik. Die Mütterlichkeit ist die sich ständig erneuernde Kraftquelle der in den SOS-Kinderdörfern wirkenden Frauen. Die Mütterlichkeit ist alles. Wo sie fehlt, gibt es keine Kinderdorffamilie. Wo sie aber mit der ganzen Kraft der Natur aufbricht und sich in nimmer versiegender Liebe zu verströmen beginnt, dort setzt der Pulsschlag einer echten Kinderdorffamilie ein; dort wird dann jene Atmosphäre erzeugt, die Heilung für die kranken Seelen der aus dem warmen Nest der Geborgenheit gefallenen Kinder ist. Die Mütterlichkeit ist das Alpha und Omega der Idee Hermann Gmeiners, und darum ist auch die Frau als Mittelpunkt in diese neue Erziehungsform hineinversetzt. Das SOS-Kinderdorf steht und fällt also mit der Qualität dieser Mütterlichkeit.

Die Psychologie reiht in die Vielzahl der Triebe auch den Muttertrieb ein, sie bezeichnet ihn als einen vitalen Trieb, einen Lebenserhaltungstrieb. Aber nicht nur das; bei der Messung der Stärke der einzelnen Triebe steht der Muttertrieb an der Spitze. Es gibt keinen stärkeren Trieb als den Muttertrieb. Er ist aber letztlich nichts anderes als die von der Natur her in die Frau versenkte Kraft, sich des hilflosen, kleinen Menschenkindes anzunehmen, für dieses zu sorgen, ihm zu dienen. Dieses Dienen geschieht aus einem selbstverständlichen, unbewußten inneren Aufruf in jeder gesunden, geistig wie seelisch reifen Frau.

Man spricht in der modernen Psychologie in diesem Zusammenhang von einer Urgeborgenheit, die das Kind in den Armen der Mutter erlebt und die man als das folgenreichste Erlebnis des Menschen überhaupt bezeichnet.

Die Geborgenheit des Kindes in der Liebe der Mutter ist — das hat die Wissenschaft längst erkannt — die Vorschule aller späteren Geborgenheit. Wer diese Vorschule nicht durchlaufen konnte, bleibt zeitlebens in Gefahr der Verzweiflung. Ja, mütterliche Liebe ist im Leben eines jeden Menschen geradezu unersetzbar. Diese Liebe aber erst schafft das Erlebnis der Geborgenheit.

Die Mutter, und nur sie vor allem, gibt dem Kind dieses Erlebnis mit ins Leben. Das Kind verlangt danach. In Imst erlebt man es an den Fürsorgekindern, die nie eine Mutter kannten, nie eine Frau, die Liebe und Geborgenheit ausstrahlte. Diese Kinder werden kranke Kinder. Es sind jene angsterfüllten und labilen Typen, die nachts aufschreien und in der Gemeinschaft anderer Kinder kläglich versagen. Jedes Kind braucht die Liebe einer Mutter, ohne die es nicht gesund wachsen und gedeihen kann. Jedes Kind hat diese Mutterliebe so nötig wie die Pflanze das Licht und die Wärme der Sonne. Beim normalen Kind dreht sich besonders in den ersten Lebensjahren alles fast ausschließlich um die Mutter. Zwischen Mutter und Kind strömen die stärksten und wirksamsten Kräfte hin und her. Deswegen ist auch die Mutter viel schwerer zu ersetzen als der Vater. Daher schädigt der Verlust einer liebenden Mutter ein Kind weit mehr als der Verlust des besten Vaters. Und dies nicht, weil es aus dem Schoß dieser Mutter kam, sondern weil es zu seiner jetzigen Entwicklung, zu seinem ersten Hineintappen in die Wirklichkeit dieser Welt die Nestwärme braucht, einen Lebensraum braucht, die Geborgenheit braucht, die ihm nur eine mütterliche Frau geben kann, eine Frau, die wirklich liebt, eine, die wirklich Mutter ist oder sich als Mutter verpflichtet fühlt.

Darin wurzeln die Aufgabe und das Wesen der Kinderdorfmutter. Ausgesuchte Frauen, die meist aus einem urwüchsigen, natürlichen Lebensbereich irgendeines Bauernhofes kommen, charakterlich in Ordnung, religiös fundiert, altersmäßig reif (Kinderdorfmütter werden nur im Alter von 25 bis 35 Jahren aufgenommen), unverheiratet und kinderlos sind, bekommen diese große und schöne Verantwortung aufgebürdet. Diese Frauen werden geschult und getestet, in längerer Probezeit eingeführt und auf ihre spätere Funktion vorbereitet. Auf diese Weise kommen nur Frauen an die Aufgabe einer Kinderdorfmutter heran, die wirklich aus einem gesunden Herzen heraus ihre Mütterlichkeit in Einsatz bringen. Und auch persönliches Glück erwächst dadurch für diese Frauen selbst. Ein Glück, das tausendfach auf die Kinder übertragen wird. Willst du glückliche und frohe Frauen sehen, dann besuche das SOS-Kinderdorf Imst, könnte man sagen. Hier ist die Größe des Idealismus, die Fülle der Arbeit mit einem Haus und neun Kindern bei eigenem Herd zurückgetreten hinter fibrierender Wärme mütterlicher Liebe, die in ihrem Verströmen die Frau selbst bereichert.

Wo wäre neben einer solchen Frau wirklich Raum für einen Ehemann? Er, der in jeder natürlichen Familie so notwendig und unentbehrlich ist als Erhalter, als Autorität und als Vater eben im tiefsten Sinn des Wortes Bedeutung, muß hier, wo es sich um eine künstliche Familie handelt, in den Hintergrund treten, um nicht dieses glückliche, pädagogische Gebäude zu gefährden.

Die Kinderdorffamilie kann dem Kind die natürliche Familie nicht mehr zurückgeben. Die wirkliche Familie ist dem Kind freilich unersetzbar. Die Kinderdorffamilie kann immer nur Retortenfamilie sein, immer nur Ersatz sein, aber zu einem Raum werden, der möglichst nahe an den Lebensraum einer echten Familie heranreicht. Und noch nie in der Geschichte der Fürsorgeerziehung gelang es einer Institution, so enge Tuchfühlung mit der Wirklichkeit einer Familie zu finden, wie dem SOS-Kinderdorf. Die Mutter durch ein Ehepaar ersetzen aber hieße von der Wirklichkeit einer Familie wieder weit abrücken. Betrachten wir dieses scheinbare Paradoxon.

Wer ist dieses Ehepaar, das sich für eine solche Aufgabe zur

Verfügung stellen würde? Es kann normalerweise kein gesundes und glückliches Ehepaar sein. Ein solches wird eigene Kinder haben, ein solches wird sich eine eigene Wohnung geschaffen haben und der Vater seine Existenz. Ein gesundes Ehepaar wird von Anfang an bestrebt gewesen sein, eine glückliche Familie zu werden. Im Bewußtsein, daß dies das eigentliche Lebensziel für den einzelnen sowie für die Gemeinschaft im Volk darstellt. Wir wollen nicht darauf eingehen, daß diese Familie in ihrer klaren und gottgewollten Form heute bedroht ist. Denn nur die gesunde und stabile Familie mit der von ihr dafür geschaffenen Atmosphäre eines Daheims kann Vorbild für das SOS-Kinderdorf sein.

Ein gesundes, verwurzeltes Ehepaar, das sich diese natürliche Familienwelt geschaffen hat, wird keinen Grund, keine Veranlassung und kein Bedürfnis haben, ins Kinderdorf zu gehen. Es werden sich also vielfach Ehepaare für eine solche Aufgabe melden, die entweder wohnungslos, arbeitslos und kinderlos sind oder bei denen sonst etwas nicht in Ordnung ist. Darin beruht die grundlegende und erste Schwierigkeit.

Gelänge es aber wirklich, eine große Anzahl idealer Ehepaare zu finden, dann tritt sofort eine neue organisatorische Schwierigkeit zutage, die kaum zu überbrücken ist. Jeder dieser Ehemänner hat einen anderen Beruf erlernt. Im Kinderdorf selbst können sie nicht beschäftigt werden, und so muß für alle diese Männer in ihrem Beruf eine Arbeit in der Umgebung des Kinderdorfes gefunden werden. Hermann Gmeiner kann das SOS-Kinderdorf aber nicht in Städte hineinbauen, wo solche Möglichkeiten eher gegeben wären.

Hätte so ein Mann eine entsprechende Arbeit jedoch gefunden, bringt er natürlich wöchentlich oder monatlich seinen Verdienst nach Hause. Zur Erhaltung der Kinder bekommt die Frau jedoch die finanziellen Mittel vom Kinderdorf. Dadurch sind zwei Interessengruppen — man könnte auch von zwei Wirtschaftskörpern sprechen — geschaffen. Hier der Verdiener, der für das von ihm verdiente Geld etwas haben möchte, dort die Frau, die neun fremde Kinder mit einem anderen Geld unterhält und deren Verdiener daher nur in sekundärer Hinsicht der Mann ist.

Der Ehemann will aber auch Ehemann sein. Er möchte seine Frau auch für sich beanspruchen, verlangt von ihr einen Teil ihrer Zeit, ihrer Kraft, ihrer Liebe und ihrer Obsorge. Er möchte nicht jeden Abend mit ihr daheim verbringen, wo sie über die Wäsche oder die zu flickenden Strümpfe gebeugt ist. Neun Kinder jedoch verlangen ihre ganze Persönlichkeit. Sie nehmen sie in Anspruch Tag und Nacht, Woche um Woche. Ihre Tage werden ihr viel zu kurz. Da wollen die Kleinsten gewaschen und angezogen werden, die Großen vor dem Schulgehen noch umsorgt werden. Das Haus muß aufgeräumt und geputzt werden. Sie muß einkaufen gehen und kochen, und der Tag verläuft in Arbeit und Sorge und Hingabe für die Kinder. Wo bleibt hier der in jeder Ehe so notwendige Platz für den Mann? Freilich sind dies alles keine so entscheidenden Fragen in jeder natürlichen Ehe, wenn sie kinderreich ist. Aber letztlich sind es doch nicht die eigenen Kinder, denen sich hier seine Frau opfert und denen er rein aus der Natur des Mannes heraus niemals auch nur annähernd so innige Liebe entgegenbringen kann wie die Frau. Bald werden es die ‚frechen Bälger' sein, für die sie schon Zeit hat, für den angetrauten Mann aber keine. Und eines Tages wird er in seiner verständlichen seelischen Verzweiflung vielleicht das Gasthaus suchen, einen Kartentisch. Die Familienzerrüttung würde damit auch an die Pforten des Kinderdorfes klopfen. Dieses müßte seine Konsequenzen ziehen. Aber da würde sich herausstellen, daß es gar nicht möglich ist, dieses Ehepaar, das da dem natürlichen Ablauf der Dinge zufolge versagt hat, aus dem Kinderdorf zu entlassen, denn das Haus ist plötzlich ihre durch Gesetze geschützte Wohnung geworden.

Wird es ein gesundes Ehepaar sein, werden — wie bereits erwähnt — eigene Kinder nicht ausbleiben. In diesem Augenblick zerfällt die Familie jedoch in zwei Gruppen von Kindern, und die beste Mutter wird diese Kluft nicht überbrücken und auf die Dauer dieses Leid seelisch ertragen können. Kinder sind grausam zueinander. Die einen werden die Stiefkinder sein, und die eigenen werden auftrumpfen und ihre eigenen Eltern für sich allein wollen. Es ist immer die gleiche Erfahrung in jeder Pflegefamilie.

Wer einer solchen pädagogischen Form die Möglichkeit zuspricht, ist ein Phantast. Hier zeigt sich klar der Unterschied zwischen Theorie und Praxis. Was in der Theorie schöner aussieht und ideal, entfernt sich in der Praxis sehr vom eigenen Wollen mit dem Kinderdorf.

Das Experiment SOS-Kinderdorf hat also gerade deshalb Aussicht auf Erfolg, weil anstelle des Elternpaares die Mutter tritt, die ganz da ist, immer da ist, nur für das Kind da ist, dem Kind allein dient. Und dieses Kind — als ein seelisch krankes und geschädigtes Kind — braucht mehr an Fürsorge und Liebe und Opfer und Geborgenheit als alle anderen Kinder, die unter normalen Bedingungen aufwachsen.

Es ist aber nicht so, daß im SOS-Kinderdorf das väterliche Element fehlt. Man wollte von Anfang an die Gefahr einer einseitigen Mutter-Kind-Bindung neutralisieren. Dies ist geschehen durch die Einsetzung eines Dorfleiters für das SOS-Kinderdorf, der für die Kinder Autorität, für die Mütter Helfer und Ratgeber ist. Diese männliche Achse im Dorf kompensiert den fehlenden Vater in der Familie.

Wir leben ja in einer vaterlosen Zeit. Das Kind unserer Tage wächst ohne großen Einfluß des Vaters auf, der frühmorgens zur Arbeit eilt, mittags in der Kantine ißt und nach Hause kommt, wenn sich die Kinder zu Bett begeben. Vielfach werden die Kinder am Wochenende, wenn der Vater wirklich Zeit hätte, noch der Großmutter anvertraut, während die Eltern mit ihren Motorrollern über die Landstraßen hasten. Im SOS-Kinderdorf ist der Dorfleiter für die 120 bis 130 ihm anvertrauten Kinder ständig da. Und weil er sich all ihrer kleinen Sorgen und Nöte, ihrer Führung und Lenkung annimmt, wird hier ein Vaterersatz geschaffen.

Bei der Auswahl der Dorfleiter wird daher ein strenger Maßstab angelegt. Dabei ist es gar nicht sosehr die Frage nach einer fundierten Fachausbildung, sondern in erster Linie die Frage nach der Persönlichkeit. Zahlreiche SOS-Kinderdorfleiter kommen aus ganz anderen Berufen und sind keineswegs als Pädagogen oder Psychologen zu bezeichnen. Aber sie bringen menschliche Größe mit. Sie bringen Herz mit, Verstand, Liebe und eben Väterlichkeit.

Das Kind im SOS-Kinderdorf erlebt sich auf diese Weise mit der Mutter und dem Dorfleiter zusammen als ein ‚Wir' und handelt dementsprechend. Was aber könnte man dem Kind Wertvolleres mitgeben als dieses Wir-Erlebnis? Das ist alles, was Hermann Gmeiner will: Kinder das Gefühl der Geborgenheit in einer Familie erleben zu lassen; nur erleben zu lassen. Er will im Kinderdorf nicht bewußt erziehen. Hermann Gmeiner will das Kind erleben lassen. Deshalb finden sich im SOS-Kinderdorf keine Erzieher, sondern Mütter. Die Erzieher reden und gehen wieder. Die Mutter aber schweigt und bleibt. Die Erzieher operieren mit psychologischen Kniffen an einer Erziehungsschwierigkeit. Die Mutter verzeiht. Erziehung ist etwas Wunderbares und etwas Wundersames, wenn sie in der von Gott gewollten Bedeutung erlebt und gehandhabt wird. Sie ist deshalb so wundersam, weil sie dort ein Menschenkind zum Guten wandelt und formt, wo geliebt und gelebt statt nach Schema erzogen wird.

‚Die Entwurzelung der heutigen Jugend ist ein aufbrechendes Geschwür am kranken Leib der abendländischen Menschheit.' Diese Worte eines deutschen Gelehrten sollten uns die Augen öffnen. Hermann Gmeiner hat eine Therapie verkündet, die uns Hoffnung gibt, daß wir mit diesem Problem fertig werden können. Daher müssen wir seinem Experiment Beachtung schenken. Daher müssen wir ihm die Hand reichen. Daher dürfen wir nicht durch vorschnelle Urteile sein Unternehmen in Frage stellen.

Nachdem ich das SOS-Kinderdorf Imst besucht hatte, konnte

ich mich sogar des Gefühles nicht befreien, daß dort mehr als ein Versuch gestartet wird, der Jugendfürsorge einen neuen Weg zu weisen. Dieses Dorf strahlt so viel Licht aus, so viel Hoffnung, so viel Optimismus, daß man eines Tages eine Revolution des Guten von Imst aus erwarten darf. Wir haben in unserer Zeit allen Grund, einem solchen Aufbruch der Liebe die Weichen zu stellen."

Der Applaus nach meinen Ausführungen kam langsam, aber er kam und wurde immer stärker. Es gab eine rege Diskussion, die ich erwartet hatte. Meine Ausführungen hatten eingeschlagen. Und ich atmete befreit auf.

Draußen auf der Straße stand ich unerwartet Hermann Gmeiner gegenüber.

„Ganz gut für den Anfang", meinte er. Ich schnappte nach Worten: „Du bist gut! Läßt mich am Rednerpult in einer mir immer noch ziemlich fremden Materie schwimmen und sitzt gemütlich unter den Zuhörern, um dich dann über mich lustig zu machen!"

An diesem Abend beschlossen wir, in Linz ein kleines Büro zu eröffnen. Eine Zweigstelle. Von dort aus könnten wir den SOS-Kinderdorfgedanken noch mehr verbreiten und neue Mitglieder werben. Ich war begeistert. Dann aber kamen doch Bedenken.

„Wer soll denn dort die Arbeit machen?" meinte ich. „Du kennst doch meinen Redaktionsbetrieb. Mir bleibt kaum Zeit, nebenbei etwas zu tun."

„Blödsinn", sagte Gmeiner. „In diesem Büro wird eine Sekretärin sein. Ich weiß in Innsbruck ein Mädchen, das diese Arbeit auch in Linz ehrenamtlich machen würde. Wir müssen ihr nur eine Unterkunft verschaffen. Du mußt nur die Ideen geben. Du mußt das Büro nur in Schwung halten. Einen Schlachtplan aufstellen. Punkt für Punkt. Wenigstens kannst du auch einmal eine produktive Arbeit leisten!"

„Willst du behaupten, daß die Journalistik keine produktive

Arbeit ist? Wir schaffen doch täglich eine neue Zeitung mit Meldungen, Berichten und mehr oder weniger gescheiten Artikeln. Ich möchte schon bitten!"

„Jedenfalls", antwortete Gmeiner, „landet euer tägliches Produkt letzten Endes doch im Papierkorb oder im Feuer oder an einem nicht näher zu beschreibenden Ort. Arbeit für das Kinderdorf aber ist Arbeit für die Zukunft, weißt du. Du erlebst das Produkt deiner Arbeit. Du erlebst den Erfolg. Das hat tiefen Sinn."

„Meine Leitartikel haben auch tiefen Sinn, mein Herr!" entgegnete ich. „Aber ob Sinn oder Unsinn, ich kann sowieso nicht mehr anders. Ich werde tun, was ich kann."

Gmeiner hatte mich also eingefangen, und ich zappelte sehr vergnügt in seinem Netz. Denn die intensive Beschäftigung mit dieser neuen Welt des SOS-Kinderdorfes machte mich innerlich so frei, daß ich auch meine redaktionelle Arbeit mit viel mehr Schwung erfüllen konnte.

Der Kinderdorfbote

Zu jener Zeit war die von Hermann Gmeiner in Wien eröffnete Landesstelle des SOS-Kinderdorfvereines bereits in vollem Betrieb. Niederösterreich, Burgenland und Wien wurden von dort aus betreut und mit dem vierteljährlichen Kinderdorfboten versorgt. Dieser Kinderdorfbote, das wurde mir bald bewußt, war der Motor des Werkes von Hermann Gmeiner.

Im Frühjahr 1952 war er erstmals erschienen. Ein unscheinbares Flugblättchen in DIN-A4-Format. Er sollte die Freund- und Gönnermitglieder des SOS-Kinderdorfes vierteljährlich über die Arbeit des neuen Sozialwerkes informieren. Gmeiner wollte damit alle jene Menschen, die sich bereit erklärt hatten, monatlich einen Schilling zu opfern, zusammenhalten. Dieser so einfachen Finanzierungsidee sollte ein weltweiter Erfolg beschieden sein. Aber 1952 ahnte der Kinderdorfgründer noch nicht, daß einmal Millionen Menschen in aller Welt den Kinderdorfboten in verschiedensten Sprachen lesen und bereitwillig ihr kleines Scherflein für sein Werk beitragen würden.

Verantwortlich für die ersten Nummern des Kinderdorfboten zeichnete Fritz Haider. Er hatte inzwischen sein Abitur gemacht und wollte wie Gmeiner ganz für verlassene Kinder tätig sein. So wurde er als Sekretär des SOS-Kinderdorfvereines angestellt. Gmeiner war zufrieden mit dieser Lösung. Er übertrug ihm auch die Redaktion des Kinderdorfboten. Bald durfte Fritz Haider erleben, daß die Auflagezahlen dieses kleinen vierteljährlichen Mitteilungsblattes in die Höhe kletterten. An diesen steigenden Auflagezahlen zeichnete sich der Erfolg der Idee Hermann Gmeiners ab.

Ulrich im Waisenhaus

Jetzt wußte ich schon mehr über Ulrich. Das Schicksal des kleinen Buben hatte es mir angetan. Vielleicht war ich ihm auch dankbar dafür geworden, daß er mich aufgerüttelt hatte, für das SOS-Kinderdorf aktiv zu werden.

Jedenfalls saß ich eines Tages seiner Urgroßmutter gegenüber. Es war ein langes Umherirren gewesen, bis ich ihre Keusche ausfindig gemacht hatte.

Der Frühlingstag drang nur matt durch die winzigen Fenster in einen etwas muffigen Raum. Er warf ein paar Lichtstreifen auf das furchige Gesicht unter dem schwarzen Kopftuch. Ulrichs Urgroßmutter saß in einem Lehnstuhl und hatte ein Gebetbuch auf ihrem Schoß. Die Hände lagen müde darauf, der Kopf war vorgesunken. Sie schien zu schlafen oder zu träumen. Die knarrende Türe hatte sie aber doch aufgeweckt. Und sie schien gar nicht verwundert über meinen Besuch. Wahrscheinlich hatte sie viele Besuche gehabt in letzter Zeit. Nicht nur Polizei und Gendarmerie und Mordkommission. Die Nachbarn werden gekommen sein. Bekannte. Man ist neugierig. Man möchte seine

Nase gerne hineinstecken und sehen, wo der Mörder die letzten Tage und Stunden verbracht hat. Und aus welcher Kaffeeschale die Ermordete zuletzt getrunken hat. Die Welt ist grausam.

„Sind Sie von der Polizei?" fragte sie mich grußlos. „Oder vom Jugendamt?"

Ich klärte auf. Sie wurde unfreundlicher. „Laßt mich mit den Zeitungen in Ruh'! Zeitungsmenschen hab' ich genug da gehabt in letzter Zeit. Laßt doch eine alte Frau in Ruh'! Ich hab' ja alles gesagt, was es zu sagen gibt."

Aber ich war ja nicht gekommen, einen Bericht zu schreiben. Ich wollte nur von Ulrich hören. So ganz für mich. In jenem Augenblick kam ich mir als lästiger Eindringling vor. Was wollte ich wirklich da? Warum war ich hergekommen? Weshalb ließ ich dieser alten Frau nicht den Frieden, in den sie vielleicht eben ein wenig versunken war? Aber wir kamen dann doch ins Gespräch, und als der Name Ulrich fiel und sie hörte, daß ich nur gekommen sei, um mich über ihn zu erkundigen, wurde sie sehr lebendig. „Mein Gott, der arme Bub. Ich hab' ihn seither gar nicht mehr gesehen. Meine Füße sind so schwach. Ich bin froh, wenn ich bis in den Ort zur Kirche komme. Und zum Kaufmann. Der arme Bub..."

Zwischen Tränen und Hüsteln wurde mir dann das Schicksal von Ulrich offenbar. Ich hatte während meiner Studienzeit in Wien vielen Jugendgerichtsverhandlungen beigewohnt, da ich mir als Berichterstatter von einigen Zeitungen das Studium mitfinanzierte. Ich kannte also viele Leidenswege junger Menschen. Dennoch hat die Geschichte dieser alten, gebrochenen Frau eine neue Saite in mir zum Erklingen gebracht. Hier stand nicht mehr der Reporter, um über das Schicksal eines Kindes neugierigen Lesern zu berichten, sondern hier stand ein Mensch, bereit, zu helfen; bereit, in das Schicksal dieses Kindes einzugreifen.

„Wir hatten vier Kinder, mein Mann und ich. Drei Söhne fielen im Ersten Weltkrieg. Eine Tochter blieb uns erhalten. Mein Mann, der Hufschmied war, konnte den Verlust seiner drei Buben nie verschmerzen. Er wurde sehr krank. Und mit 50 war er im Grab. Die Schmiede wurde verpfändet. Ich zog in diese kleine Keusche. Meine Tochter heiratete und ging in die Stadt. Dort kam sie im Zweiten Weltkrieg bei einem Bombenangriff ums Leben. Ihr Mann blieb an der Front. Das einzige Kind dieser beiden kam zu mir. Mein Gott, das Lieserl war dann wie mein eigenes Kind. Ich hab' ja nichts mehr gehabt im Leben. Nur mein Lieserl. Und so hab' ich sie aufgezogen und hab' versucht, ihr das junge Leben so schön wie möglich zu machen. Mama hat sie zu mir gesagt. Wir hatten uns sehr lieb. Noch als sie 13 und 14 war, wollte sie jeden Abend, daß ich bei ihr am Bett saß und ihr Märchen erzählte. Sie war ein gutes Kind. Und fleißig. Schneiderin hat sie gelernt. Und dann tauchte dieser Gauner auf. Ich hab' ihn schon vom ersten Augenblick an nicht mögen. Er war mir so unheimlich. Ein Fremder. Aber das Lieserl ließ sich von ihm schöntun. Lieserl, hab' ich oft gesagt, laß die Finger von dem Kerl! Der ist nicht gut, Lieserl. Und du bist erst 16. Du bist noch ein Kind. Aber der Falott hat sie um seinen Finger gewickelt, und dann haben sie geheiratet. Was hab' ich damals geweint. Ich konnte ja nichts dagegen tun. Sie sind in die Stadt, und dort hat sie den Ulrich zur Welt gebracht. Später sind dann alle drei zu mir herausgezogen, weil das Zimmer, das sie in der Stadt bewohnten, gekündigt worden war. Er war Vertreter und viel unterwegs. Aber ich hatte wenigstens mein Lieserl bei mir und den kleinen Ulrich. Ich war sehr stolz auf den kleinen Kerl. Er ist so prächtig herangewachsen. Mit ihm wird alles wieder gut, hab' ich mir immer gedacht. Was hab' ich doch gebetet für Ulrich, damit er es einmal schöner haben wird als seine Großeltern und Urgroßeltern. Damit's keinen Krieg mehr gibt. Und mit einem Schlag ist alles aus. Er hat schon längst eine andere gehabt, der gemeine Mensch, und wollte mein Lieserl weg haben. Mir war damals schon so unheimlich, als er mit ihr zum Bach spazieren wollte. Ich kann gar nicht sagen, wie mir war. Vielleicht, weil er den Ulrich auf keinen Fall mitnehmen wollte. Aber der Ulrich hat geweint und geschrien, und dann haben sie ihn mitgenommen. Und als sie fort waren, hab' ich gespürt, daß etwas passieren wird. Und hab' geweint. Mir war so komisch. Als dann die Gendarmerie gekommen ist, hab' ich gewußt, daß etwas Furchtbares geschehen sein muß. Und ich hab' mein Lieserl nie mehr wiedergesehen und war ein paar Wochen lang sterbenskrank und gelähmt. Aber der Herrgott will mich nicht. Und so konnte ich nicht einmal beim Begräbnis von meinem Lieserl sein. Und den Buben hab' ich auch nicht mehr gesehen. Mein Gott, was wird der Ulrich mitmachen!"

Ich sah ihn nur durch die Oberlichte einer Türe, als ich am selben Abend ein Paket mit den wenigen Spielsachen, die Ulrich besessen hatte, in dem Waisenhaus abgab, in das er nach der Tragödie gebracht worden war. Er saß in einer Ecke des Raumes, in dem sich noch an die 20 andere Buben befanden, und träumte vor sich hin. Sein Gesicht war blaß. Es schien mir aufgedunsen. Ein hübsches Gesicht mit großen, blauen Augen darin. Sein blonder Haarschopf fiel ihm in die Stirn. Einmal sah er kurz auf und blickte zu mir herüber. Aber er nahm mich nicht zur Kenntnis.

Voll Gedanken kam ich heim. Mein damals einjähriger Michael schlief schon fest und tief. Seine Fäustchen lagen zusammengeballt unter seinem Kinn. Ich stand lange vor ihm, den Arm um meine Frau gelegt. Sie schien meine Gedanken wie immer zu erraten. „Wir werden ihm immer gute Eltern sein, gell?" meinte sie. Und ich ergänzte: „Und den anderen, die nachkommen, auch." Wir drehten das Licht ab, lauschten noch einmal den ruhigen Atemzügen des kleinen Kerlchens und verließen das Zimmer.

Vielleicht wird Ulrich jetzt auch in seinem Bett liegen. Vielleicht wird er noch wach sein und an seine Urgroßmutter denken, an seine Mutter, an seinen Vater, an die kleine Keusche. Und vielleicht werden jetzt Tränen über die blassen Wangen Ulrichs laufen. Er wird das Schluchzen verbeißen, weil sonst die Schwester kommen und „pssst" machen wird.

Der Feldzug fiel ins Wasser

Ich war sehr stolz auf unser erstes Kinderdorfbüro in der schmalen Hofgasse der Linzer Altstadt. Man erreichte es, wenn man über eine Hintertreppe in den ersten Stock stieg, sich durch einen engen, dunklen Gang zwängte, wieder über ein paar Stiegen stolperte und schließlich eine ausgewerkelte Türschnalle ertappte. Man mußte sich dann tief bücken, denn die Türe war sehr niedrig. Der Raum selbst war nach jeder Seite mit fünf Schritten zu durchmessen. Dabei quietschte der Boden, und von der Decke bröckelte Kalk. Das einzige Fenster mutete an wie der Ausguck aus einer alten Raubritterburg. Es wehrte sich entschieden, viel Licht in das Zimmer fallen zu lassen. Trotzdem war ich stolz, sehr stolz sogar, diesen Raum ausfindig gemacht zu haben. Denn er kostete an Miete nur ein kleines Taschengeld monatlich. Und als es uns gelungen war, sogar einen kleinen Schreibtisch bis in dieses Büro zu manövrieren und ein Telefon einzuleiten, eine mittelalterliche Schreibmaschine und eine ausgewerkelte Abziehmaschine geschenkt zu bekommen sowie ein paar ausrangierte Gasthausstühle billig im Dorotheum zu erstehen, war unsere Seligkeit voll. *Unsere* Seligkeit, denn ich hatte inzwischen auch die ehrenamtliche Mitarbeiterin aus Innsbruck bekommen. Sie hatte eine Tante fünften oder sechsten Grades in Linz ausfindig gemacht, wo sie kostenlos Quartier und Verpflegung erhielt. Unserem Eroberungsfeldzug in Oberösterreich stand nichts mehr im Wege. Wir begannen ihn — mit einer Flasche Wein, die wir zwei gemeinsam auf das Wohl des SOS-Kinderdorfes leerten und dabei unser Büro „Oase" tauften. Nun konnte es aber wirklich losgehen.

Und es ging los. Nämlich eine Unwetterkatastrophe in Linz, die die Donau über die Ufer treten ließ und den halben Hauptplatz unter Wasser setzte. Tausende Menschen waren obdachlos geworden, etliche ertrunken. Petrus hatte die Schleusen des Himmels dabei genau zu dem Zeitpunkt geöffnet, als wir unsere erste große Sammelaktion gestartet hatten. Über ganz Oberösterreich hatten wir eine Postwurfsendung verschickt. Wir hatten alle vorhandenen Geldmittel dafür aufgeboten, unser privates Geld miteingesetzt und die Rechnungen der Druckerei noch nicht bezahlt. Aber Petrus schien sich nicht darum gekümmert zu haben. Bis zu ihm war die Kinderdorfidee noch nicht gedrungen. Und so fiel diese Aktion im wahrsten Sinne des Wortes ins Wasser. Alles spendete nur mehr für die vordringlichste Hilfsaktion: für die von der Überschwemmungskatastrophe Betroffenen. Millionenschäden mußten gutgemacht werden. Tausende hatten ihr Hab und Gut verloren. Die sorgsam zusammengestellten Kinderdorfprospekte beachtete keiner. Am ersten Abend nach der Überschwemmung wanderte ich barfuß und mit aufgestreiften Hosenbeinen die überschwemmte Altstadt hindurch zu unserem Kinderdorfbüro, unter den Arm hatte ich wieder eine Flasche Wein geklemmt. Wir leerten sie nicht so fröhlich wie die erste in unserer „Oase". Aber wir hatten sie notwendig. Meine brave Sekretärin vor allem. Ich traf sie über den Schreibtisch gebeugt, den Kopf in den Händen verborgen und bitterlich weinend.

So begann der Feldzug für Hermann Gmeiner in Oberösterreich.

„Macht nichts", meinte damals Gmeiner lakonisch am Telefon, als ich ihm die Hiobsbotschaft durchsagte. „Das nächste Mal wird's besser gehen. Und alles Geld, was jetzt trotzdem aus dieser ersten Aktion eingeht, überweist du an den Katastrophenfonds in Oberösterreich."

Im Hauptquartier

Das nächste freie Wochenende in der Redaktion benützte ich zu einer Fahrt nach Innsbruck. Gmeiner hatte eine Besprechung seiner Mitarbeiter einberufen. Der Kreis war noch klein. Fritz Haider war da, der als Sekretär des SOS-Kinderdorfvereines die Hauptlast der Arbeit zu tragen hatte. „Ja, der Fritz", meinte

Gmeiner, „der hat es nicht leicht gehabt, um bei uns zu sein. Sein Vater wollte ihn unbedingt studieren lassen. Aber Fritz wollte gleich nach der Matura nur für das Kinderdorf arbeiten. Es kam zu einem richtigen Familienkonflikt daheim. Jetzt haben sich die Wogen geglättet, aber ich bin in der Familie Haider noch immer der böse Mann, der den Sohn von einer erfolgreichen Berufslaufbahn abgehalten hat."

Dann war Frau Helene Didl da. Ich sah diese Frau, von der mir Gmeiner schon erzählt hatte, zum ersten Mal. Genauso hatte ich sie mir vorgestellt: rundlich, mütterlich, mit heiteren Augen. Man begegnet solchen Frauentypen manches Mal — im Gewand einer Krankenschwester; als Hebamme oder Kindergärtnerin; als Bäuerin irgendwo auf einem Einschichthof oder einfach auf der Straße als Passantin, die einem niedergefallenen Buben auf die Beine hilft und aus ihrer großen Handtasche ein Taschentuch zückt, um ihm die Tränen abzuwischen. Es sind jene Frauen, in deren Nähe man sich geborgen fühlt. Von ihnen strahlt Sicherheit aus. Sie stehen wie Felsen im Leben. Scheinen nicht zu altern und sehen doch schon vom Leben ergraut aus. Eine solche Frau ist Mama Didl, wie Hermann Gmeiner sie taufte. „Sie war meine erste Helferin", erklärte er mir. „Sie war plötzlich da, als ich jemanden benötigte. Und war so da, als wäre sie immer schon dagewesen. Und sie griff sofort zu und kannte keine Müdigkeit, auch wenn wir Nächte hindurch arbeiteten, um Flugblätter abzuziehen und Bittbriefe zu schreiben. Dabei hat sie ein schweres Schicksal. Sie verlor ihren Mann, einen Baumeister, auf tragische Weise. Und acht Tage nach der Matura ihren einzigen Sohn. Die Arbeit bei uns gab ihr wieder Trost. Sie beansprucht das Vorrecht, das erste Kinderdorfmitglied gewesen zu sein. Und das kann man ihr auch nicht nehmen. Sie hat den ersten Schilling für unseren jungen Verein auf den Tisch gelegt. Und dann noch viel mehr dazu. Und spricht nie davon. Will keinen Dank, will nur Arbeit. Sie war unsere erste Mutter oben in Imst im Kinderdorf. Sie hat dort das erste Haus besiedelt. Sie hat Bahnbrecherin gemacht für den Beruf der Kinderdorfmutter. Und sie hat das genauso selbstverständlich getan, wie sie heute hier unseren Versand und die Kartei leitet. Ja, so ist sie, unsere Mama Didl."

Dann war Dr. Ludwig Kögl da. Er hatte Gmeiner 1946 an der Universität kennengelernt. Die beiden hatten viele gemeinsame Stunden verbracht, diskutiert und Probleme gewälzt. Sie waren darüber Freunde geworden. Als 1949 der SOS-Kinderdorfverein gegründet wurde, war natürlich Dr. Kögl als Gründungsmitglied mit dabei und in den folgenden Jahren ehrenamtlich als Vorstandsmitglied tätig. Bevor Gmeiner 1963 das SOS-Kinderdorfwerk über die Grenzen Europas hinaustrug, brauchte er einen Mann, der ihn von seiner Arbeit für die österreichischen Kinderdörfer entlastete. So wurde Dr. Kögl bereits im Dezember 1962 als erster Vorsitzender-Stellvertreter des österreichischen Vereines SOS-Kinderdorf gewählt und in der Folge hauptberuflich mit der Geschäftsführung desselben betraut.

Und es waren noch ein paar andere Männer und Frauen da, die auf ähnliche Weise zum Kinderdorf fanden und seit Jahren schon mitarbeiten, meist ehrenamtlich.

Ich war beeindruckt von dieser Gruppe Menschen. Es war ein anderer Menschenschlag. Diese hier sind stille Kämpfer für das Gute, ohne Aufhebens davon zu machen. „Wie hast du so viele prächtige Menschen gefunden, Hermann?" fragte ich verwundert. Er lächelte. „Ich hab' nicht viel dazu getan. Sie sind von selber gekommen. Und da bei uns nichts zu holen war, kamen schon die Richtigen. Sie waren einfach davon begeistert, ein Kinderdorf zu bauen. Und so saßen wir oft nächtelang beisammen und sprachen davon, wie wir dieses Werk aus dem Nichts heraus aufbauen könnten. Als schließlich der Widerstand von außen größer wurde, weil man uns tätig sah, kamen wir uns einander noch näher. Wir wurden zu Fanatikern. Manchmal saßen wir in unserem ersten armseligen Büro und wußten nicht mehr weiter. Aber dann hatte doch wieder einer von uns eine Idee, und wir waren wieder voll begeistert. Einmal war es ja besonders schlimm. Das war noch im Sommer 1949.

Beamte der Sicherheitspolizei hatten unsere Schreibtische plombiert. Unser Konto war gesperrt worden, und jede weitere Vereinstätigkeit wurde uns untersagt. Man hatte uns denunziert. Man hatte uns verleumdet. Ich lief damals von Pontius zu Pilatus. Alles half nichts. Ich bat nur, daß man doch eine genaue Überprüfung durchführen solle. Ein befreundeter Rechtsanwalt kam uns zu Hilfe. Aber erst nach wochenlangen Vorstellungen und Bitten erlaubte man uns mit vielen Einschränkungen, die Arbeit wieder aufzunehmen. Eine Überprüfung der Geschäftsgebarung wurde überhaupt nicht durchgeführt. Wir hätten alles in peinlicher Ordnung gehabt, und man hätte uns nichts nachsagen können. Es stellte sich aber heraus, daß die Behörde nur auf Grund der Anzeigen von Verbänden, die es mit Konkurrenzangst zu tun bekamen, gehandelt hatte. Das war damals ein schwerer Rückschlag für uns. Wir saßen auf dem trockenen. Unser kleines Häuflein war in dem engen Büroraum vereint, und keiner wußte einen Ausweg. Da läutete das Telefon. Ein Industrieller namens Draxel meldete sich. Ich hatte nie von ihm gehört. Er kündigte uns eine Spende von 12.000 Schilling an. Bei uns brach ein unbeschreiblicher Jubel aus. Wir sahen alles gerettet. Und in der hellen Begeisterung war damals wohl ich der einzige, der sich eingestand, daß wir damit nicht einmal die Kosten für die Gebühren bezahlen könnten, bevor wir überhaupt mit dem Bau des ersten Kinderdorfhauses beginnen konnten. Aber ich sagte damals nichts, denn für uns war diese überraschende Spende ein Ansporn zu neuer Arbeit. So sind wir durch schlechte und gute Stunden gegangen, mein erstes Fähnlein der Getreuen und ich. Und weil wir nicht nachgegeben haben, konnte das erste SOS-Kinderdorf in Imst wachsen."

Frau Didl mischte sich in unser Gespräch. „Da liegt halt ein Segen darauf, Herr Direktor!"

Gmeiner wehrte ab. „Aber der kommt nicht von allein. Gott hilft nur dem, der schafft und arbeitet."

„Und betet", fügte die Didl-Mama hinzu.

„Da hat sie schon recht", sagte Gmeiner. „Gebetet hab' ich

viel. Ohne dem geht's nicht. Darum sind wir irgendwo auch eine kleine religiöse Gemeinschaft geworden."

„Jetzt haben wir sogar unser eigenes Kinderdorfgebet", sagte Fritz Haider. „Der Bischof hat es approbiert. Hier ist es." Er zog einen Zettel aus der Tasche und reichte ihn Gmeiner. Dieser las vor:

„Eingedenk sein wollen wir aller, die unserer Gemeinschaft angehören. Im Geiste vereint bitten wir Dich, guter Vater im Himmel, bewahre uns in Deiner Hand und zeige uns stets den rechten Weg. Du hast uns zusammengeführt, laß uns Dir immerfort auch eines Herzens dienen. Gib, daß in unserer Gemeinschaft immer Eintracht und Einigkeit herrsche, bewahre das Kinderdorf vor allem Bösen, vor Sünde und Not. Verlasse auch unsere Angehörigen nicht, und vergilt Du es denen, die uns Gutes tun. Wie Du, guter Vater, uns alle liebst und verzeihst, so schenke auch uns füreinander Liebe und Verzeihung. Dank sei Dir, unser Herr und Gott. Amen."

Er hielt einen Augenblick inne. „Dieses Gebet werden von nun an jeden Tag alle Mütter und Kinder im SOS-Kinderdorf Imst sprechen und alle anderen auch, die an unserem Werk mitarbeiten. Und einmal werden es vielleicht Hunderte und Tausende Kinder beten in vielen Dörfern — und womöglich einmal in vielen Ländern und vielen Sprachen. Der Kinderdorfgedanke wird nicht zur Ruhe kommen. Imst muß Anfang sein. Imst wird das erste Modell sein. Das tägliche Gebet von so vielen Kindern und Erwachsenen wird eine gewaltige Kraftquelle sein."

Die Stunden in Innsbruck flogen dahin. Es gab viel zu besprechen. In Wien müßte man ein neues Büro ausfindig machen. Der jetzige kleine Raum war auf die Dauer ungeeignet. „Und Wien ist wichtig!" meinte Gmeiner. „Wir müssen uns von Tirol lösen, wenn wir uns über ganz Österreich ausbreiten wollen. In Innsbruck wird das Herz der SOS-Kinderdorfarbeit bleiben.

Aber der Kopf muß einmal in Wien sein. Dort müssen wir zum Kampf antreten. Dort müssen wir neues Feld erobern. Wir könnten von Wien aus einmal Hunderttausende Menschen für unsere Idee gewinnen."

Er war wieder einmal mitten in seinen geistigen Plänen. Wir schwiegen alle, denn Gmeiner beherrscht in solchen Stunden das Feld. „Wer kennt uns denn schon in Wien? Niemand! Die paar tausend Mitglieder fallen doch überhaupt nicht ins Gewicht. Die paar Wiener Zeitungen, die vor einem halben Jahr erstmals über uns berichteten, haben Imst schon lange wieder aus den Augen verloren. Aber wir müssen das Interesse wachhalten. Ich stelle mir vor, daß wir in Wien an alle Haushalte einen Brief versenden."

„Aber das sind ja Hunderttausende Briefe, Hermann!" lachte Fritz Haider auf.

„Und wenn es Millionen Briefe sind, wir müssen es einfach tun. Wir müssen so einen Schritt wagen. Freilich brauchen wir dazu die Presse, brauchen den Rundfunk, brauchen Propaganda. Sonst bedeutet das eine Pleite. Wir müssen Wien erobern!"

Wir saßen die ganze Nacht. Als ich am nächsten Tag wieder zurück nach Linz fuhr, fielen mir vor Müdigkeit im Zug die Augen manchmal zu, aber ich konnte nicht schlafen. In meinem Kopf drehte sich alles. War ich einem Verrückten auf den Leim gegangen, oder hatte ich mich einem Apostel der Gegenwart angeschlossen? Ich konnte alles noch nicht fassen. Was Gmeiner für Pläne entwickelte! Was er für Ideen hatte! Was er alles bauen wollte! Und womit? Nur mit seinem unbeirrbaren Glauben? Das Ganze kann doch wie eine Seifenblase plötzlich aus sein. Geplatzt. Zerronnen. In welch ein Wagnis lasse ich mich da ein? Habe ich nicht genug Arbeit in der Redaktion? Habe ich nicht große berufliche Chancen vor mir? Weshalb engagiere ich mich für diesen Imster Kinderdorferbauer? Dann sah ich sie wieder vor mir, seine Mitarbeiter aus Innsbruck. Keiner von diesen dachte an seinen persönlichen Erfolg. Keiner fragte, was

Die Kinder laufen ihm überall zu. Sie spüren, daß Hermann Gmeiner sie gern hat. Ihnen hat er sein Dasein verschrieben. Für sie das weltweite Werk begründet.

Sie war seine erste ehrenamtliche Helferin und wurde 1950 die erste SOS-Kinderdorfmutter: Frau Helene Didl aus Innsbruck.
Rechts oben: Das SOS-Kinderdorf Imst mit dem ersten Kinderdorfhaus, das den Namen »Haus Frieden« trägt.
Rechts unten: Die Imster Kinderdorfkinder ziehen ins Ferienlager.

Am Caldonazzo-See in Oberitalien ist schon 1953 das SOS-Feriendorf entstanden. Dort verbringen in den Sommerferien SOS-Kinderdorfkinder fünf unbeschwerte Ferienwochen. Caldonazzo ist heute der europäische Treffpunkt der SOS-Kinderdorfkinder. Oft wird es von rund 1500 Buben und Mädchen aus 12 europäischen Ländern bevölkert.

Mit ihnen in einem Boot; mit ihnen eine verschworene Gemeinschaft, das ist Hermann Gmeiner mit all den elternlosen und verlassenen Kindern der Welt, denen er mit seiner Idee geholfen hat, wieder ein Daheim zu finden. Hermann Gmeiner hat die unpersönliche Kinderkaserne ein für allemal in die Vergangenheit verwiesen.

Kinderelend überall in der Welt. Wo immer es dramatisch spürbar wird, ist SOS-KINDERDORF INTERNATIONAL rasch zur Stelle, um die eltern- und heimatlos gewordenen Kinder zu retten. Bild oben: Überschwemmung in Chile. Bilder rechts: Hungersnot in Korea.

Heute umspannen SOS-Kinderdörfer die ganze Welt. Eines der segensreichsten Projekte war die Errichtung der SOS-Kinderdörfer in Vietnam. Mitten in den Krieg hinein hat Hermann Gmeiner 1966 ein SOS-Kinderdorf mit 40 Häusern samt Schule und Krankenstation gesetzt, das in Österreich vorfabriziert und von Bremen aus nach Saigon verschifft wurde. Ein ehemaliger Bub aus dem ersten SOS-Kinderdorf in Imst/Tirol, Helmut Rutin (Bild rechts oben) leitet heute noch dieses Werk im Fernen Osten.

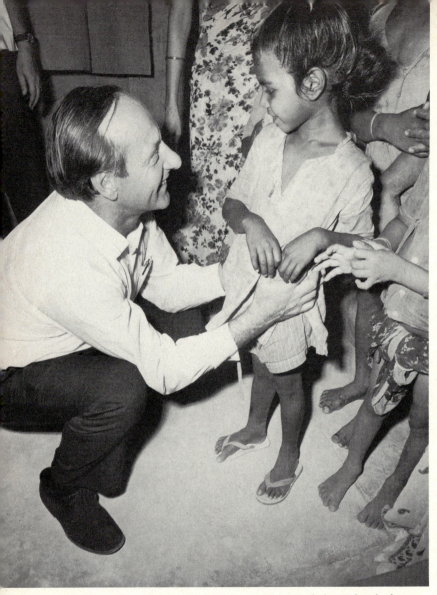

Als der unbarmherzige Krieg über Bangla Desh hereinbrach, hat die SOS-Kinderdorf-Organisation sofort Hilfe gebracht. Hermann Gmeiner holte selbst die ärmsten Kinder von der Straße.

Mütterlichkeit ist im Fernen Osten nicht minder gefragt wie in Europa. Das verlassene Kind erlebt wieder ein bleibendes Daheim (SOS-Kinderdorf Indonesien).

Auch in Afrika fiel die SOS-Kinderdorfidee auf fruchtbaren Boden. Das SOS-Kinderdorf ersetzt dem verlassenen Kind die Großfamilie.

In jedem lateinamerikanischen Land gibt es heute bereits SOS-Kinderdörfer. Unser Bild: SOS-Kinderdorf Quito/Ekuador.

Besuche aus aller Welt: Die SOS-Kinderdörfer sind heute wie ein Mekka der Nächstenliebe. Links: Königin Sirikit von Thailand im SOS-Kinderdorf Hinterbrühl bei Wien. Bild unten: UN-Generalsekretär Dr. Waldheim mit Gattin beim ersten Spatenstich zum SOS-Kinderdorf Bangkok.

Die Frau des ägyptischen Präsidenten, Jehan Sadat, läßt sich ebenso gern von Hermann Gmeiner durch eines seiner SOS-Kinderdörfer führen (rechts: in der Hinterbrühl 1976) wie der Dalai Lama, für dessen elternlose tibetische Flüchtlingskinder Hermann Gmeiner bereits drei SOS-Kinderdörfer im Norden Indiens und eines in Nepal erbaut hat.

Ehrungen für Hermann Gmeiner und seinen engsten Mitarbeiter Dr. Hansheinz Reinprecht: Ehrenbürgerschaft und goldener Schlüssel der Stadt Los Angeles.

er dabei verdienen könne. Jeder aber war voll Fanatismus. Und dann waren meine Gedanken plötzlich wieder bei meinem kleinen Freund Ulrich. Wenn wir was tun, wenn wir Geld bekommen, wenn wir weiterbauen, dann wäre einmal auch für ihn Platz.

Nein, es gab kein Zurück mehr. Weder für Hermann Gmeiner noch für seine Idee noch für den jüngsten Mitarbeiter, den er jetzt gewonnen hatte: für mich.

Fahrt nach Caldonazzo

Wir kamen nicht viel weiter bis zum Sommer mit unserer Arbeit für das SOS-Kinderdorf in Oberösterreich. Das Wasser hatte sich zwar wieder in die Donau verzogen, die ärgsten Schäden waren behoben, und rascher, als man gedacht hatte, gehörte diese Überschwemmung wieder der Vergangenheit an. Das Alltagsgeschehen rollte darüber hinweg, das normale Leben ging weiter, auch in unserer „Oase". Aber ich hatte viel Arbeit in der Redaktion, mußte zwischendurch auf einige Pressefahrten nach Frankreich und Deutschland und war oft tagelang durch Konferenzen und Tagungen blockiert. Wir begannen jedoch alle möglichen Adressenlisten zusammenzustellen und bereiteten eine erste Straßensammlung in Oberösterreich vor, die uns für den Herbst auch bewilligt wurde.

In Wien wurde in der Zwischenzeit ein neues Büro in den Tuchlauben ausfindig gemacht und bezogen. Die Bewilligung zur Abhaltung einer Wohltätigkeitslotterie hatten wir bekommen. Der Plan, einen jährlichen Kinderdorfkalender ins Leben zu rufen, tauchte auf. Mitgliederwerbeaktionen wurden gestartet. Anmeldelisten wanderten von Haus zu Haus. Ein Stab ehrenamtlicher Helfer war unermüdlich tätig, um neue Freunde für das Werk in Imst zu gewinnen.

Mittlerweile war die Ferienzeit herangerückt, und ich erhielt von Gmeiner eine Einladung, mir das Sommerferienlager des

SOS-Kinderdorfes in Caldonazzo bei Trient in Italien anzusehen.

Es war ein brütend heißer Tag, als ich in dieser italienischen Station den Zug verließ und auf die Suche nach dem Ferienlager ging. Meine Ankunftszeit hatte ich niemandem mitgeteilt. Schließlich aber fand ich das Lager. Direkt am herrlichen Caldonazzosee. Ein paar Zelte standen dort in der Nähe des Ufers. Kinder liefen herum. Wasser spritzte auf. Eine rot-weiß-rote Fahne mit dem Kinderdorfemblem — zwei Kinder mit dem angedeuteten Lebensbaum in der Mitte — wehte von einem hohen Fahnenmast. Hinter dem Lager ging es hinauf zu Weinbergen. Der ganze Platz machte den Eindruck eines kleinen Paradieses.

Hermann Gmeiner saß vor einem kleinen Zelt und schrieb.

„Melde mich gehorsamst beim Herrn Lagerkommandanten!" trat ich stramm vor ihn hin.

„Rührt Euch, weitermachen!" war seine Antwort, und dann meinte er, das Spiel weiterführend: „Laß Er sich gleich ein Zelt aushändigen und stelle es hier neben dem meinen auf!"

„Verzeihung, Herr Kommandant, aber hab' eigenes Zelt mit dabei!"

„Umso besser. Werden es gleich haben!"

Und während wir mein Zelt aufstellten, erzählte mir Gmeiner, wie er diesen herrlichen Platz ausfindig gemacht hatte.

Bald nach der Besiedlung des SOS-Kinderdorfes Imst hatte er erkannt, daß die Mütter einmal jährlich ausspannen müßten. Wohin mit den Kindern während einer solchen Urlaubszeit? Gmeiner fand die Lösung. Während die vorschulpflichtigen Kinder im Dorf zurückblieben und von einer Mutter betreut wurden, die dann später Urlaub machte, zog er während der Sommerferien mit den übrigen Kindern in das Ferienlager nach Caldonazzo. Dort waren Lehrer und Studenten als Erzieher tätig. Die Kinderdorfmütter konnten beruhigt sechs Wochen Urlaub machen und sich erholen. Ihre Kinder erlebten während dieser Zeit das Ferienparadies Caldonazzo.

Und so ist es heute noch, nur sind es inzwischen bald 2.000 SOS-Kinderdorfkinder aus zehn europäischen Ländern geworden, die dort ihre Ferien verbringen. Während die Buben in einer Zeltstadt am See hausen, wohnen die Mädchen in Bungalows in Caldonazzo. Gemeinsame Veranstaltungen, Sportwettkämpfe, Bergwanderungen, Spiele und Gesänge vertiefen die persönlichen Kontakte. Über Sprachen und Nationen hinweg sind die SOS-Kinderdorfkinder in Caldonazzo jährlich eine große europäische Familie von jungen Menschen, denen man nicht anmerkt, aus welch trostlosen Situationen die meisten von ihnen kommen.

Aber das alles stand selbst für Hermann Gmeiner damals noch in den Sternen. Oder hatte er eine Ahnung, die er uns allen gegenüber verbarg? Weshalb war er damals so sehr bemüht, möglichst viel Gelände am Caldonazzosee zu erwerben? Wir waren dagegen. Der Vorstand des Vereines wehrte sich gegen so große Ausgaben. Gmeiner aber setzte den Ankauf weiterer Grundstücke durch. Ohne diese damalige Investition wäre heute das internationale Ferienlager der SOS-Kinderdörfer nicht möglich. Ein Erwerb von Seegelände ist seit Jahren nicht mehr möglich. Die Grundstückspreise sind ins Gigantische gestiegen. Gmeiner hatte wieder einmal richtig gehandelt.

Obwohl es damals bei meinem ersten Besuch erst eine Handvoll Kinder war, die das Ferienlager Caldonazzo bevölkerte, lag schon der Zauber einer Zeltromantik über diesem idealen Ferienplatz. Noch gab's keine Betten wie heute. Die Kinder mußten sich Strohsäcke stopfen und hatten die Decken selbst mitgebracht. Noch war keine moderne Großküche da. Nur eine wackelige Baracke am Seeufer diente als Küche. Dort stand hinter einer ausrangierten Gulaschkanone aus dem Weltkrieg Mama Didl. Auch hier war diese erste Mitarbeiterin Gmeiners unentbehrlich. Und wenn die Suppe dampfte, dann schlug sie mit zwei Topfdeckeln aufeinander. Essenszeit! Und schon stürmten die Kinder mit ihren Eßschalen herbei. Am Abend gab es Lagerfeuer, Lieder, Lachen. Ich war begeistert.

Am letzten Tag meines Aufenthaltes in Caldonazzo gab es eine große Aufregung. Erich war abgängig. Ein elfjähriger Bub. Nach der Mittagsruhe wurde es entdeckt. Man erinnerte sich, daß er beim Mittagessen noch dabei war. Niemand hatte bemerkt, daß er dann verschwunden war. Nun war es fast drei Uhr. Eine genaue Zeltkontrolle blieb ergebnislos. Eine Großfahndung wurde eingeleitet. Mit allen Buben durchstreiften wir das umliegende Gelände. Erich blieb verschwunden. Ins Wasser konnte er nicht gegangen sein, denn ein Erwachsener hatte am Strand stets Aufsicht, und das Schwimmen geschah immer unter mehrfacher Kontrolle. Wo war Erich hingelaufen? Gmeiner ließ alle Zeltführer versammeln. Niemand wußte einen Anhaltspunkt. Vormittags war er noch bei jener Gruppe gewesen, die im Wald Heidelbeeren gesucht hatte. Er hatte, wie die anderen auch, ein großes Säckchen voll Beeren mit ins Lager gebracht. Abends sollte es Heidelbeeren mit Zucker als Nachspeise geben.

Als Erich am späten Nachmittag noch nicht aufgetaucht war, entschloß sich Gmeiner, die italienische Polizei zu verständigen. Zuvor ordnete er nochmals eine genaue Kontrolle des Lagergeländes an. Es erschien alles sinnlos. Aber die Zelte wurden erneut abgesucht. Ergebnislos. Plötzlich ein Freudenschrei von Frau Didl. „Hier ist er ja!" Und dann zog sie den Buben hinter dem Holzstoß in der Ecke hervor. Dort hatte freilich niemand nachgeschaut. Erich war verstört. Und verstockt. Nur langsam kam die Ursache seines Verschwindens an den Tag. Er hatte Streit mit Egon, einem aggressiven Buben. „Der Fall ist klar", meinte Gmeiner anschließend zu uns, „Erich ist ein schwieriger Junge. Streit verträgt er nicht. Da wird er bockig. Da beginnt er zu trotzen. Da zieht er sich zurück. Man muß das verstehen. Das Schicksal des Buben ist trostlos. Den Vater hat er nie gekannt, die Mutter hat ihn verschenkt. Zigeunern. Mit diesen zog er umher, bis er vier Jahre alt war und ihn die Fürsorge aufgriff. Dann kam er auf einen Pflegeplatz. Die Pflegeeltern aber waren trunksüchtig und roh. Während sie ins Gasthaus gingen, banden sie den Buben meist an ein Tischbein an. Und wenn sie besoffen nach Hause kamen und der Bub weinte, wurde er geschlagen. Im Fürsorgeakt heißt es, daß er mit Lederriemen gezüchtigt worden war. Der Bub konnte also nie seine Trotzperiode ausleben, und der Trotz wurde ärger und ärger. Als er schließlich in die Schule kam, versagte er vollends. Kaum ermahnte ihn der Lehrer, verließ er einfach das Klassenzimmer, stellte sich draußen hin und war nicht mehr zu bewegen, in die Klasse zurückzukommen. Die Fürsorge griff ein und gab den Buben auf einen anderen Pflegeplatz. Als Erich neun Jahre alt war, hatte er bereits acht verschiedene Pflegeplätze absolviert. Er war schwierig geworden. Niemand mochte ihn. Nirgends fand er Verständnis. Er war allein. Und begann die Erwachsenen zu hassen. Der Ausdruck dieser Ablehnung war der Trotz. In jener Zeit kam er dann zu Pflegeeltern, die einen kleinen Bauernhof hatten. Es waren noch vier eigene Kinder da. Erich war von Anfang an das Stiefkind. Während die eigenen Kinder spielen konnten, mußte er schon schwere Arbeiten verrichten. Er mußte im Stall schlafen, während die eigenen Kinder ordentliche Betten hatten. Er war der Ausgestoßene, das Aschenbrödel. Wenn irgendwo eine Fensterscheibe zerschlagen wurde, war Erich schuld, auch wenn er es gar nicht getan hatte. Immer hörte er nur die Worte ‚du Nichtsnutz!‘, ‚du fauler Bengel!‘, ‚du Gauner!‘. Nie bekam er ein gutes Wort. In der Schule versagte er vollkommen. Als er in seiner Verzweiflung einmal versuchte, den Stall in Brand zu stecken, wurde er vom Pflegevater erwischt und halb totgeschlagen. Dann griff neuerlich die Fürsorge ein, und Erich kam zu uns. Jetzt ist er fast ein Jahr im Kinderdorf. Er ist schwierig, aber sein Verhalten hat sich wesentlich gebessert. Auch in der Schule. Seine Kinderdorfmutter hat eine Engelsgeduld. Weil sie immer wieder verzeiht, weil sie immer wieder gut zu ihm ist, weil sie ihn viel lobt und selten tadelt — mit einem Wort, weil sie ihn gern hat, wurde der Bub anders. Er wird eines Tages ganz in Ordnung sein. Aber noch immer ist sein Wesen auf Verteidigung eingestellt. Er ist defensiv. Wird er angegriffen, zieht er sich zurück, verkriecht sich. Ich habe daher immer wieder verlangt, daß man Erich schont. Man muß langsam, ganz langsam versuchen, sein Wesen zu ändern. Noch verträgt er keine Spur von Strafe. Brüllt man ihn an, verfällt er sofort in heftigen Trotz. Das war auch jetzt der Fall. Nach diesem Streit mit Egon. Er ertrug es nicht. Er verkroch sich."

Abends, als die Kinder in ihren Zelten schliefen und die Erwachsenen um ein kleines Feuerl beisammensaßen, kam Gmeiner auf den Fall zurück.

„Es hat sich immer wieder gezeigt", führte er aus, „daß die Schwererziehbarkeit der Kinder weitgehend ihren Ursprung in einem ungesunden Milieu und in falscher Erziehung hat. Viele Erziehungsschwierigkeiten lösen sich immer wieder von selbst, sobald das Kind in eine geordnete und liebevolle Umwelt versetzt wird, in der Erwachsene Vorbild sind; in eine Umwelt, in der es vor allem eine gütige Frau gibt, die den Kindern eine Mutter ist. Es braucht freilich bei manchen Kindern lang. Aber der Genesungsprozeß ist bei allen im Gang. Manche ändern sich rasch. Manche brauchen wahrscheinlich Jahre, bis sie wieder normal sind. Nur Psychopathen ändern sich nicht. Mit solchen können wir dann nichts anfangen. Das sind medizinische Fälle. Wir hatten erst einen solchen Fall."

„Wir sind aber doch alle eine Summe von Anlagen, ererbt durch Generationen. Was läßt sich denn gegen diese Erbmasse tun? Diese wird ja doch immer wieder durchschlagen", warf ein Zeltführer ein, seines Zeichens Theologiestudent aus Innsbruck.

Gmeiner wehrte ab: „Nein, nein, wir dürfen die Anlagen nicht überbewerten. Wir dürfen sie freilich nicht unterschätzen, aber innerhalb dieser Anlagen ist vieles zu korrigieren, so daß letztlich der Charakter des jungen Menschen nicht nur das ausschließliche Produkt seiner Anlagen ist, sondern auch das Produkt der Erziehung; und natürlich das Produkt der Umwelt."

Über diese vielen Gespräche war es Mitternacht geworden. Der Mond erhob sich eben. Er schien aus dem See zu tauchen.

Es war plötzlich ganz still. Nur das Zirpen der Grillen lag wie eine wohltuende Musik in der Dunkelheit. In einem der Zelte schrie ein Kind auf, dann war es wieder ruhig. Da mag wohl eines dieser Kinder geträumt haben. Ein Erlebnis war im Schlaf an die Oberfläche des Bewußtseins geschwemmt worden. Wahrscheinlich ein tragisches Erlebnis. Solche hatten sie alle, die jetzt in den Zelten schliefen. Eine stumme Herde, die wieder geborgen ist.

Es war mein letzter Abend in Caldonazzo. Am nächsten Morgen sollte ich früh aufbrechen. Ich hätte aber lieber hierbleiben mögen, denn ich hatte einige Tage erleben dürfen, daß hier an der Zukunft gebaut wird. An einer lichteren Zukunft. Nicht nur für ein paar ärmste, verlassene Kinder. Sondern an einer lichteren Zukunft für uns alle.

Die Büchsen-Schlacht von Linz

Mein Gott, ich hätte mir eine Straßensammlung nie so aufreibend vorgestellt! Aber nun hatten wir in Oberösterreich schon einmal die Bewilligung dazu erhalten, also hieß es, diese Sammlung auch durchzuführen. Aber da taten sich die ersten Schwierigkeiten auf. Woher die Sammelbüchsen nehmen? Woher die Sammler nehmen? Wie organisiert man eine solche Sammlung? Ich war ein völliger Neuling darin.

Jede freie Minute des Redaktionsalltages verbrachte ich in unserer „Oase". Meine Sekretärin hatte sich dort sogar ein Notbett aufgebaut, weil sie zeitweise gar nicht dazukam, nachts noch heimzuwandern. Wir wollten die Sammlung ja nicht nur in Linz, sondern auch in den anderen größeren oberösterreichischen Städten durchführen. Das gab Korrespondenzen, gab Aufrufe, Vorsprachen in den Schulen, bei Jugendvereinigungen, Besprechungen und Abfassung einer ganzen Reihe von Unterlagen zur Erfassung der Sammler und zur Abrechnung des Büchseninhaltes. Eine Last fiel uns vom Herzen, als wir schließlich einige Hundert Sammelbüchsen vom Roten Kreuz erhielten. Weitere Sammelbüchsen schleppten wir von anderen Wohltätigkeitsorganisationen zusammen.

Unsere „Oase" glich einem Büchsenlager. Man konnte sich kaum mehr umdrehen in dem engen Raum. Eines Abends kam dann noch Gmeiner an. „Ich habe euch 200 Sammelbüchsen mitgebracht", meinte er, nachdem er sich in die „Oase" gezwängt hatte. „Komm, wir holen sie rasch vom Wagen herauf." Ich war schon auf dem Sprung in die Redaktion gewesen, aber zuvor wollten wir doch rasch die Büchsen in die „Oase" tragen. Wir hatten beide schwer aufgeladen und schleppten die auf einem Strick an den Henkeln aufgefädelten Blechbüchsen die enge Stiege hinauf. „Eine schwere Angelegenheit", stöhnte Gmeiner, und ich zog fest an dem Sammelbüchsenhaufen, um ihn die letzten Stufen hinaufzubringen. Da riß plötzlich der Strick. Ein ohrenbetäubender Lärm folgte. Die Büchsen kollerten scheppernd die ganze Treppe hinunter. Man hätte meinen können, das Haus stürze ein. Ein Teil der Büchsen rollte dann noch auf dem Steinboden des Hausflurs weiter und landete mit Höllenkrach an der Türe der Hausmeisterin. Nicht nur diese stürmte entsetzt aus ihrer Wohnung. Ich hatte nie gewußt, daß dieses alte Haus so viele Bewohner hatte. Alles um uns her war mit aufgeregt gestikulierenden Menschen bevölkert. „Ich hab' ja gleich nichts Gutes geahnt, als da so ein Bettelbüro ins Haus gekommen ist, nun sieht man's!" — „Aha, Sammelbüchsen! Dös hab' i schon gern. Mir ham gnua von der Büchsenschepperei seit die Nazi!" Und während Gmeiner und ich die Büchsen einsammelten und sie wieder an dem Strick auffädelten, ging das Geschimpfe weiter. Wir zwinkerten uns zu. Und als wir uns schließlich samt Büchsen in die „Oase" gerettet hatten, meinte Gmeiner: „Ja, das gehört auch dazu. Man muß sich durch manches durchbeißen." Dann setzte er sich auf einen der Büchsenhügel im Zimmer und steckte sich eine Zigarette an. Ich jagte in die Redaktion.

Um Mitternacht war ich dann wieder in der „Oase". Dort

hatten Gmeiner und die Sekretärin inzwischen die Büchsen plombiert. Ein Plan für den Einsatz von Sammlern wurde entworfen. Ich kam mir vor wie ein Kriegsstratege. War es nicht eine Schlacht, die uns bevorstand? Eine erste große Schlacht für die Idee Gmeiners auf oberösterreichischem Boden?

Ich hatte fest auf die Hilfe der Schulen gebaut. Ein Aufruf der Lehrer, dachte ich mir, würde genügen, um genügend Sammler zu bekommen. Drei Tage vor der geplanten Straßensammlung aber erhielt ich die Schreckensnachricht, daß die Schulbehörde sich von derartigen Sammelaktionen distanziere. Man wolle nicht die Schulkinder dazu animieren, mit Sammelbüchsen auf die Straße zu gehen. Irgendwie konnte ich das verstehen, und bei der Erinnerung daran, wie ich selbst als Bub während der Hitlerzeit mit der Sammelbüchse an den Straßenecken stand, um für eine kleine WHW-Spende zu bitten, war mir nicht wohl zumute. Ich war auch zu schüchtern gewesen, um jedem Passanten die Büchse scheppernd unter die Nase zu halten. Und nun sollte ich selbst eine derartige Sammlung inszenieren. Zum Glück hatte mir in den Bezirksstädten das Rote Kreuz die Hilfe zugesagt, Sammler besorgt und die Bezirksstellen als Hauptquartiere zur Verfügung gestellt. Die Schlacht mußte aber in Linz geschlagen werden. Von dem Einsatz in der Landeshauptstadt hing das Ergebnis ab. Und hier hatte ich jetzt drei Tage vor dem Start keinen einzigen Sammler.

Ich war nicht fähig, am nächsten Tag einen Leitartikel zu schreiben, schob an redaktioneller Arbeit von mir ab, was möglich war, und verfaßte einen Aufruf an die Kinder:

„ACHTUNG! WICHTIG! LESEN!
Liebe junge Freunde!
Habt ihr schon etwas von einem SOS-Kinderdorf gehört? Das ist ein Dorf für verlassene Kinder, die keine Eltern mehr haben. In Imst in den Tiroler Bergen wurde ein solches Dorf bereits erbaut. Ärmste Kinder dürfen dort wieder glücklich aufwachsen. Sicher willst auch du ein klein wenig mithelfen, so ein

ärmstes Kind wieder froh zu machen. Du kannst das tun, wenn du uns mithilfst, am kommenden Sonntag für dieses Werk zu sammeln. Melde dich — nachdem du deine Eltern gefragt hast — heute noch in der Landesstelle des SOS-Kinderdorfes, Linz, Hofgasse 12."

Tausende solcher Aufrufe wurden in Eile abgezogen. Wir hatten nur mehr zwei Tage Zeit. Ich hatte Pfadfinder organisiert, die mir helfen wollten, diese Flugzettel an Jugendliche zu verteilen, und stand selbst schon um sieben Uhr morgens vor der größten Schule in Linz und verteilte die Flugblätter.

„Was treibt Sie denn vor unsere Schule, Herr Doktor?" hörte ich während meiner seltsamen Beschäftigung eine Stimme hinter mir. Es war der Direktor der Anstalt. Natürlich, ich hatte ihn ja kürzlich bei einer Lehrerkonferenz interviewt. Ein mitleidiger Blick auf meine Flugzettel folgte. Dann ein noch mitleidigeres Lächeln! Jetzt hieß es stark bleiben, schoß es mir durch den Kopf. „Man muß eben manchmal mehr tun, als man tun muß", meinte ich lakonisch. Unwillkürlich hatte ich Gmeiners Worte gebraucht.

„Ich helfe dem SOS-Kinderdorf, wissen Sie!" Der Direktor wurde stutzig und las einen Flugzettel durch. Dann nahm er mich mit in seine Kanzlei.

„Aber meine Flugzettel!" begehrte ich auf.

„Das werden wir schon hinkriegen", antwortete er.

Es hatte schon längst zur ersten Unterrichtsstunde geläutet, als wir noch immer in seinem Büro beisammensaßen und über Hermann Gmeiner und das Dorf in Imst sprachen. „Ich helfe Ihnen gerne", sagte zum Schluß der Direktor. Ich hatte einen Mitarbeiter gewonnen. Er wurde einer der Treuesten. Und ich glaube, er saß an jenem Vormittag ununterbrochen beim Telefon, um alle seine Kollegen in Linz zu alarmieren, doch Schüler für die kommende Sammlung bereitzustellen.

Es war Samstag geworden. Wir hatten in unserer „Oase" alle Vorbereitungen abgeschlossen. Listen und Bücher lagen bereit, ebenso Ausweise für die Sammler. Es konnte losgehen. Meine Sekretärin und ich saßen ziemlich wortkarg in unserem Büro und warteten. Den ganzen Vormittag rührte sich nichts. „Sie sind ja alle in der Schule", meinte meine tapfere Mitkämpferin. „Sie werden schon kommen!" Und wirklich, gegen ein Uhr klopfte es an der Türe. „Herein!" riefen wir beide gleichzeitig. Meine Sekretärin schob die Liste zurecht und zückte den Bleistift. Dann sahen wir uns einem Polizisten gegenüber.

„Sie wollen eine Sammlung machen? Ich hab' da ein paar Flugzettel gefunden. Was soll das?"

Das fehlte uns gerade noch! „Wir haben die Erlaubnis", beherrschte ich mich mühsam.

„Wo ist Ihre Sammelbewilligung?"

Ich zeigte sie vor. Der Beamte studierte sie eingehend. Dann salutierte er und verzog sich. Wir atmeten auf.

Aber dann kamen sie. Kleine Buben und große, schüchterne und freche, rotbackige, blasse und sommersprossige. Und dazwischen auch eine Menge Mädchen. Schwarzlockige und blondbezopfte. Wir hatten alle Hände voll zu tun. Die Büchsen wanderten wie warme Semmeln aus unserer „Oase". Die Listen füllten sich. Als es von dem nahen alten Dom fünf Uhr schlug, händigten wir einem kleinen Mädchen die letzte Büchse aus. Telefonanrufe in den Bezirksstädten sagten uns, daß auch dort alles in Ordnung war. Die Roten-Kreuz-Stellen hatten die Sammelbüchsen ausgegeben.

„Müssen Sie nicht in die Redaktion?" fragte meine Sekretärin. Ich hatte gar nicht daran gedacht, aber dann jagte ich fort. Kopfschüttelnd empfing man mich dort. „Den hat's!" hörte ich unseren Wirtschaftsredakteur flüstern. Jawohl, mich hatte es; mich hatte es gepackt. Das war eine richtige Aufgabe. Eine Aufgabe für ein echtes, menschliches Ziel.

Aber noch war die Schlacht nicht geschlagen. Der Sonntag würde entscheiden. Als ich um Mitternacht im Radio die Wettervorhersage hörte, sah ich die Sammlung trostlos abschwimmen. Regen war vorausgesagt. Was Ärgeres hätte uns nicht passieren können. Ich hatte noch zu viel Vertrauen in diese Wettervorhersagen. Es regnete natürlich nicht. Es schien die Sonne. Ein herrlicher Morgen warf mich aus dem Bett. Meine Frau hatte nur mehr einen mitleidigen Blick für mich, als ich ohne Frühstück aus dem Haus stürmte. Ich hätte nicht so zu eilen brauchen, denn es gab nichts zu tun in der „Oase". Nur zu warten. Ich hielt es aber nicht aus im Büro. So wanderte ich durch die Stadt.

Da standen sie überall, meine braven Buben und Mädchen. Und wie sie sammelten! Wie sie den Leuten nacheilten! Wie sie schepperten!

Die erste Sammelbüchse brachte uns die Polizei.

„Wir haben sie aufgebrochen am Donauufer gefunden", meinte mürrisch der Beamte. O Gott, konnte denn nichts in Ordnung gehen! Es blieb zum Glück der einzige Fall. 860 Büchsen hatten wir ausgegeben. 796 hatten wir bis zum Abend mehr oder weniger gefüllt im Büro. Den anderen fuhr ich in den darauffolgenden Tagen nach. Wir hatten ja alle Adressen der Sammler. Der eine hatte überhaupt vergessen, daß er sich eine Sammelbüchse besorgt hatte. Der andere war mit den Eltern übers Wochenende unterwegs gewesen. Wieder andere waren krank geworden, hatten den weiten Weg von daheim bis in unser Büro gescheut oder waren sonstwie verhindert gewesen, die Büchse zurückzubringen.

Noch aber war es Sonntag abend. Wir saßen in unserer „Oase" und arbeiteten fieberhaft. Die Büchsen türmten sich auf. Kinder kamen und gingen, fragten und erzählten, lärmten die Hofgasse herauf und machten das arme Haus, in dem sich unser Büro befand, zu einem Hexenkessel. Die Hausmeisterin war einem Nervenzusammenbruch nahe. Sie war bereits heiser vom Schimpfen. Die übrigen Hausbewohner debattierten erregt im Stiegenhaus. Manch einer stürmte in unsere „Oase". Ich war ihre Schimpfkanonaden bereits gewohnt. Ja, ja, die Kinder machten einen entsetzlichen Krach. Und wir standen inmitten dieses Trubels und kämpften. Als die Hausmeisterin um sieben

Uhr abends die letzten Kinder, die sich auf den Treppen herumtrieben, aus dem Haus und mit Donnerkrach die Haustür in die Angeln warf, saßen meine Sekretärin und ich hilflos von gefüllten Sammelbüchsen verbarrikadiert in unserem Büro und blickten uns schuldbewußt und ziemlich am Rande eines körperlichen und seelischen Zusammenbruchs an. Plötzlich wurde uns das Komische dieser Situation bewußt, und wir lachten wie auf Kommando zugleich los. Wir lachten und lachten und lachten. Da klopfte es. Die Hausmeisterin, schoß es mir durch den Kopf. Das Lachen verging uns ebenso plötzlich, wie es gekommen war. Wir starrten gebannt zur Türe. Aber da trat liebenswürdig lächelnd Mama Didl ein. Mir blieb der Mund offen.

„Nein, was ihr treibts!" rief sie. „Zuerst muß ich alle List aufwenden, damit mir eure Hausmeisterin überhaupt das Tor aufsperrt, nachdem sie gehört hatte, daß ich in euer Büro will. Und dann schlage ich mir zehnmal den Kopf an in dem finsteren Irrgang bis hierher. Und jetzt hockt ihr hier eingemauert hinter Sammelbüchsen und habt einen Lachkrampf!"

Wieder einmal war Mama Didl von Hermann Gmeiner in Einsatz geschickt worden. Er hatte gespürt, daß es bei uns hier hart auf hart ging. Da konnte nur Mama Didl Ordnung machen. Und wie sie Ordnung machte! Drei Tage und Nächte saß sie fast ununterbrochen und zählte den Inhalt der Büchsen. Diese Arbeit hatte ich ja total unterschätzt. Ich glaubte, daß dieses Geldzählen schon beim Abgeben der Büchsen geschehen könne. Als ich dann bei der ersten Büchse die Plombe abbrach und das Geld vor mir auf den Tisch schüttete, überkam mich schleichende Angst. Ich zählte mindestens 15 Minuten. Und an die 1.500 Büchsen waren zu zählen. Das würde ja rund 400 Stunden benötigen!

In leeren Waschpulverkartons türmten sich die Geldstücke. Nach drei Tagen mußte ich erkennen, daß wir so nicht weiterkamen. Wir schwammen in Geld und Büchsen, und es sah chaotisch aus. Nur Mama Didl saß unbewegt und zählte wie eine Maschine. Sie wäre noch wochenlang gesessen und hätte alle Büchsen entleert, hätte ich nicht zufällig einen alten Freund getroffen, der Direktor einer Linzer Bank war. Ich klagte ihm mein Leid. „Sag einmal", fragte er mich verwundert, „bist du so naiv? Oder tust du bloß so? Wofür gibt es denn Institute, die sich nur mit Geld abgeben? Her mit dem ganzen Geklimper! Das haben wir in einem Tag."

Mit einer Aktentasche voll leeren Säcken stolzierte ich in unsere „Oase". „Aufhören, Kinder!" rief ich. Frau Didl war nicht sehr erbaut darüber. Sie vertraute ihrem eigenen Fleiß mehr als der Erfahrung anderer. Aber es half ihr nichts. In wenigen Stunden war mittels einiger Dienstmänner das Geld auf der Bank, und bereits am nächsten Tag hatte ich das Ergebnis: 147.683,21 Schilling. Es war nicht zu fassen! Damit könnte man ja ein halbes Kinderdorfhaus bauen!

So hatten wir unsere erste Schlacht für Gmeiner geschlagen. Daß wir noch Scherereien mit der Polizei hatten, Ärger mit den Hausbewohnern und zu allem Überdruß noch die Kündigung der Hausbesitzerin wegen Ruhestörung, sei nur am Rande bemerkt. Was konnte mich jetzt noch aus der Fassung bringen? Ich hatte mich durch die ersten Schwierigkeiten durchgebissen und die ersten Hürden genommen. Ich hatte hineingeschmeckt in die opfervolle Arbeit aller Kinderdorfmitarbeiter und hinter die Kulissen dieses jungen Sozialwerkes geblickt. Und da erfüllte mich plötzlich noch mehr Hochachtung vor Hermann Gmeiner und allen seinen Freunden. Ich begann zu ahnen, wie schwer der Weg war, den er bisher zurückgelegt hatte. Und ich begann zu ahnen, wie steil der Weg noch sein würde, der vor ihm lag. Er braucht auch dich, sagte ich mir. Du kannst ihn nicht im Stich lassen. Also weiterkämpfen, weiterarbeiten!

Ein Dorf in Oberösterreich?

Inzwischen hatte es sich natürlich in Linz herumgesprochen, daß ich nicht nur politische Leitartikel verfaßte, sondern mich ehrenamtlich einem Sozialwerk zur Verfügung gestellt hatte, das immer mehr von sich reden machte. Der Sozialreferent von Oberösterreich, Landesrat Franz Plasser, ließ mich zu sich bitten. „Ich war neulich in Imst", meinte er, „und habe mir alles genau angesehen. Und nun höre ich, daß Sie sich für Hermann Gmeiner einsetzen. Glauben Sie denn wirklich, daß sein Werk Erfolg haben wird?"

„Es muß Erfolg haben", antwortete ich, „denn es ist eine Idee dahinter. Es ist ein Wille dahinter. Es ist eine ehrliche Bereitschaft dahinter, neue Wege in der veralteten Fürsorge zu gehen."

Das ließ er nicht auf sich sitzen. Ich war typisch in das Fettnäpfchen getreten.

„Mein lieber Herr Doktor", begann er gedehnt. „Sie wissen selbst am besten, was wir in den wenigen Jahren seit Kriegsende hier in Oberösterreich auf sozialem Gebiet getan haben. Sie kennen unsere neuen Heime und Anstalten. Sie waren doch im vergangenen Jahr mit mir unterwegs, diese Arbeit zu studieren. Sie können uns doch nicht den Vorwurf machen, daß wir nicht auch allen Ernstes neue Wege gehen und versuchen, die Probleme nach den modernsten Gesichtspunkten zu lösen. Und was das Kinderdorf dort in Imst betrifft, so ist das sicherlich ein ganz netter und sauberer Betrieb, aber letztlich halte ich den Pflegeplatz noch immer für die beste Lösung, wenn ein Kind nicht sowieso adoptiert werden kann."

Wir gerieten in eine lange Diskussion, an deren Ende er mir sagte: „Wenn Gmeiner einmal daran denken sollte, auch in Oberösterreich ein SOS-Kinderdorf zu bauen, werde ich ihm keine Schwierigkeiten in den Weg legen."

Nachdenklich ging ich fort. Ein SOS-Kinderdorf in Oberösterreich! Daran hatte ich ja noch nie gedacht. Aber daran war wohl auch nicht zu denken. Gmeiner müßte froh sein, wenn er Imst als Muster-SOS-Kinderdorf zu Ende bauen konnte. Damit hätte er doch viel getan. Damit hätte er doch ein Modell geschaffen, von dem sich die öffentliche und private Fürsorge unserer Tage eine Scheibe abschneiden konnte. Nein, an ein Dorf in Oberösterreich war wohl nicht zu denken. Gmeiners Optimismus stand ich bisher immer etwas skeptisch gegenüber. Seine kühnen Zukunftspläne hatten mich wohl für den Augenblick immer mitgerissen, wenn ich aber dann allein war und sachlich darüber nachdachte, mußte ich meist lächeln darüber. Nein, ein solcher Phantast war ich ja nun gerade nicht.

Ich war ja auch noch kein richtiger Kinderdörfler zu jener Zeit. Und so hatte ich einige Tage später wieder vergessen, was mir der Landesrat zum Abschied gesagt hatte. Es erschien mir nicht mehr als eine höfliche Abschiedsfloskel.

Diesen Gedanken hatte aber in der Zwischenzeit auch der Landeshauptmann von Oberösterreich, Dr. Heinrich Gleißner, ausgesprochen, der sich das SOS-Kinderdorf Imst ebenfalls angesehen hatte. Er war auf der Durchfahrt nach Vorarlberg gewesen. Er wollte auf leisen Sohlen das kleine Dörfchen besichtigen, von dem man jetzt zu sagen begann, daß fast 100.000 Menschen es schon monatlich mit einer kleinen Spende finanzierten. Der Wegweiser an der Bundesstraße 1 nach Imst war überdies auch zu verlockend. Kinderdorf! Man konnte sich ja keine rechte Vorstellung davon machen. Aber dem guten Landeshauptmann gelang sein Inkognitobesuch nicht. Er lief Hermann Gmeiner prompt in die Hände. Und Gmeiner wußte den guten Fang zu nützen. Sollte ein Landeshauptmann ruhig einmal ein wenig zu einer offiziellen Festspieleröffnung zu spät kommen! Hier ging es um kein Theater. Hier ging es um Kinder. Um die Zukunft.

Der Landeshauptmann wehrte sich auch nicht gegen die ausgiebige Führung. Er war ein Kindernarr. Und was er da oben in dem schmucken Dörfchen sah, ging ihm ganz tief unter die Haut. Da war ja wirklich etwas dran. So etwas sah man nicht alle Tage. Das sorgenschwere Gesicht eines Landesvaters in einem besetzten und von wirtschaftlichen und sozialen Problemen geprüften Land hellte sich auf. Hier war ein Lichtblick. Hier war endlich etwas Frohes, das in die Zukunft wies.

„Das ist ja eine richtige Insel der Liebe in unserer Zeit", meinte er.

Gmeiner hakte ein. „Aber das haben erst wenige erkannt, Herr Landeshauptmann."

„Wundern Sie sich darüber?" war dessen Frage. „Gute Dinge wachsen nur im verborgenen."

„Aber sie müssen einmal an die Oberfläche!"

„Wenn sie gut sind, kommen sie von selbst ans Licht, darüber brauchen Sie sich keine Sorgen zu machen, Herr Gmeiner!"

„Ich mache mir aber Sorgen, weil ich nicht ein bißchen Verständnis finde bei den Behörden."

„Sie brauchen in erster Linie das Verständnis der Bevölkerung. Die Behörden sind ein schwerfälliger Apparat."

„Aber manchmal braucht man Behörden."

„Sie werden auch ohne sie durchkommen."

„Ich weiß nicht, ob ich die Kraft dazu habe."

Der Landeshauptmann klopfte Gmeiner auf die Schulter: „Menschenskind! Wenn einer so viel Kraft besitzt, ein derart schönes Dorf für Kinder aus dem Nichts aufzubauen, dann hat er genug Kraftreserven, sein Werk gegen alle Widerstände zu behaupten. Das lassen Sie sich gesagt sein!"

„Man kann mich aber noch immer umbringen; mein Werk und meine Idee", malte Gmeiner bewußt schwarz, um den hohen Gast noch weiter aus der Reserve zu locken.

„Das Gute kann man nicht umbringen. Hat uns das nicht auch der letzte Krieg gezeigt?"

„Aber man kann seine Verwirklichung hinauszögern. Und das geht auf Kosten zahlreicher ärmster Kinder."

„Es geht hier um mehr als um ein paar Kinder", sagte Landeshauptmann Dr. Gleißner nachdenklich. „Hier geht es um eine Idee der Liebe. So etwas braucht einfach Zeit zum Durchbruch.

Aber ich lasse mir nach alledem, was ich jetzt hier gesehen habe, die Meinung nicht nehmen, daß dieser Durchbruch bevorsteht."

Gmeiner schwieg. Er spürte, daß er einen Freund gewonnen hatte. Und dieser meinte jetzt zum Abschluß seines Besuches in Imst: „Wir werden eines Tages so ein Dorf in Oberösterreich bauen. Besuchen Sie mich einmal in Linz. Wir werden darüber sprechen!"

Gmeiner gibt Rechenschaft

Imst hatte nun 15 schmucke Kinderdorfhäuser und beherbergte 130 Kinder. Hermann Gmeiner konnte erstmals ein wenig anhalten und zurückschauen. Er tat es nicht gern, denn sein Blick ist immer in die Zukunft gerichtet. An einem Spätherbsttag 1954 jedoch hielt er vor seinen Freunden im Vorstand des Kinderdorfvereines Rückblick.

„Wir sind jetzt fünf Jahre einen gemeinsamen Weg gegangen, meine Herren", sagte er, „und ich möchte Ihnen einmal danken; danken dafür, daß Sie mir immer das Vertrauen geschenkt haben in schönen und in schweren Stunden. Es gab viele schwere Stunden bis heute, und oft hat es ganz dunkel ausgesehen um unser Werk."

Sein Blick streifte die zwölf Männer und Frauen, die seit Jahren den Verein SOS-Kinderdorf repräsentierten. Es waren durchwegs Persönlichkeiten, die in einflußreichen Positionen im Berufsleben standen und sich nach und nach ehrenamtlich zur Verfügung gestellt hatten, um dem kleinen, energischen Medizinstudenten zu helfen, seine Idee vom Kinderdorf zu verwirklichen. Es gehörte viel Glauben an Gmeiner und seine Idee dazu, diese fünf Jahre durchzuhalten. Niemand konnte voraussehen, wie sich dieses Unternehmen entwickelt. Jeder bürgte mit seinem Namen dafür. Mancher vielleicht auch mit seiner öffentlichen Funktion. Denn Sozialwerke blühten viele auf nach dem Zweiten Weltkrieg. Einige verschwanden bald wieder so geräuschlos, wie sie aufgetaucht waren. Nicht wenige aber platzten mit einem Skandal. Das gab der Presse neue Nahrung, vor solchen Gründungen zu warnen und die Bevölkerung darüber aufzuklären, daß man zurückhaltend sein möge, neue Sozialvereine finanziell zu unterstützen. Diese Männer und Frauen im Verein Hermann Gmeiners aber hatten durchgehalten. Keiner sprang ab. Sie hatten ein blindes Vertrauen gewonnen zu dem Vorarlberger, der so viel Optimismus ausstrahlte und sich von keiner Schwierigkeit mutlos machen ließ.

Gmeiners Blick blieb an einem dieser Männer haften, der, sein kahles Haupt auf die Arme gestützt, fast belustigt dem Redner folgte. Es war Dr. Gschließer, die Säule des Vorstandes. Die Tiroler Landesregierung hatte ihn seinerzeit beauftragt, bei diesem jungen Verein nach dem Rechten zu sehen. Der stellvertretende Landeshauptmann war ja der erste Befürworter Hermann Gmeiners geworden, seit er einziger offizieller Gast bei der Gleichenfeier zum ersten Kinderdorfhaus in Imst gewesen war. Er hatte damals Feuer gefangen für diese Handvoll Idealisten um Gmeiner. Und er wollte ein wenig helfen. Er wollte vielleicht aber auch diese jungen Menschen davor bewahren, daß sie an ihrem gewagten Experiment scheiterten. So hatte er Dr. Gschließer, der in hoher öffentlicher Funktion und als Wirtschaftsexperte eine anerkannte Persönlichkeit in Tirol war, aufgefordert, sich dieses jungen Vereines anzunehmen. Und Gschließer kam. Er war immer schon ein Freund und Förderer der Jugend gewesen. Er wollte sein Bestes tun. Er kam skeptisch. Und Gmeiner war nicht minder skeptisch, einen „Spion" der Landesregierung in seinen Pelz gesetzt zu bekommen. Diese beiderseitige Skepsis aber wich bald einem herzlichen Verstehen. Gschließer hatte sofort erkannt, daß dieser ausgesprungene Medizinstudent eine ernst zu nehmende Persönlichkeit darstellte, die bereit war, den einmal gefaßten Entschluß mit aller Kraft durchzusetzen. So waren sie Freunde geworden. Gschließer sparte nie mit Vorwürfen und Kritik, er ermahnte und wies zurecht. Er bremste, wenn die jugendliche

Ungeduld Gmeiner voreilige Schritte tun ließ. Er brachte in den Vorstandssitzungen Klarheit in die Gedankenflut, die Gmeiner zukunftsblickend von sich gab. Er stellte das neue Werk auf eine gesunde Rechtsebene. Er studierte die Statuten, verbesserte, feilte, überdachte, ordnete, regelte. So wurde schließlich aus dem anfänglichen Verein „Societas Socialis" der Verein „SOS-Kinderdorf". „Es hat keinen Sinn, sich zu zersplittern", sagte Gschließer. „Wir müssen uns auf eine konkrete Aufgabe konzentrieren. Alles andere kommt dann von allein. Und diese konkrete Aufgabe ist das Kinderdorf." Gmeiner hatte diesen Mann gebraucht und war dem Schicksal bald dankbar für ihn.

„Wir haben unser erstes Ziel erreicht", fuhr Gmeiner fort. „Wir haben das Kinderdorf in Imst erbaut. Es mutet mich oft wie ein Wunder an. Sie wissen, daß unser Anfangskapital nur 600 Schilling war. Heute stehen in Imst 15 Häuser, und 130 elternlose Kinder haben dort wieder ein bleibendes Daheim gefunden. Wenn dieses Wunder geschehen ist, dann verdanke ich das nicht zuletzt Ihrer Mitarbeit. Ich habe in den letzten Jahren immer deutlicher erkannt, daß ein Vorstand so verantwortungsbewußter Persönlichkeiten für einen jungen Sozialverein unbedingt notwendig ist. Wir sind heute nicht mehr aus dem Sattel zu heben. Man kann uns heute keinen Schreibtisch mehr versiegeln und kein Konto mehr sperren. Unsere Buchhaltung ist in Ordnung. Jeder kann in unsere Bücher Einblick nehmen. Da stimmt es auf Schilling und Groschen. Unsere Verwaltungsspesen sind erstaunlich gering. Sie betragen, wie wir aus der vorjährigen Jahresabschlußrechnung ersehen, nur 2,7 Prozent. Wo gibt es ein Sozialwerk mit einem so geringen Verwaltungsaufwand? Das ist unsere Stärke. Jeder Schilling fließt seiner Bestimmung zu. Jeder Schilling wurde zum Baustein des Imster Kinderdorfes. Alles ist korrekt und sauber bei uns. Sie mögen recht behalten, daß Sie mich oft gebremst haben. Bei mir ist der stürmische Geist, der etwas Neues schaffen will. Bei Ihnen ist der klare Verstand, der alles ordnet und sichert. Wir ergänzen uns, und wir brauchen diese Ergänzung."

Gmeiner mag dabei wohl daran gedacht haben, wie oft gewissenlose Geschäftsleute versucht hatten, ihn hineinzulegen. Man hatte ihm größte Versprechungen gemacht. Wie leicht hätte er sich in der ersten Zeit davon beirren lassen können. Er hatte ja noch keine Erfahrungen. Einmal waren es Kinderdorfplaketten, die man ihm für wenig Geld herstellen wollte, ein anderes Mal Fähnchen oder Plastikanhänger. Immer wieder tauchten Leute auf, die „gute Werbeideen" anzubieten hatten. Aber fast immer stand nur der Wunsch dahinter, mit dem Verein ein gutes Geschäft zu machen. Kein einziges Mal ging Gmeiner solchen Angeboten auf den Leim. Er hatte ja seinen Vorstand, der ihm in derartigen Situationen zur Seite stand, die Angebote prüfte, Erkundigungen einzog usw. Gmeiner hatte sich bewußt dieses Forum geschaffen, mit dem er alles besprechen und dessen Zustimmung er einholen mußte.

Schon in den ersten Jahren des Vereinsbestandes hatte man unter anderem beschlossen, niemals Vertreter für das Kinderdorf zu Sammelzwecken auszuschicken. Sammlungen sollten in Zukunft nur auf postalischem Wege über ein kontrollierbares Konto durchgeführt werden. Daran wurde seither festgehalten. Es hat sich als Stärke erwiesen. Und es war in Zukunft leicht, Betrüger zu fassen, die auf eigene Faust auszogen, um bei gutgläubigen Menschen Spenden für das Kinderdorf zu erbitten.

Gmeiner gab sodann einen Rechenschaftsbericht über den Aufbau des Kinderdorfes in Imst und kristallisierte noch einmal die vier pädagogischen Prinzipien — Mutter, Geschwisterlichkeit, eigener Herd und öffentliche Schule — heraus, auf denen er sein Werk von Anfang an aufgebaut hatte. Diese Prinzipien hatten sich bewährt. Sie bedurften keiner Veränderung.

„Und nun", fuhr er fort, „haben wir die ersten Buben aus dem Dorf entlassen, weil sie ins Berufsleben hinaustreten. Wir sind sehr stolz auf diese Kinderdörfler. Sie geben uns freilich auch eine neue Verpflichtung auf. Wir wollen sie ja weiterhin im Rahmen unseres SOS-Kinderdorfes betreuen. Und so haben wir jetzt einmal begonnen, in Innsbruck eine provisorische

Lehrlingsfamilie einzurichten. Die dem Dorf Entwachsenen stehen dort unter der Obhut und Betreuung des Kinderdorfes. Einmal wollen wir dann ein Lehrlings- und Studentenhaus für diese Buben eröffnen. Die Mädchen können ja sowieso länger in der Kinderdorffamilie bleiben. Die Buben aber sollen mit 14 aus der Familie, weil wir die Koedukation nicht auf die Spitze treiben wollen. Das Daheim dieser Buben bleibt für immer das Kinderdorf. In den Ferien und zu den Feiertagen werden sie wieder daheim sein bei ihrer Kinderdorffamilie. Das Band zwischen Mutter und Kind wird nicht zerreißen."

Abschließend berichtete Gmeiner auch vom Besuch des oberösterreichischen Landeshauptmannes und berichtete von dessen Interesse an einem SOS-Kinderdorf in Oberösterreich. Gschließer schüttelte den Kopf. „Zuerst Imst fertigbauen. Nur nicht verzetteln. Wir dürfen uns nicht übernehmen!" Aber man ersuchte Gmeiner trotzdem, in absehbarer Zeit den Besuch in Linz vorzunehmen.

Versöhnung mit Breitner

Zu diesem Besuch kam es aber noch nicht, und so ahnte ich nicht, was auf mich zukam. Gmeiner hatte viel Arbeit in Innsbruck. Das Büro im Goldenen Dachl, das er über Vermittlung der Landesregierung bekommen hatte, erwies sich bald als zu klein. Die Lage dieses Büros war freilich ideal. Man hätte keine bessere finden können in Innsbruck. Nicht zuletzt war es dem Schild „SOS-Kinderdorf" am Haus „Goldenes Dachl" in Innsbruck zuzuschreiben, daß viele auf diese Institution aufmerksam wurden. Gmeiner dachte auch nicht daran, diesen Raum dort aufzugeben, aber es mußte ein geräumiges Büro gefunden werden, um die inzwischen angewachsene Mitgliederkartei unterzubringen, um Platz zu haben für die Verpackung der Weihnachts- und Osterkarten, die sich — wenn die Druckerei geliefert hatte — oft bis zur Decke türmten. Und es mußte schnell etwas geschehen, denn der Versand der Weihnachtskarten stand erneut bevor.

Einen Tag, bevor die Druckerei die Auslieferung der Weihnachtskarten zugesagt hatte, konnte Gmeiner ein dreiräumiges Büro ausfindig machen und sofort beziehen. Er hatte wieder einmal Glück gehabt.

Mit einem alten Steyr 50, den ihm ein Industrieller geschenkt hatte, pendelte er fast täglich zwischen Innsbruck und Imst hin und her. Wenn er dabei an der Universität vorbeifuhr, überkam ihn manchmal etwas Wehmut. Jetzt wäre er schon fertig mit seinem Studium. Der Kindheitstraum war noch immer lebendig. Daher war er sehr überrascht, als er eines Tages im Kinderdorf Imst seinem alten Lehrer, Professor Burkhard Breitner, gegenüberstand. Er hatte ihn nicht mehr gesehen, seit er ihm 1949 den endgültigen Entschluß mitgeteilt hatte, das Studium aufgeben zu müssen. Breitner hatte damals kein Wort gesagt, er hatte ihn einfach stehengelassen. Das hatte Gmeiner sehr getroffen, denn er schätzte ihn mehr als alle anderen Professoren. Und er hatte nicht vergessen, wie sehr ihm Breitner ins Gewissen geredet hatte, von seiner Tätigkeit neben dem Studium abzulassen und sich ganz auf seine künftige Berufung als Mediziner zu konzentrieren. Die Starrköpfigkeit des jungen Kandidaten hatte Breitner damals wohl sehr verärgert. Nun aber stand er mitten im Kinderdorf und streckte Gmeiner seine Hand entgegen. „Ich hab' mir Ihr Dorf hier angesehen, Gmeiner", sagte er. „Und jetzt muß ich bekennen, daß ich aus einem Saulus zu einem Paulus wurde. Zuerst dachte ich, daß es wohl schon genug Institutionen gäbe, die sich mit verlassenen Kindern und Waisen befassen. Ich war daher über Ihren Entschluß, das Medizinstudium an den Nagel zu hängen, bitter gekränkt. Denn ich hab' was gehalten auf Sie, Gmeiner. Jetzt aber, wo ich gesehen habe, was Sie hier geschaffen haben, freue ich mich. Das ist ein Werk. Das ist ein Lebenswerk, was Sie hier aus dem Nichts aufgebaut haben. Meine Gratulation! Da steht Idealismus dahinter. Aber nicht leerer Idealismus, sondern Sie und

Ihre Mitarbeiter sind Idealisten mit Sinn fürs Reale. Das Kinderdorf Imst muß ich in jeder Hinsicht bejahen. Sie haben mich heute als Freund gewonnen!"

Den Journalismus an den Nagel gehängt

Der Herbst 1954 war dahingegangen. Nachdem wir die Straßensammlung verdaut hatten, wurden wir obdachlos. Die „Oase" war gekündigt. Da war nichts mehr zu retten. Das Büchsengescheppere hatte uns in einen Kriegszustand mit der Hausmeisterin gebracht. Da half nur Rückzug. Mit Hausmeisterinnen soll man nicht Krieg führen. Man zieht immer den kürzeren dabei. Also zogen wir aus. Die Akten und Unterlagen, die sich mittlerweile angesammelt hatten, wanderten in mein Redaktionszimmer. Sie füllten dort einen ganzen Aktenschrank. Aber sie waren fehl am Platz. Das war eine Welt, in der das fliegende Kinderdorfbüro von Oberösterreich kein Daheim finden konnte. Dessen war ich mir bewußt. Unser bißchen Büroeinrichtung stand beim Altwarenhändler. Und zu allem Überdruß verließ mich auch meine brave Sekretärin. Sie wollte heiraten. Dagegen ließ sich nichts einwenden. Aber wie sollte es jetzt weitergehen, wo wir so hoffnungsvoll begonnen hatten? Meine Frau atmete zwar auf. „Endlich sieht man dich ab und zu auch daheim." Mein kleiner Sohn konnte mir nun in Ruhe seine ersten Zähnchen präsentieren, die ihm gewachsen waren, als sein Vati die große Straßensammlungskampagne schlug.

Ich hatte auch wieder Zeit, um an Ulrich zu denken. Nein, das wäre ungerecht mir gegenüber — ich hatte sehr viel an den kleinen Kerl gedacht. Ich hatte mich sogar ernstlich bemüht, ihn im Kinderdorf Imst unterzubringen. Nun schien es auch soweit zu sein. Ein Anruf aus Innsbruck erreichte mich. Fritz Haider meldete sich: „Wir haben in der Dorfkommission beschlossen, daß Ulrich ins Kinderdorf kommen kann. Wir hätten jetzt einen Platz." Dann folgten noch Anweisungen, welche

Schritte ich beim Jugendamt zu unternehmen hätte, damit diese Überstellung klarginge. Aber das habe Zeit, dachte ich mir. Da würde es keine Schwierigkeiten geben. Hauptsache, der Bub ist einmal in Imst und kommt heraus aus dem Heim. Vielleicht wird er bald wieder froh sein und lachen können. Dann wird er auch eines Tages all das vergessen haben, was er erleben mußte. Das Bild der toten Mutter würde verblassen. Das Bild einer neuen Mutter immer stärker in ihm lebendig werden. Und eines Tages würde er wie die anderen Kinder zu dieser Frau im Kinderdorf „Mama" sagen. Bereits am nächsten Tag war ich im Kinderheim. Aber Ulrich war nicht da. Er war inzwischen auf einen Pflegeplatz vermittelt worden. Ich fuhr zur Urgroßmutter. „Wir könnten ihn jetzt im Kinderdorf unterbringen, den Ulrich", meinte ich. Aber die alte Frau winkte ab. „Nein, nein, Ulrich ist jetzt versorgt. Das ist sehr lieb von Ihnen. Doch er hat ein gutes Platzerl. Bei einem Malermeisterehepaar ist er. Die haben keine eigenen Kinder. Vielleicht werden sie den Buben sogar einmal adoptieren." Also schien der Fall Ulrich für mich erledigt. Das Schicksal hatte sich auch ohne mein Dazutun für den Buben zum Guten gewandt. Glaubte ich damals und fuhr heim.

Redaktion, Leitartikel, Pressekonferenzen — das alte Leben ging weiter. Ich war wieder in meinem Element. Ich war ja Journalist mit Leib und Seele.

Gmeiner ist für Überraschungen. Hat er einen Gedanken gefaßt, so läßt er ihn in langen Gesprächen mit seinen Mitarbeitern reifen und festigen, ohne diesen Gedanken jedoch preiszugeben. Allein ringt er sich zum Entschluß durch. Und damit platzt er dann unerwartet heraus. Dann ist alles schon geformt. Dann hat er sich den Schlachtplan geistig schon zurechtgelegt. Nichts mehr kann ihn aufhalten. Sein Entschluß gilt. Und seine Mitarbeiter haben längst erkannt, daß seine Entschlüsse richtig sind, und machen mit.

So kam es auch mit dem SOS-Kinderdorf in Oberösterreich. Gmeiner war ohne mein Wissen nach Linz gekommen. Er war bei Landeshauptmann Dr. Gleißner gewesen, und die beiden hatten beschlossen, das zweite österreichische SOS-Kinderdorf in Oberösterreich errichten zu lassen. „Ich habe mich damals bei ihm über dich erkundigt und auch noch bei anderen Persönlichkeiten Referenzen eingeholt", gestand er mir später. Er muß nicht gar viel Schlechtes über mich in Erfahrung gebracht haben, denn am Abend desselben Tages — es war genau ein Jahr nach seinem ersten Besuch in meiner Redaktion — stand er wieder neben meinem Schreibtisch und meinte gelassen und so ganz nebenbei: „Jetzt werden wir bald ein zweites SOS-Kinderdorf haben. In Oberösterreich. Und du wirst es bauen!"

Die Weihnachtsfeiertage, die wenig später begannen, waren gerade dazu angetan, um dieses Problem in Ruhe daheim mit meiner Frau zu erörtern. Daran hatte ich ja nicht im Traum gedacht, ganz in die Kinderdorfarbeit einzusteigen. Ich konnte doch nicht so einfach... Ich habe ja meinen Vertrag, eine gesicherte Lebensstellung, berufliche Chancen, gutes Einkommen. Und schließlich muß ich an meine Familie denken. Michael, damals zwei Jahre alt, sollte bald ein Geschwisterl bekommen. Da braucht es doch einen festen Grund unter den Füßen. Und was ist schon das Kinderdorf? Ein Sozialverein, der nur von ein paar Spenden lebt. Morgen können diese Spenden versiegen. Und dann stehe ich da! Auch habe ich meinen Beruf gern. Er bringt mich weit in der Welt herum. Kürzlich habe ich noch Truman interviewt. Und Adenauer. Jetzt soll ich hier das Sammelbüchsengeschäft ganz zu meiner Aufgabe machen? Was werden die Leute sagen? Sie werden mich für verrückt halten!

Und sie hielten mich auch für verrückt, als ich meinen Entschluß in der Redaktion bekanntgab, auszuscheiden und ein Kinderdorf in Oberösterreich aufzubauen. Hatte man nicht Gmeiner auch für verrückt gehalten? Weshalb sollte es mir bessergehen? Und so viel hatte ich von ihm schon gelernt, daß man Entscheidungen treffen muß. Entweder — oder. Ich stand aber schon zu tief in der Kinderdorfidee. Ich konnte und wollte nicht mehr zurück. Deshalb sagte ich ja. Ich habe es nie bereut.

Oberösterreich wird erobert

Bereits am 26. Februar 1955 wurde im Büro des Landeshauptmannes von Oberösterreich der Verein „SOS-Kinderdorf Oberösterreich" konstituiert. Ich wurde Geschäftsführer dieses Vereines. Von meinem neuen Kinderdorfbüro in der Landstraße, das ich durch die Vermittlung eines Freundes ausfindig gemacht hatte, konnte ich hinübersehen zu meinen alten Redaktionsräumen. Aber ich hatte wenig Zeit damals, am Fenster zu stehen und der Vergangenheit nachzuträumen. Die Arbeit türmte sich. Oberösterreich mußte für die neue Idee noch mehr erobert werden. Wir brauchten einen Baugrund. Wir brauchten Geld. Wir brauchten neue Freund- und Gönnermitglieder.

Zuerst allerdings brauchten wir ein geeignetes Grundstück für das neue SOS-Kinderdorf. Ein Rundschreiben an alle mir besonders geeignet erscheinenden Gemeinden in Oberösterreich brachte eine Flut von Zuschriften, Vorschlägen, Angeboten. Zwei Wochen war ich Tag für Tag unterwegs, um diese Angebote zu prüfen. Auf diesen Fahrten kam ich auch nach Altmünster, jenem malerischen Marktflecken am Traunsee. Der Bürgermeister brachte mich hinauf in ein Waldstück. „Das könnte ich euch billig abgeben zum Bau eines Kinderdorfes", meinte er. Ich durchstreifte den Nadelwald. Plötzlich tat sich der Blick auf, hinunter zum Traunsee. Violett grüßte er zu mir herauf. Der Schatten des mächtigen Traunsteins, der auf der anderen Seite steil aus dem See auftaucht, ließ ihn dunkel und geheimnisvoll erscheinen. Der Duft blühender Wiesen erfüllte die Luft. Eine Lerche trillerte. Sonst war es still. Ich stand und lauschte und schaute.

Zwei Monate später trieb an derselben Stelle Landeshauptmann Dr. Gleißner einen Spaten in die schwarze Walderde. Zum Zeichen des Baubeginns für das SOS-Kinderdorf Oberösterreich. Unten läuteten die Glocken vom alten Münster. Kein Wölkchen stand am Himmel. „Es geht ein neues Licht auf in Oberösterreich!" rief der Landeshauptmann vom Rednerpult der kleinen Festversammlung zu, die diesem Akt der Spatenstichfeier beiwohnte. „Wir werden hier ein SOS-Kinderdorf bauen. Und ich weiß heute schon, daß es eine Insel der Liebe in unserem Bundesland sein wird."

Zur selben Zeit flatterte an alle oberösterreichischen Haushalte ein Prospekt mit dem Aufruf:

„OBERÖSTERREICHERINNEN UND OBERÖSTERREICHER!
Wissen Sie, daß das SOS-Kinderdorf Imst nur aus einzelnen Schillingen guter Menschen entstanden ist? Dem SOS-Kinderdorf gehören heute bei 100.000 Österreicher als unterstützende Mitglieder an. Sie alle bezahlen monatlich einen Schilling als Mitgliedsbeitrag und erhalten dafür vierteljährlich den Kinderdorfboten, eine zwölf Seiten umfassende Zeitschrift. Der monatliche Beitrag von einem Schilling — aber von so vielen gegeben — ließ in vier Jahren ein ganzes Dorf erstehen und unterhält das Leben von fast 140 Kindern. Nun hat Hermann Gmeiner, der Schöpfer des SOS-Kinderdorfes Imst, den Entschluß gefaßt, ein zweites Kinderdorf zu bauen. Es wird in Oberösterreich entstehen. Hier in unserem Bundesland sollen diese Ärmsten der Armen ein neues Zuhause finden. Oberösterreich soll ihnen zur neuen Heimat werden. Daher blicken Hunderte dieser ohne Liebe und Zukunft heranwachsenden Menschenkinder nach Oberösterreich. Das mag uns Ansporn sein, mitzutun, dieses oberösterreichische Kinderdorf zu schaffen. Helfen wir diesen Kindern, helfen wir, Oberösterreicherinnen und Oberösterreicher, diesem edlen Werk in unserem Bundesland; diesem edlen Werk, hinter dem keine politische Partei und keine staatliche Institution, sondern nur die Liebe, das Opfer und der Mut einer Handvoll Menschen stehen, die den Glauben an das Gute im Menschen noch nicht verloren haben. Hier geht kein Schilling verloren und bläht sich kein Verwaltungsapparat auf.

Werden wir alle Mitglieder des SOS-Kinderdorfes Oberösterreich! Wie rasch ist ein Schilling ausgegeben, wie schnell verraucht, wie im Handumdrehen für etwas vertan! Ein Schilling

im Monat, als Mitgliedsbeitrag dem SOS-Kinderdorf gegeben, bedeutet einen Baustein der Liebe für eine wundervolle Aufgabe; der Aufgabe, den ärmsten Kindern zu helfen.
Das SOS-Kinderdorf Oberösterreich soll unser innigstes Anliegen, unsere Freude und unser Stolz sein. Das Werden eines Dorfes und das Schicksal Hunderter Kinder liegen in unserer Hand, hängen davon ab, ob jeder Oberösterreicher, der dieses Werbeblatt erhält, einen Schilling im Monat als Freund- und Gönnerbeitrag zu opfern bereit ist.
Mit aufrichtigem und herzlichem Dank
Das SOS-Kinderdorf Oberösterreich
Landesstelle Linz."

Jetzt mußte Geld aufgebracht werden. Geld und wieder Geld. Ich hatte mir vorgenommen, sieben Familienhäuser in einem Zuge zu erbauen. Das würde Millionen kosten. Ich kam dabei auf die verrücktesten Ideen. Von einer dieser Ideen sei hier berichtet: ein Blumenkorso für das SOS-Kinderdorf.

Es war kurz nach der Spatenstichfeier in Altmünster. Zusammen mit einem Freund von mir, der ein Theaterkartenbüro besaß, hatten wir den Plan zu einem Blumenkorso ausgearbeitet. Wir fanden genug Firmen, die bereit waren, durch Beistellung blumengeschmückter Wagen mitzumachen. Einige Trachtenkapellen hatten kostenlos ihre Teilnahme zugesagt. Trachtenvereine ebenfalls. Wir hatten uns freilich nicht vorgestellt, wie viele Schwierigkeiten dabei auftauchen würden. Tag und Nacht waren wir am Werk. Der Sonntag rückte näher. Dem Blumenkorso sollte ein Wagen voranfahren, auf dem Gewerbeschüler in ihrer Freizeit ein großes Kinderdorf-Modellhaus aufgebaut hatten. Aus den Fenstern dieses Hauses sollten Kinder Blumen auf die Straße werfen. Woher die vielen Blumen nehmen? Am Samstag wurde diese Frage brennend. Ich hatte am Vortag telefonisch Mama Didl aus Innsbruck nach Linz gebeten. Sie würde schon eine Lösung finden. Und Frau Didl fand sie auch. Sie ging — kaum in Linz angekommen — zum Gartenbaudirektor der Stadt und erbat sich Blumen. Er gab ihr die Erlaubnis, in einigen Parkanlagen der Stadt alle Blumen zu pflücken, da man sowieso vorhatte, neue Blumen einzupflanzen. Ich organisierte in der Zwischenzeit zwanzig Mädchen einer Volksschule, die beim Blumenpflücken helfen sollten. Mit riesigen Körben bewaffnet, marschierte Frau Didl mit ihrer Kinderschar in die Parkanlagen.

In unserem Kinderdorfbüro war der Teufel los. Tausende Plaketten für die Zuschauer mußten den Kindern ausgegeben werden, die diese während des Blumenkorsos verkaufen sollten. Listen mußten angelegt werden. Es war ein Kommen und Gehen. Da klingelte das Telefon. Eine Polizeiwachstube meldete sich. „Wir haben hier eine gewisse Frau Helene Didl festgenommen", hörte ich eine barsche Männerstimme, „sie behauptet, Erlaubnis zu haben, die Blumen im Park abzupflücken." Ich raste zur Wachstube. Wirklich, da saß die gute Mama Didl im Kreise von zwanzig verweinten Mädchen. Ihr Gesicht war hochrot. Sie dürfte sich den Beamten gegenüber kein Blatt vor den Mund genommen haben. Ein Anruf bei der Gartenbaudirektion hatte alles rasch aufgeklärt. Unter Polizeibewachung konnte Frau Didl mit ihren Kindern dann die Blumenbeete leeren. Diese Bewachung war notwendig, da die Bevölkerung über diesen Einbruch in die Parkanlagen sehr aufgebracht und einige Male sogar tätlich geworden war, um das Abpflücken der Blumen zu verhindern.

Der Blumenkorso rollte sodann bei schönstem Wetter ab und brachte uns über 100.000 Schilling. Wieder ein Baustein für das SOS-Kinderdorf Altmünster am Traunsee, das jetzt langsam aus dem Boden wuchs.

In den folgenden Wochen sollte eine Vortragstournee durch Oberösterreich stattfinden. Wir wollten den Gedanken des SOS-Kinderdorfes intensiv propagieren. Ein kleiner Farbfilm stand uns zur Verfügung. Ein Wiener hatte ihn für uns gemacht. Laienhaft, aber echt. Er zeigte das wahre Schicksal eines Buben, der bei seinem dem Trunk ergebenen Vater aufwuchs. Eines

Tages hatte der Vater seinen Sohn wieder einmal geschlagen. Da entschloß sich Raimund — so hieß der Bub —, von daheim wegzulaufen. Er hatte von einem Kinderdorf gehört, in den Tiroler Bergen. Dorthin wanderte er. Der Film zeigte, wie Raimund nach Imst kommt und das Dorf betritt. Staunend steht er vor den schmucken Häusern und den Kindern, die dort herumtollen. Das Leben des Kinderdorfes rollt vor den Augen der Zuschauer ab. Raimund aber wird — nachdem sein Fall mit dem zuständigen Jugendamt in Ordnung gebracht war — ins Dorf aufgenommen. Er findet wieder ein Daheim.

Es war ein wirksamer 15-Minuten-Filmstreifen, bei dem es vor allem zum Schluß immer viel Tränen gab, wenn man Raimund am Rande des Dorfes sitzen sah. Er blickte hinaus in die herrliche Bergwelt und — so sagte der Sprecher — „denkt noch einmal an die Worte der Frau, die ihn in sein neues Heim geführt hatte: Ich habe dich lieb, Raimund, und ich will immer gut zu dir sein!"

Den ersten Vortrag hatte ich in Lambach angesetzt. Hermann Gmeiner war bereits am Nachmittag mit mir dort. Er wollte mich einige Tage lang begleiten. Während wir auf der Straße die Ankündigungszettel für den Vortrag verteilten, fiel Gmeiners Blick auf ein Plakat. „Oje, da haben wir die Bescherung!" meinte er. Ich las: „Spanische Tanzgruppe in Lambach." Am selben Abend. Wenn das nur gut ausgeht!

Es ging nicht gut aus. 20 Minuten nach der angesetzten Zeit des Vortragsbeginnes waren noch immer nicht mehr als drei alte Frauen im Saal. Ich war niedergeschlagen. Der Anblick dieser drei Zuhörer machte mich verrückt. „Geben wir's auf", sagte ich resigniert. „Das hat doch keinen Sinn!" Gmeiner schien meine Depression nicht zu verstehen. „So werden wir halt vor den drei Leuten sprechen!" — „Das kann ich nicht. Verzeih mir, aber das bring' ich nicht fertig."

Gmeiner brachte es fertig. Als hätte er einen vollen Vortragssaal, begann er den drei Frauen vom Kinderdorf zu erzählen. Ich habe ihn selten mit so viel Begeisterung sprechen gehört.

Eine der drei Zuhörerinnen war trotzdem eingeschlafen. Die zweite hatte Strickzeug in der Hand und schien von ihrer Arbeit vollauf in Anspruch genommen. Nur die dritte Frau hörte zu, und ihr liefen sogar Tränen über die Wangen. Ich durfte nicht hinsehen. Ich war dem Heulen nahe. Aber Gmeiner sprach und sprach. Jetzt erzählte er das Schicksal eines Buben. «Kurz nach dem Krieg», begann er diese Geschichte, «starb in bitterer Armut eine Frau aus dem deutschen Osten. Ihr Mann war im Krieg gefallen. Ihre schwächliche Natur war dem Hunger und den Strapazen der Flucht nicht gewachsen. Ihr Sterbelager war ein dünner Strohsack in einer engen und stickigen Lagerbaracke. Diesen Strohsack hatte sie bisher mit ihrem Sohn geteilt, dem zwölfjährigen Peter. Nach dem Tode der Mutter wurde er von Bekannten in ein anderes Lager mitgenommen und später allein gelassen. Er wanderte von Lager zu Lager, bis man für ihn einen Platz auf einem Bauernhof fand. Dort war er zunächst willkommen, weil man in ihm eine billige zusätzliche Arbeitskraft sah. Aber Peter leistete so gut wie nichts. Er war ein Stadtkind und hatte die schwächliche Natur seiner Mutter geerbt, fürchtete sich vor den Tieren und war den Arbeiten, die man ihm auftrug, nicht gewachsen. Heimweh und Trauer um seine tote Mutter nagten an ihm, und der Bauer und die Bäuerin verstanden ihn nicht. Sie gerieten in Zorn darüber, daß der Bub, wenn er die Kühe füttern oder allein auf den dunklen Dachboden gehen sollte, zu den lächerlichsten Ausreden flüchtete. Sie drohten ihm und schlugen ihn. Peter weinte ganze Nächte lang. Der Bauer hatte gesagt, daß für solche Taugenichtse die Erziehungsanstalt da sei. Man schilderte ihm die Erziehungsanstalt in den schwärzesten Farben. ‹Warte nur›, hieß es, ‹dort wirst du erst erleben, was Arbeit und Prügel sind!› Peters quälende Angst wuchs von Tag zu Tag. Er begann, wenn man ihn nur ein bißchen energischer anredete, am ganzen Leib zu zittern. Und an einem Frühlingsmorgen brach die letzte große Katastrophe über ihn herein. Er zankte sich mit den Kindern des Bauern, die ihn seiner Ängstlichkeit wegen hänselten. Die Kinder gerieten einander in die Haare. Während der Rauferei zerschlug Peter ein großes Fenster. Nun war das Maß voll. Der Bauer erschien auf dem Hof und befahl: ‚Pack deine Sachen!' Das bedeutete für Peter die Einweisung in eine Erziehungsanstalt. Schluchzend packte Peter sein Bündel und legte es, wie ihm geheißen wurde, vor das Tor. Dann schlich er davon. Er irrte den ganzen Tag in der Umgebung des Dorfes umher. In der Nacht kehrte er auf den Hof zurück und erhängte sich auf dem Dachboden.

Solche Erlebnisse", führte Gmeiner weiter aus, „bewogen mich, für die verlassenen Kinder etwas zu tun. Ich wollte diesen Kindern wieder ein Daheim schenken, eine gute Mutter. Diese Kinder brauchen in erster Linie Geborgenheit, um sich zu normalen Menschen entwickeln zu können. Und so wurde das erste SOS-Kinderdorf in Imst, von dem ich bereits erzählt habe. Und so wird jetzt bald auch in Oberösterreich ein SOS-Kinderdorf stehen und vielen ärmsten Kindern eine glückliche Zukunft schenken."

Endlich war er mit seinem Vortrag zu Ende. Der Film lief an. Das schlafende Mutterl im Saal erwachte. Die andere Frau legte ihr Strickzeug beiseite. Die dritte Zuhörerin wischte sich mit dem Taschentuch über die Augen. Dann wurde es dunkel. Nach der Vorstellung fielen zwei Schillinge und ein Zehngroschenstück in die Spendenbüchse beim Ausgang. Beschämt räumte ich den Filmapparat weg und rollte die Drähte auf. Wie wollten wir in Oberösterreich das Kinderdorf propagieren, wenn die Menschen so wenig Interesse dafür bekundeten? Das hatte doch gar keinen Sinn!

Gmeiner hingegen war ruhig und entspannt. „Weshalb soll ich nicht auch vor drei Leuten sprechen? Unsere Aufgabe ist es, den Samen der Idee in die Erde zu legen. Er wird aufgehen. Wir müssen die Erntezeit abwarten. Wir dürfen nicht nachgeben und mutlos werden."

Auf der Rückfahrt nach Linz brachte ich kein Wort heraus. Wenn das in den kommenden Wochen auch so weitergehen würde? Es zeigte sich aber, daß uns in Lambach doch nur das spanische Ballett einen Strich durch die Rechnung gemacht hatte. Die anderen Vorträge waren gut besucht. Das Interesse der Menschen war erfreulich. Die Zeitungen berichteten. Die Saat begann also doch aufzugehen.

Die Propaganda lief auf Hochtouren. Schon am frühen Morgen gab es jeden Tag eine Radiodurchsage für das SOS-Kinderdorf. Ich wußte meine guten Beziehungen zu nützen, und meine ehemaligen Kollegen von der Journalistik kamen mir bereitwillig entgegen. Und so prasselten in jenen Tagen unentwegt Slogans auf die Bevölkerung:

„OBERÖSTERREICHERINNEN UND OBERÖSTERREICHER!
Sie haben in den letzten Tagen durch die Post einen Kinderdorfboten zugeschickt bekommen, der Sie darüber informiert, daß das nächste SOS-Kinderdorf in Oberösterreich entstehen wird. Denken wir an die Not zahlreicher Kinder und beteiligen wir uns durch eine kleine Spende am Aufbau dieses segensreichen Werkes."

„OBERÖSTERREICHERINNEN UND OBERÖSTERREICHER!
Um einen Baustein der Liebe bittet Hermann Gmeiner, der Schöpfer des SOS-Kinderdorfes Imst. Er hat sich entschlossen, in Oberösterreich das zweite Kinderdorf für ärmste und verlassene Kinder zu bauen. Helfen wir mit einem Schilling im Monat diesem edlen Werk und damit den notleidenden Kindern. Legen wir den Kinderdorfboten, der in diesen Tagen zu Ihnen ins Haus flattert, nicht achtlos beiseite."

„OBERÖSTERREICHERINNEN UND OBERÖSTERREICHER!
Österreichs zweites SOS-Kinderdorf für elternlose und verlassene Kinder entsteht in Oberösterreich. Nach dem Vorbild des ersten Kinderdorfes in Imst wird es errichtet werden. Hermann Gmeiner, der Schöpfer der SOS-Kinderdorfidee, gehört dem Vorstand des oberösterreichischen SOS-Kinderdorfes an. Das

oberösterreichische SOS-Kinderdorf wird in Altmünster am Traunsee entstehen. Denken Sie an die vielen ärmsten Kinder, die darauf warten, dort ein bleibendes Daheim zu finden. Helfen Sie mit! Helfen Sie mit einem Schilling im Monat."

Aber nicht nur Presse und Rundfunk berichteten. Auch in den Kinos hatte man mir kostenlos eine Reklame eingeschaltet. Überall begann sich das Schlagwort einzuprägen: SOS — das Kinderdorf ruft!

So wurde Oberösterreich langsam erobert; erobert für die Idee Hermann Gmeiners. Und das Bekenntnis von weiteren 100.000 Mitgliedern — die wir nach einjähriger Werbearbeit in Oberösterreich in unsere Freund- und Gönnerkartei aufnehmen konnten — erfüllte uns alle mit neuer Kraft in unserer Arbeit für dieses Werk.

Mütterrunde in Imst

Erstmals war ich mit dabei. Im Gemeindehaussaal hatten sich alle Mütter und Mütterbewerberinnen des Dorfes versammelt. Es ging laut und fast ausgelassen her. Die Frauen plauderten und erzählten. Erlebnisse mit ihren Kindern wurden zum besten gegeben. Es wurde gelacht. Man spürte sofort, daß hier ein Kreis normaler, innerlich gelöster Frauen versammelt war. Ein Tag voll Arbeit und Sorgen lag hinter ihnen. Jetzt durfte man froh beisammensitzen, wie jede Woche einmal, um mit Hermann Gmeiner alle Sorgen und Probleme zu bereden. Auch Gmeiner fühlte sich hier sichtlich wohl. Er begann zunächst von seiner letzten Fahrt nach Oberösterreich zu erzählen und daß nun bald ein zweites Kinderdorf in Österreich stehen werde. Dann schwenkten seine Gedanken auf die Erziehungsfragen im Dorf ein. Er malte den Frauen das Bild des Erziehers als das eines Gärtners, der seine junge Pflanze sorgsam behütet und sie pflegt, damit sie wachsen und gedeihen kann. Er sprach, einen anderen Vergleich setzend, davon, wie leicht es im Gegensatz zum Erzieher zum Beispiel ein Künstler habe. Wenn ihm sein Werk mißlingt, dann wirft er es fort und beginnt neu. Das Werk des Erziehers aber, meinte Gmeiner, läßt sich nicht wiederholen. Es ist einmalig.

„Ein Nachholen in der Erziehung gibt es praktisch nicht, daher müssen wir mit ganzer Verantwortung am Werk sein. Wir dürfen nichts versäumen und nichts verpatzen!"

Und er sprach von der Formung des Menschenkindes durch das Milieu. „Bedenkt nur", wandte er sich eindringlich an die Frauen, „daß in jeder Epoche der Kindheit und Jugend besondere Fähigkeiten zum Erlernen vorliegen. Ein Auswendiglernen geschieht zum Beispiel in der Jugend mühelos. Der Erwachsene hat unvergleichlich mehr Zeit und Mühe dafür aufzuwenden. Seele und Geist des jungen Menschen sind also überaus bildsam, sind schmiedsam, sind formbar. Die Eindrücke werden lebhafter aufgenommen und verarbeitet. Der junge Mensch nimmt Form und Gestalt seiner Umwelt an und wird dadurch ein neues Mitglied jener Gesellschaft, in der er aufwächst. Immer wieder passiert es, daß Kinder aus scheinbar besten Familien versagen. Sprachlos stehen dann eines Tages die Eltern vor ihrem Sohn, der vom rechten Weg abgekommen ist. Trotz guter Gesellschaft ist er abgesackt. Man ist ratlos. Die Schuld kann doch nur am Buben liegen, meint man. Wenn man aber dann genau untersucht, wenn man objektiv einem solchen Fall nachgeht, zeigt sich fast immer, daß starke störende Faktoren vorhanden waren, die von außen her auf das Kind gewirkt haben. Die Eltern hatten keine Zeit. Die Eltern waren ahnungslos. Sie waren mit ihrem Beruf und mit dem Geldverdienen beschäftigt. Wie schnell war der Bub von der schlechten Umgebung, der er in der vielen unbeaufsichtigten Zeit ausgesetzt war, beeinflußt worden. Achten wir daher, daß das Milieu, das wir hier im SOS-Kinderdorf unseren Kindern geschaffen haben, immer besser und besser wird. Wir wollen die Erbanlagen nicht leugnen. Wir wollen ihre Stärke nicht verkennen. Aber wir wollen durch ein gutes Milieu schlechten Anlagen entgegenwirken. Mit dem ganzen Einsatz unserer Persönlichkeit. Als Frau und Mutter, die dieses Kind bejaht, die diesem Kind verzeiht, die zu diesem Kind steht, die es seelisch adoptiert. Ein solches Kind gewinnt dann Vertrauen und Sicherheit. Es weiß sich geborgen."

Es kam zu einer lebhaften Debatte. Ich staunte, mit wieviel Ernst hier pädagogische Fragen erörtert wurden. Da wurde nicht improvisiert, da war ein Konzept dahinter. Das Konzept eines Mannes, der sich durch alle diese Fragen hindurchgerungen und sich ein erstaunliches Fachwissen angeeignet hatte.

Abschließend kam es noch zu einem Gespräch über Aufklärung. Einige Mütter hatten schon größere Buben und Mädchen, die in die Pubertätszeit vorzustoßen begannen.

Es war fast Mitternacht, als die Mütter gingen. Wir traten ins Freie. Der Mond stand voll am Himmel. Sein Licht lag über diesem friedlichen Dorf. Wir sprachen nichts. Jeder war mit seinen Gedanken beschäftigt. In mir klangen noch immer die Worte nach, die Hermann Gmeiner an den Schluß der Mütterrunde setzte, nachdem man sich vor dem Tiroler Kruzifix gemeinsam versammelt hatte: „Guter Vater im Himmel! Du hast uns das Kinderdorf zur irdischen Heimat gemacht, bleib auch Du bei uns! Halte Deine segnende Hand über dieses Werk!"

Ja, hier war Heimat geworden. Heimat für Hermann Gmeiner. Heimat für die Frauen, die hier als Mütter oder Tanten wirkten. Heimat für elternlose Kinder. Und, obwohl ich erst das dritte Mal hier im Kinderdorf war, spürte ich, daß Imst auch für mich Heimat wurde.

Die Verwaltung wird straffer

Auf der Rückfahrt nach Linz machte ich kurz Station in Innsbruck, um dem Kinderdorfbüro in der Kiebachgasse einen Besuch abzustatten. Dort herrschte wie immer Hochbetrieb. Die rasch ansteigende Zahl der Freund- und Gönnermitglieder brachte auch wachsende Aufgaben mit sich. Das Heer der freiwilligen Adressenschreiber wurde immer größer. Andere Aktionen waren im Gang. Alles schien Ausmaße anzunehmen, die kaum mehr zu bewältigen waren. Das war Gmeiners große Sorge. Solange das Sozialwerk noch klein war und nur ein paar tausend Mitglieder zu betreuen waren, hatte das niemandem Kopfzerbrechen gemacht. Freiwillige Helfer fanden sich immer. Aber jetzt zeichnete sich doch eine neue Entwicklung ab. Es mußte also eine neue Verwaltung geschaffen werden.

Gmeiner hatte daher nach einer Persönlichkeit gesucht, die diese große wachsende Verwaltungsaufgabe in die Hände nehmen würde. Er hatte wieder Glück. Er fand einen Mann, der jahrzehntelang einem großen Industrieunternehmen vorgestanden war, jetzt heimatvertrieben und pensioniert in Innsbruck lebte, aber noch immer die jugendliche Kraft und Freude in sich spürte, eine solche Aufgabe zu übernehmen: Dr. Anton Lehnert. Pausenlos eine Zigarre in den zugespitzten Mund geklemmt, hatte Dr. Lehnert wochenlang mit peinlicher Aufmerksamkeit den Bürobetrieb des Kinderdorfvereins in Innsbruck beobachtet, hatte die Akten studiert und mit den Mitarbeitern lange Aussprachen gehabt. Dann begann er einen Verwaltungsapparat aufzuziehen. Nicht zu groß, nicht zu überspitzt, gerade in jenen Grenzen, die einfach notwendig waren, um einen Sozialverein auf eine sichere Basis zu stellen. Es durfte ja nichts schiefgehen. Es mußte ja alles stimmen. Besonders in der Buchhaltung.

Diese so geschickt aufgebaute Verwaltung sollte sich bald als besondere Stärke der Kinderdorfarbeit erweisen. Dank dieses Apparates war es später möglich, Hunderttausende Freund- und Gönnermitglieder organisationsmäßig zu verkraften, die

Buchhaltung von mehreren Dörfern zentral zu führen, ordnungsgemäße Bilanzen zu erstellen und alles das innerlich zu festigen, was Hermann Gmeiner in seinem Tatendrang Neues ins Leben rief. Bald zeichneten sich die drei Kreise der Arbeit des SOS-Kinderdorfvereins ab: das Dorf, das Management und die Verwaltung. Ohne Management hätten Aufbau und Unterhalt der SOS-Kinderdörfer nicht erfolgen können, weil nur dadurch jene Mittel zustande kamen, die für ein so rasch wachsendes Werk notwendig waren. Dieses Management wiederum konnte ohne Verwaltung nicht existieren. Die Aktionen mußten zuerst durchdacht, dann aber auch ausgeführt werden. Dazu brauchte man einen Apparat. So begann alles von innen heraus zu wachsen und erreichte schließlich jenen echten Zusammenhang, der heute innerhalb der Kinderdorforganisation besteht. Es ist gewachsene Organisation. Gewachsen um den Gedankenkern eines Mannes. Das macht die Kinderdorforganisation zu einem so erfolgreichen Apparat, der heute seine Arme in alle Erdteile ausstreckt.

Ich konnte damals bei meinem Besuch in Innsbruck in die Geldmittelgebarung näheren Einblick gewinnen. Staunend sah ich, daß bereits 1953 für den Bau von Familienhäusern im SOS-Kinderdorf Imst 1,578.600 Schilling investiert worden waren. Möbel und Einrichtungsgegenstände hatten 1953 nicht weniger als 153.900 Schilling verschlungen, und 42.500 Schilling waren für den Ankauf eines neuen Baugrundes zur Erweiterung des Dorfes ausgegeben worden. 1949 hatte Gmeiner mit 600 Schilling Vereinsvermögen begonnen. Er hatte nichts. Nur den Glauben an seine Idee. Vier Jahre später konnte er bereits über 1,7 Millionen Schilling investieren. 1954 waren es schon über 2 Millionen. Die Errichtung eines Werkstättengebäudes im Kinderdorf Imst, vier weiterer Familienhäuser und eines Kiosks hatten 1,121.000 Schilling gekostet. Für die Einrichtung der Häuser wurden 441.000 Schilling, für Geländegestaltung 16.000 Schilling ausgegeben. 615.000 Schilling gingen bereits für den Lebensunterhalt der 110 Kinder auf. Das Kinderdorf hatte also schon Fundament. Es hatte finanziellen Rückhalt. In wenigen Jahren hatte Gmeiner aus dem Nichts heraus dieses Werk geschaffen. Nun galt es, das gewonnene Terrain zu sichern und neuen Boden zu gewinnen. Die Idee durfte nicht mehr zum Stillstand kommen.

Der Verwaltungsapparat in Innsbruck war das Instrument, das die Erfolge unserer Mittelbeschaffung absichern mußte. Das hatte ich nun erkannt. Wir durften nicht verschiedene Landesstellen groß ausbauen, sondern es mußte zentralisiert werden. Die Geschäftsführung in Innsbruck mußte stark gemacht werden, um über ganz Österreich zu wirken. Die Landesstellen sollten nur Stützpunkte sein. Diplomatische Vertretungen sozusagen. Vielleicht nur so lange notwendig, als sich im selben Land ein Kinderdorf im Aufbau befand. Würde ein solches Dorf stehen, könnte man die Landesstelle wieder auflassen. Die heranwachsenden Aufgaben würde das Dorf übernehmen. Hermann Gmeiners Finanzierungsidee gab dieser Überlegung recht. Es kam nur darauf an, die Freund- und Gönnermitglieder zu betreuen. Die Mitglieder mußten das Gefühl bekommen, mit dem Kinderdorf eng verbunden zu sein. Man müßte ihnen für jede Spende danken, man mußte ihr Herz warmhalten für die Idee. Daher war es notwendig geworden, eine ordentliche Mitgliederkartei aufzubauen. Jede eingehende Spende mußte sorgfältig verbucht werden. Der Kinderdorfbote mußte vierteljährlich an alle Mitglieder verschickt werden.

„Man merkt, daß er ein Vorarlberger ist", konnte man schon damals über Hermann Gmeiner hören. Diese gutmeinende Bemerkung ist nicht aus der Luft gegriffen. Gmeiner hat jenen fast allen Vorarlbergern eingewurzelten gesunden Geschäftsgeist. Er hätte vielleicht mit derselben Gewissenhaftigkeit den organisatorischen Aufbau eines Textilbetriebes überwacht und gelenkt, wie er es in jenen Jahren beim Aufbau seines Sozialwerkes tat. Er stand mit beiden Beinen im Leben und ließ sich weder von Rückschlägen und Angriffen noch von Erfolgen und Ehrungen beirren. Er ging seinen Weg mit der Sturheit eines

Bergsteigers, der zum Gipfelsieg auszieht. Seine Schritte waren bedacht, und er setzte wie jener keine unüberlegten Handlungen. Wie jener kannte er aber auch keine Gefahren, sondern sah nur den Sieg vor sich. Den Sieg einer Idee. Nach anfänglichem Nebel hellte sich das Wetter bei diesem Gipfelsturm einer Idee immer mehr auf. Das erleichterte ihm das Höherklimmen. Bergkameraden fanden sich, die abzusichern begannen, neue Trittstufen schlugen und Leitern anlegten. Und so kam man dem Gipfel näher.

Ulrichs Leidensweg

Als ich, nach Linz zurückgekehrt, wieder unser Kinderdorfbüro betrat, sah ich mich einer alten, verweinten Frau gegenüber. Sofort erkannte ich sie: Ulrichs Urgroßmutter. Sie war noch greiser geworden, schien mir. Noch faltiger blickte das leidgeprüfte Gesicht dieser Frau mich an. Was war geschehen? „Ulrich", stammelte sie, aber vor Schluchzen brachte sie nichts mehr heraus. Nach vielem guten Zureden erzählte sie. Der Bub war nicht mehr auf seinem Pflegeplatz. Er war ihr schon einige Zeit lang, wenn sie ihn besuchen konnte, auffallend blaß, verschüchtert und bekümmert vorgekommen. Aber er hatte immer geschwiegen, wenn sie ihn darüber befragte. Sie hatte gedacht, daß der Bub eben noch das schreckliche Erlebnis des Muttermordes nicht vergessen hatte und darunter litt. Als sie jedoch einmal blaue Striemen auf seinem Rücken bemerkte, meldete sie das der Fürsorge. Eine Untersuchung wurde eingeleitet. Was man entdeckte, war erschreckend. Ulrich war einer Sadistin in die Hände gefallen. Die Pflegemutter hatte den Buben aus reiner Lust gepeitscht. Sie hatte sich an dem Leiden des Kindes ergötzt. Nun saß sie hinter Gittern. Aber was half das dem Ulrich? Er war seelisch und körperlich krank geworden auf diesem Pflegeplatz. Seine Lunge war angegriffen. Er mußte sofort in eine Lungenheilstätte eingeliefert werden.

Nun habe sie gehört, meinte die alte Frau, daß wir in Oberösterreich ein Kinderdorf bauen. Und da täte sie halt recht schön bitten, ob wir Ulrich nicht aufnehmen könnten, wenn er von der Heilstätte entlassen sein würde. Vielleicht würde er im Kinderdorf einmal Ruhe finden.

Das Schicksal des kleinen Buben, das irgendwie schuld daran war, daß ich in die Kinderdorfarbeit hineingehoben wurde, kam neuerlich auf mich zu. Diesmal würde ich nicht nachgeben. Ich werde mich jetzt persönlich um seine weitere Zukunft bemühen, sagte ich der Frau zu. Befriedigt ging sie. Eine gebückte Greisin.

Also hatte meine Arbeit rasch echten Tiefgang bekommen. Hier stand der Mensch im Mittelpunkt des Schaffens. Das elternlose, verlassene Kind. Um des einen Buben willen hätte alles schon tiefen Sinn, was ich jetzt mache, sagte ich mir. So ähnlich waren wohl auch an Hermann Gmeiner Kinderschicksale herangeschwemmt worden. Und er konnte schließlich an nichts anderes mehr denken als daran, die Not dieser Ärmsten zu wenden. Er sah darin eine Lebensaufgabe. Helfen können! Etwas Wirkliches schaffen für diese Kinder, anstatt nur über ihr Elend zu schwatzen!

Eines Tages wäre Ulrich vielleicht ganz verbittert geworden gegen die Welt der Erwachsenen, die ihm nichts anderes zu bieten hatte als Enttäuschungen. Eines Tages hätte er vielleicht im Leben versagt. Wer hätte dann wirklich ein Recht, ein solches Kind zu verurteilen? Wer könnte vor seinem Gewissen verantworten, ihn in eine Erziehungsanstalt einzuweisen, wenn er — ausgestoßen und verzweifelt — den Weg des Verbrechers einzuschlagen begonnen hätte? Wir müssen rechtzeitig helfen. Wir müssen vorbeugen. Wir dürfen es erst gar nicht so weit kommen lassen.

Ich fand Ulrich blaß und teilnahmslos in der Lungenheilstätte. Ich beschwor die Schwestern, dem Buben viel Freude zu bereiten, ihm Zuspruch zu geben, ihn abzulenken. Man hatte viel Verständnis dafür. Sie würden alles tun, damit Ulrich bald gesund würde. Körperlich und auch seelisch. Im Kinderdorf würden wir dann weiterarbeiten an ihm. Wir würden ihm eine neue Welt der Geborgenheit bauen.

Es geht aufwärts

Wir wußten zu jener Zeit, daß vor allem der Unterhalt eines neuen SOS-Kinderdorfes unserem Verein eine finanzielle Dauerbelastung aufbürden würde. War die Verantwortung nicht zu groß? Warnende Stimmen gab es genug. Was würde sein, wenn die Spenden plötzlich zu fließen aufhörten? Dann wären zwei Dörfer da, 200 oder 300 Kinder, und wir könnten ihnen nicht das tägliche Brot sichern. Wir würden unsere Mütter nicht mehr bezahlen können. Alles wäre mit einem Schlag zu Ende. Gmeiner hatte das alles erwogen. „Wir brauchen nur noch mehr Freund- und Gönnermitglieder", meinte er. Der Kreis jener Menschen, die bereit waren, monatlich einen Schilling zu zahlen, müßte mit aller Kraft vergrößert werden. Dann würde das SOS-Kinderdorf auch Krisenzeiten überstehen. Zu einem kleinen Opfer würden unsere Freunde auch dann bereit sein.

Ein neuer großer Schlachtplan wurde daher ausgearbeitet. Wir wollten erstmals versuchen, über die Schule eine Mitgliederwerbung durchzuführen. Kinder sollten für Kinder etwas tun. Ein Schlagwort wurde in jenen Tagen geprägt: „Teile dein Brot, ein Kind ist in Not!" Was wir wollten, war nicht ein finanzielles Opfer der Schulkinder. Wir wollten nur, daß die Schulkinder mit Anmeldelisten neue Freund- und Gönnermitglieder für den SOS-Kinderdorfverein werben. Zehntausende solcher Anmeldebögen flatterten bald darauf in alle Schulen. Ein Preisausschreiben war damit verbunden. Die Lehrerschaft machte erfreulicherweise mit. Auch die Schulen sollten Preise erhalten. Da gab es Lehrmittel und Bälle, Fahrräder und Bücher usw. Unser Linzer Büro, das zur Zentrale dieser Mitgliederwerbeaktion geworden war, glich bald mehr einem Magazin als einem Büro. Wieder einmal gab es also Hochbetrieb.

Das Ergebnis war überwältigend. 160.000 neue Mitglieder wurden von den Schulkindern geworben. 160.000 Menschen hatten sich also bereit erklärt, dem SOS-Kinderdorf monatlich einen Schilling zu spenden. Wir waren uns bewußt, daß das Opfer dieser Freund- und Gönnermitgliedschaft ja nicht in dem einen Schilling liegt. Ein Schilling ist nicht viel. Ihn hat jeder. Auch die Rentnerin kann ihn geben. Das Opfer dieser Mitgliedschaft liegt ganz woanders, nämlich in der Mühe, einen Erlagschein auszufüllen und sich bei der Post am Geldschalter anzustellen. Das bedeutet Opfer. Einige Wochen später, als es bereits auf Weihnachten zuging und alle neuen Mitglieder ihren ersten Kinderdorfboten bekommen hatten, gab es dann täglich ca. 10.000 Erlagscheine. Das bedeutete, daß täglich rund 10.000 Menschen eine Demonstration des Gutseins für unser Werk ablegten.

Neben dieser Mitgliederwerbung suchten wir erstmals auch Hausstifter zu gewinnen. Die Namen der Stifter sollten die Kinderdorfhäuser zieren. Die oberösterreichischen Feuerwehren gaben hier ein gutes Beispiel.

„Kameraden", hieß es in einem Aufruf des oberösterreichischen Landesfeuerwehrkommandanten, „keiner von euch zögert einen Augenblick, wenn es gilt, dem Feuer oder dem tosenden Hochwasser ein Kind zu entreißen. Hunderte mutige Taten beweisen es. Heute rufen wir euch zu einem anderen Einsatz auf. Kauft einen Baustein für das SOS-Kinderdorfhaus der oberösterreichischen Feuerwehren im SOS-Kinderdorf Altmünster am Traunsee! Dieses Haus wird neun verlassenen Kindern wieder ein bleibendes Daheim geben. Es wird den Namen ‚Haus St. Florian' tragen. Kameraden, euch locken nicht klingender Lohn und schöne Worte. Euch genügt das Bewußtsein, als Männer gehandelt zu haben, denen das Gute nicht Schall und Rauch ist!"

Das Geld für dieses Haus kam zustande. Bald folgten andere Hausstiftungen. Auch hier begann sich eine Lawine der guten Tat zu lösen. Wenige Jahre später sollte es nur noch gestiftete

Häuser in den SOS-Kinderdörfern geben. Die Spenden der Freund- und Gönnermitglieder konnten damit ganz für den Unterhalt der Dörfer, für den Bau der Lehrlings- und Studentenhäuser und die Berufsausbildung aufgewendet werden.

Der Rotary Club Wien stiftete dem SOS-Kinderdorf Imst ein Familienhaus. Eine Frau aus Kärnten setzte in ihrem Testament das SOS-Kinderdorf Imst zum alleinigen Erben ein. Sie vermachte den elternlosen Kindern die Ersparnisse ihres ganzen Lebens. Ein neues Haus konnte damit finanziert werden. Für die Errichtung eines Hauses im SOS-Kinderdorf Altmünster hatte das Zementwerk Hatschek in Gmunden Zement und Eternit im Werte eines kompletten Hauses zur Verfügung gestellt. Das Jugendrotkreuz veranstaltete eine Sammlung und stiftete das „Haus Jugendrotkreuz" in Altmünster. Das Land Oberösterreich beschloß, 250.000 Schilling für ein „Haus Oberösterreich" flüssigzumachen. Die Jenbacher Werke ließen ihren Jenbacher Dieselzug auf allen Messen in Österreich zugunsten des SOS-Kinderdorfes Imst fahren und konnten bald darauf den ersten Betrag für die Errichtung des „Hauses Jenbach" abgeben. Die Tiroler Industrie begann sich einzuschalten. Die oberösterreichischen Sparkassen beschlossen eine Hausstiftung, und der ÖAMTC begann, seine Mitglieder für das SOS-Kinderdorf zu mobilisieren. Es waren aufregende und beglückende Monate. Wir erkannten aber auch, daß von selbst nichts wurde. Wir mußten ständig dahinter sein, ständig vorsprechen, Bittgesuche schreiben und neue Verbindungen schaffen, um die trägen Herzen der Menschen in Bewegung zu bringen. Hermann Gmeiner brachte sie in Bewegung. Seiner Persönlichkeit konnte sich niemand entziehen. Bald begannen sich ihm gepolsterte Türen zu Generaldirektoren zu öffnen, vor denen er bisher vergeblich um Einlaß gebeten hatte. Man fand Gefallen an diesem zielbewußten Mann, der nur eines zu kennen schien: die Hilfe für das verlassene Kind. Man ließ sich bald mitreißen von seiner Idee.

Freilich gab es genug Rückschläge und Schwierigkeiten. Es

gab Demütigungen. Es gab peinliche Hinauswürfe. Aber Gmeiner war das gewohnt. Aus den Erfahrungen der ersten Kinderdorfjahre hatte er viel gelernt. Er ließ sich nicht mehr so leicht vor die Türe setzen. Er wußte immer neue Wege, um bei einzelnen Persönlichkeiten ans Ziel zu kommen. „Er ist lästig, aber interessant", äußerte sich ein mir gut bekannter Industrieller zu jener Zeit. Und ein anderer meinte: „Dieser Gmeiner läßt einen mit seinem Kinderdorf nicht mehr ruhig schlafen. Man muß einfach etwas tun!"

Ja, er machte die Menschen unruhig, die kleinen und die großen. Der Hilfsarbeiter, der aus dem Kinderdorfboten den Erlagschein zog, konnte bald genausowenig den Gedanken an das SOS-Kinderdorf beiseite schieben wie der Präsident eines Industriekonzerns ein Bittgesuch mit der Unterschrift Hermann Gmeiners. Und beide gaben. Der eine einen Schilling, der andere vielleicht eine Viertelmillion. Und für beide hatte Gmeiner denselben herzlichen Dank. Er wußte den Schilling der Altersrentnerin genauso zu schätzen wie die großen Geldscheine einzelner Industrieller. Den Wert des einzelnen Schillings hat er bis heute noch nie unterschätzt. „Ich baue mein Werk auf den Schillingen der kleinen Leute", meinte er. „Das ist eine gesunde Basis. Diese Menschen werden mich auch in Krisenzeiten nicht im Stich lassen." Die Menschen hatten diese Einstellung von Hermann Gmeiner bald erkannt. Sie erlebten, daß sie ihren Schilling einem Mann anvertrauten, der gewissenhaft damit umging. Da wurde gespart, peinlich verrechnet. Da ging nichts verloren. Jeder Schilling wurde wirklich ein Baustein. Und die Menschen konnten sich davon überzeugen. Sie kamen zu Tausenden ins SOS-Kinderdorf Imst. „Das ist Ihr Dorf", begann Gmeiner dort viele Führungen, „das ist mit Ihrem Schilling erbaut. Das ist ein echtes Werk der Nächstenliebe. Ein Gemeinschaftswerk des österreichischen Volkes. An diesem Dorf haben alle mitgebaut — egal, welcher politischen Partei sie angehören, egal, welchem sozialen Stand."

Erste öffentliche Anerkennung

Mitten in diese Kampfzeit fallen zwei Ereignisse. Erstmals kann Hermann Gmeiner auch öffentlich eine kleine Anerkennung für seine Leistungen in Empfang nehmen. Er hat diese Anerkennungen nicht gesucht. Er ist zu einem Kämpfer im stillen geworden. Und die schönste Anerkennung für ihn sind glückliche Kinderaugen. Bei den Kinderdorfkindern ist seine Welt. Dort wird er für seine persönlichen Opfer entschädigt.

Dennoch kann er sich eines erhebenden Gefühles nicht erwehren, als er in der festlich geschmückten Aula der Innsbrucker Universität steht, seinen Namen in das Ehrenbuch der Universität eintragen sowie die Auszeichnung „Excellenti in litteris" in Empfang nehmen darf. Vor Jahren hat er die Alma mater verlassen, um seine Kinderdorfidee zu verwirklichen. Wo war sein Kindertraum geblieben? In derselben Aula hätte er mittlerweile schon längst die Doktorwürde erhalten. Aber er gab das Studium auf — für Kinder, die unschuldig in Not und Elend geraten sind. Längst weiß er, daß diese Entscheidung richtig war. Aber die Wehmut, die mit der Aufgabe des Studiums verbunden war, hat er nicht ganz überwunden. Das Professorenkollegium hat sich erhoben. „Der SOS-Kinderdorfgedanke Hermann Gmeiners", hört er den Rektor sprechen, „fordert Hunderttausende Menschen zum Liebesopfer der Dankbarkeit wider den Herrn auf, der ihnen die liebende Obsorge des Elternhauses nicht vorenthalten hat. Dieses Liebesopfer stärkt zugleich den Glauben an das Gute in uns selbst!"

Kurze Zeit später darf Hermann Gmeiner einen zweiten Ehrentag erleben. Diesmal steht der Vorarlberger Bauernsohn im Audienzsaal des Bundesministeriums für Unterricht und nimmt das „Silberne Ehrenzeichen für Verdienste um die Republik" entgegen. Und die Worte, die der Unterrichtsminister an ihn richtet, sind echt. „Ich freue mich", führt der Minister aus, „Sie bei einem so schönen Anlaß begrüßen zu dürfen, und habe die Aufgabe, Ihnen die Auszeichnung zu verleihen, die

Ihnen der Herr Bundespräsident für Ihre verdienstvolle Tätigkeit gegeben hat. Das Unterrichtsministerium ist stolz darauf, daß ihm die Antragstellung obgelegen hat. Wir ehren damit das Werk und die Menschen, die in diesem Werk stehen, aber wir ehren sichtbar den Menschen, der es gestaltet hat.

Sie stammen selbst aus einer kinderreichen Familie. Sie wissen um den Segen, aber auch um die Not, die in diesen Tagen für die Familien bestehen. Sie haben die schweren Zeiten des Krieges erlebt — schreckliche Notzeiten. Sie wissen, was es für Familien bedeutet, wenn der Vater und dann die Mutter den Kindern nicht mehr zur Verfügung stehen. Sie haben den tapferen Versuch unternommen, als Heimkehrer aus dem Krieg nicht die akademische Laufbahn, sondern die schönere und höhere Laufbahn eines Erziehers zu ergreifen und dafür auch die materiellen Voraussetzungen im Kinderdorf zu verwirklichen. Ich habe selbst gesehen, wie Ihnen dieses Werk gelungen ist. Ich weiß, daß Sie nicht stehenbleiben. Ich weiß, daß Sie auch nicht stehenbleiben können, weil die Aufgaben, die Sie sich gesetzt haben, noch nicht erfüllt sind und noch nicht erfüllt sein können. Ich weiß, daß die ersten, die einen solchen Auftrag übernehmen — einen Auftrag, den sie von sich selbst empfangen, von ihrem Gewissen —, in den unbestreitbaren und notwendigen Widerstreit mit ihrer Umgebung kommen müssen. Ich bin sehr froh darüber, daß Sie auch in dieser Situation die Beharrlichkeit Ihres Mutes und Ihrer Überzeugungstreue nicht verloren haben.

Sie sind nicht in dem Alter, in dem der Staat ein Lebenswerk würdigt. Sie bekommen die Auszeichnung mitten im Kampf. Ich möchte sie Ihnen geben, so wie man einem Soldaten eine Auszeichnung in einer großen Abwehrschlacht übergibt, die Sie schlagen für Kinder, für das Kostbarste, das wir haben, das so umstritten ist, und denen Sie ein Heim gegeben haben, nicht nur eine äußere Ordnung, sondern jene Wärme, in der sie heranreifen können zu der Entfaltung ihres Lebens, so wie wir es uns vorstellen.

Ich wünsche Ihnen für Ihre weitere Arbeit viel Erfolg!"

Gmeiner findet keine großen Worte für seine Antwort an den Minister. Die Schatulle mit dem Orden in den Händen, beginnt er langsam eine Geschichte zu erzählen:

„Da hat eines Tages einer unserer Buben, er heißt Gustl, der lange Zeit in einer Anstalt für schwererziehbare Kinder war, seinem Freund Klaus, der sich noch in der Anstalt befand, einen Brief geschrieben. Es war Sonntag nachmittag. Die Sonne schien. Ein freundlichblauer, wolkenloser Himmel hing über dem SOS-Kinderdorf. Bevor Gustl sein Schreiben beendet hatte, riefen die Nachbarskinder zum Fenster herein. Gustl, der ohnehin kein großer Künstler im Briefschreiben war, konnte der Verlockung nicht widerstehen und lief hinaus, um mit den anderen zu spielen. Der Brief blieb liegen. So konnte es geschehen, daß Gustls Kinderdorfmutter ein wenig später einen flüchtigen Blick auf die holperigen Zeilen warf und las:

‚Lieber Klaus! Es geht mir gut. Hier leben wir wie normale Leute.'

An diese kleine Begebenheit denke ich oft. Immer wieder werde ich gefragt: Sagen Sie uns doch, Herr Gmeiner, was sind eigentlich die Besonderheiten der SOS-Kinderdorferziehung?

Ich glaube, daß Gustls wenige Worte die einfachste und beste Antwort auf diese Frage sind. Unsere Kinder dürfen wieder wie ‚normale Leute' leben!

Die SOS-Kinderdorferziehung verdankt ihre Erfolge keiner besonderen Erziehungsmethode. Unsere Kinder leben genauso wie die Kinder jeder anderen guten Familie. Der einzige Unterschied besteht darin, daß sie eine gütige Frau, die sich ihrer angenommen hat und mit ihnen eine Kinderdorffamilie gegründet hat, *Mutter* nennen und wie eine Mutter lieben, obwohl sie in Wirklichkeit nicht die leibliche Mutter ist. Wir müssen uns endgültig von der Vorstellung loslösen, daß ein Kind, das seine Eltern verloren hat, eine Sonderbehandlung braucht. Das Gegenteil ist der Fall. Die elternlosen, von ihren Eltern verstoßenen oder im Stich gelassenen Kinder wünschen sich nichts so von Herzen als das Geborgensein in einer Familie, das man dem ‚normalen' Kind als selbstverständliches Recht zuerkennt. Die SOS-Kinderdorfidee hat dem heimatlosen, einsamen Kind zu dieser Gleichberechtigung verholfen. Man kann nicht leugnen, daß elternlose Kinder häufig recht schwierige Kinder sind. Jedoch die Schwierigkeiten, die sie ihren Erziehern bereiten, sind zum Großteil darauf zurückzuführen, daß diese Kinder durch den Tod oder das Versagen der Eltern aus der natürlichen Ordnung herausgerissen und ganz aus dem seelischen Gleichgewicht gebracht worden sind.

‚Wie normale Leute leben!' heißt für das Kind, in der Familie leben. Es gibt keine andere Atmosphäre, in der es gedeihen und zu einem braven, gesunden Menschen heranwachsen kann. Das haben wir beinahe an jedem einzelnen Kind, das im SOS-Kinderdorf Aufnahme fand, erfahren.

So habe ich nichts anderes getan, als unseren Kindern diese normale Welt bereitet. Meine Freunde haben mir dabei geholfen. Daher nehme ich diese Auszeichnung auch namens aller meiner Mitarbeiter entgegen und danke aufrichtig für diese Ehrung. Sie wird uns ein Ansporn für die Zukunft sein."

Als wir später in einem kleinen Wiener Lokal beisammensitzen, ist es uns allen, als erlebten wir eine kleine Feuerpause in unserer Schlacht für das Gute. Der erste Durchbruch war gelungen. Man war auf Hermann Gmeiner aufmerksam geworden. Er ließ sich nicht mehr wegdenken. Bald sollte seine Idee zu einem weltweiten Aufbruch der Liebe führen.

III.
AUFBRUCH DER LIEBE

Die Idee erobert Deutschland

In den Jahren 1955/56 sprengte die SOS-Kinderdorfidee Hermann Gmeiners erstmals die Grenzen Österreichs. Damit setzte nicht nur der Siegeszug einer Idee ein, sondern damit wurde in vielen anderen Staaten der Welt der zumeist veralteten Fürsorgeerziehung ein spürbarer Stoß versetzt. Die Welle einer Reform, die Hermann Gmeiner ausgelöst hatte, ließ sich nicht mehr aufhalten. Zunächst mußte diese Reform freilich auch in den Staaten außerhalb Österreichs jenen Widerstand erleben, der ihr in der Heimat anfangs entgegengeschlagen war. Das war nur zu verständlich. Mit der Verstaatlichung der sozialen Fürsorge, die einerseits eine der bedeutendsten demokratischen Errungenschaften war, wurde diese aber anderseits schwerfälliger. Sie konnte sich aus den eingefahrenen Bahnen nicht mehr lösen. Dem SOS-Kinderdorf stand als private Fürsorgeinstitution eine schwere Aufgabe bevor. Sie ist bis heute noch nicht endgültig gelöst. Es wird auch noch Jahrzehnte brauchen, bis sich der Gedanke Hermann Gmeiners, dem verlassenen Kind die Geborgenheit einer Familie zu schenken, wirklich so festgesetzt hat, daß man auch von seiten der öffentlichen Fürsorge den Mut aufbringt, den Kurs zu ändern. Radikal zu ändern. Kompromisse finden sich bereits überall. Auflockerung der bestehenden Anstalten, Bildung von kleineren Kindergruppen und Familiengemeinschaften in Heimen sind deutliche Merkmale dafür. Noch aber ist der Schritt weg von der Anstalt ein zu zaghafter. Noch ist staatliche Kinderfürsorge vielfach Ausgliederung. Gmeiner aber verkündete die Eingliederung. Die Eingliederung des aus dem warmen Nest der Geborgenheit gefallenen Kindes in die menschliche Gemeinschaft. Freilich werden Heime und Anstalten immer notwendig sein. Und zwar dort, wo es sich um kranke, geschädigte Kinder handelt, deren Behandlung eine spezielle sein muß. Dem körperlich und geistig gesunden Kind aber brach Hermann Gmeiner die Bahn in das normale Leben.

Aus Deutschland meldete sich 1954 ein junger Mann namens Jürgen Froelich. Er befand sich damals in seiner Vaterstadt Hamburg. Seine Erinnerungen wanderten oft nach Österreich, wo er im Zweiten Weltkrieg längere Zeit in einem Lazarett zugebracht hatte. So war ihm eines Tages ein Zeitungsbericht über Österreich aufgefallen, der auch von einem SOS-Kinderdorf in Imst erzählte. Der Gedanke an dieses Kinderdorf setzte sich in ihm fest. Und eines Tages fuhr er nach Imst. Er sah die Häuser, sah die Kinder und Mütter, sah das natürliche, glückliche Leben eines Dorfes für Waisenkinder — und sprach schließlich mit Hermann Gmeiner. Dann gab es für ihn keinen anderen Weg mehr, als diese Idee nach Deutschland zu tragen.

Zur selben Zeit war Landrat Dr. Peter Hecker aus München durch Zufall nach Imst gekommen. Auch ihn ließ das Erlebnis des SOS-Kinderdorfes nicht mehr los. Er versprach Gmeiner, ihn in jeder Weise zu unterstützen, falls er einmal die Absicht haben sollte, auch in Deutschland ein solches Dorf als Modell einer modernen Jugendfürsorge zu erbauen.

Gmeiner wußte in seiner Zielstrebigkeit für seine Idee stets alle sich ihm bietenden Chancen zu nützen. So brachte er Landrat Hecker, Jürgen Froelich und noch zwei seiner alten Kriegskameraden, die in München lebten, zu einer Besprechung in der Isarstadt zusammen, an der auch ich teilnahm. Sie ging in den Amtsräumen des Landrates über die Bühne. Und sie endete mit der Gründung des Vereines „SOS-Kinderdorf e. V.". Er sollte die Aufgabe übernehmen, die SOS-Kinderdorfidee auch in der deutschen Bundesrepublik zu verbreiten. Landrat Hecker erklärte sich bereit, die ehrenamtliche Funktion des Ersten Vorsitzenden zu übernehmen.

Aber noch war nichts da, was auch nur entfernt Aussicht gab, daß auch in Deutschland ein SOS-Kinderdorf entstehen würde. Nur ein paar junge Leute waren da um den Landrat. Habenichtse. Unbekannte. „Mit der österreichischen Masche vom goldenen Herz werden wir nicht viel aufstecken bei uns", meinte Hecker mit berechtigter Skepsis. Gmeiner konterte: „Ich glaube das Gegenteil. Wir werden auch hier gute Menschen finden. Niemand kann sich der Liebe zu einem ärmsten Kind entziehen."

Dr. Peter Hecker hatte aber einmal ja gesagt, und er stand zu seinem Ja. Er ließ sich nie verwirren, auch nicht durch Rückschläge, die kamen. Er stand die Anfangsschwierigkeiten des Vereines durch und führte als Erster Vorsitzender diesen Verein bis 1972 zu jenem atemberaubenden Erfolg, wie er noch niemals einem privaten Sozialwerk in Deutschland beschieden war. Zwölf SOS-Kinderdörfer, von Schleswig-Holstein bis Bayern, und eine Mitgliederkartei von über einer Million Menschen konnte er seinem Nachfolger übergeben.

Zu so kühnen Träumen verstieg sich bei der Gründungsversammlung in München am 10. Februar 1955 selbst der stets mit seiner Phantasie vorauseilende Hermann Gmeiner noch nicht. Er meinte allerdings damals schon, daß Deutschland eines Tages mehrere Modelle brauchen würde, um der Idee einer familiennahen Erziehung des sozial verwaisten Kindes wirksam zum Durchbruch verhelfen zu können.

Aber der Anfang in Deutschland war schwer. Jürgen Froelich übersiedelte von Hamburg nach München. Dort — in Tuchfühlung mit dem Tiroler SOS-Kinderdorfexperiment — wollte man mit der Arbeit beginnen. In einem Untermietzimmer schlug Froelich das erste SOS-Kinderdorfhauptquartier auf. Mit seinen eigenen Ersparnissen finanzierte er die notwendigste Büroeinrichtung. Die ersten Flugblätter wurden in Innsbruck gedruckt. Mit viel Optimismus warf sie Jürgen Froelich auf den Münchner sozialen Markt. Das Ergebnis war entmutigend. Neue Versuche endeten ebenso erfolglos.

Das aus den Trümmern des Zweiten Weltkrieges im Eiltempo emporstrebende Deutschland hatte noch kein Ohr für ein paar Fanatiker, die ein Kinderdorf bauen wollten. Man brauchte Fabriken und Wohnhausanlagen. Man mußte neue Straßen anlegen und Schienennetze. Jeder einzelne kämpfte noch um seine

Existenz. Jeder wollte wieder hochkommen. Das deutsche Wirtschaftswunder begann sich erst anzubahnen. Im Strudel dieser rastlosen Wiederaufbauarbeit schien kein Platz zu sein für einen unbedeutenden Sozialverein. Die Flüchtlingsströme aus dem Osten wurden immer dichter. Es gab genug Probleme für Deutschland. Was sollte man sich da mit dem Problem abgeben, für das verlassene Kind ein Kinderdorf anstelle eines Waisenhauses zu erbauen?

Je mehr Propaganda der neue Verein in Deutschland zu verbreiten begann, desto spürbarer wurde schließlich auch der Kampf bestehender Institutionen gegen diese neue, noch dazu aus Österreich importierte Idee. Eines Tages war in München der deutsche SOS-Kinderdorfverein „SOS-Kinderdorf e. V." lahmgelegt. Das Konto war gesperrt. Der Kassenbestand — der insgesamt 32 DM ausmachte — beschlagnahmt. Die paar Getreuen um Jürgen Froelich sahen bereits ihre zweijährige mühevolle Arbeit vernichtet. Ein Grundstück in Diessen am Ammersee war zwar vorhanden, die ersten Häuser standen dort im Bau. Aber nun schien alles zu stocken. Die paar tausend Mitglieder, die man mühsam geworben hatte, konnten den Rückschlag auch nicht aufhalten.

Aber Jürgen Froelich verzweifelte ebensowenig wie seine Getreuen. Gmeiners Erfolge in Österreich mußten doch auch in Deutschland möglich sein. So gab man nicht nach, sondern arbeitete verbissen weiter. Landrat Hecker verlor ebensowenig den Mut. Er intervenierte und stand gut für den Verein. Er wehrte Angriffe und Intrigen ab. Diese Entschlossenheit wurde dann auch belohnt. Langsam begann es in Deutschland aufwärtszugehen. Das Eis war eines Tages gebrochen und das SOS-Kinderdorf auch dort nicht mehr aufzuhalten.

Immer mehr Werbung

Die sich anbahnende erfolgreiche Entwicklung der SOS-Kinderdorfidee hatte auch dem Kinderdorfboten einen mächtigen Aufschwung gegeben. Er sollte für alle deutschsprachigen Kinderdorffreunde zu einem wirklichen Informationsblatt ausgebaut werden. Er sollte das echte Sprachrohr der Kinderdorfidee Hermann Gmeiners werden. Gmeiner hatte schon 1953 einen Studienfreund, der ein führendes Kulturblatt redigierte, für diese besondere Aufgabe gewonnen: Albert Köller.

Während nun Fritz Haider die Leitung des SOS-Kinderdorfes Imst übernahm, um Gmeiner in dieser Arbeit zu entlasten und ihm freie Hand zu geben für die vielfältigen Aufgaben, die an ihn herantraten, begann Albert Köller nicht nur den Kinderdorfboten zu jenem tragenden Organ der SOS-Kinderdorfidee auszubauen, sondern zugleich den Kinderdorfverlag zu festigen. Die Konzession für diesen Verlag hatte Gmeiner bereits vor Jahren erwirkt. Sie hatte es ihm ermöglicht, Oster- und Weihnachtskarten auszusenden, einen Kalender zu drucken und andere Aussendungen vorzunehmen, die bedeutende Einnahmen für sein Werk abwarfen. Mit Albert Köller trat ein Mann an die Spitze dieses Verlages, der ihn in wenigen Jahren zum wichtigsten Instrument für den SOS-Kinderdorfverein umgestaltete. Er erkannte im rechten Zeitpunkt die Notwendigkeit einer Rationalisierung. Der Verlag des SOS-Kinderdorfes mußte so gestaltet werden, daß er mit geringstem Aufwand eine möglichst breite Erfassung und Betreuung von Kinderdorffreunden ermöglichte. Dieses Werk gelang. Damit war dem SOS-Kinderdorf jene finanzielle Rückenstärkung gesichert, die es Gmeiner erlaubte, an weitere Neugründungen in Österreich zu denken, ohne sich eine Verantwortung aufzulasten, die er vielleicht einmal nicht mehr hätte tragen können.

Kritische Stimmen wurden laut. Wir machen zuviel Werbung. Wir machen zuviel Propaganda. Aber nur jenen erschien das ungemütlich, die von irgendeinem wackligen Stuhl aus vorgaben, die sozialen Probleme allein lösen zu können. Gmeiner wußte ihnen die rechte Antwort zu geben: „Wenn wir etwas Gutes schaffen wollen, dann brauchen wir Geld. Der Staat gibt es uns nicht, also müssen wir es von allein aufbringen. Dazu bedienen wir uns moderner Propagandamittel. Warum sollten diese nur dazu dasein, um die Menschen zum Kauf einer Waschmaschine oder zum Besuch eines Filmes anzuregen? Wir finden es sehr moralisch, auch für etwas Gutes Propaganda zu machen. Und das SOS-Kinderdorf ist etwas Gutes. Wir verschwenden keinen Schilling. Schauen Sie in das SOS-Kinderdorf Imst. Nur wer mit jedem Schilling so gewissenhaft umgeht, kann ein solches Dorf bauen. Wir wollen aber viele solche Dörfer bauen!"

Altmünster wird eingeweiht

Inzwischen hatten wir in Altmünster die ersten sieben Familienhäuser unter Dach gebracht. Im Frühjahr 1956 wurden sie eingeweiht. Bald sollten sie mit Leben erfüllt sein. Mich mutete es wie ein Wunder an. Alles war so rasch gegangen. Der Bau der Häuser hatte mich ganz in Anspruch genommen. Nun waren sie fast fertig. Landeshauptmann Dr. Gleißner stand wiederum an derselben Stelle, wo er ein Jahr zuvor den Spatenstich vorgenommen hatte, und sagte — diesmal im Anblick eines wirklichen Dörfchens für Kinder, das entstanden war: „Durch dieses Dorf ist es in unserem Heimatland nicht nur schöner, sondern auch wärmer geworden. Von hier geht ein Strom der Liebe und des Helfenwollens aus, der jedes Herz ergreift und bereichert!

Diese Stunde ist dazu angetan, neuen Glauben an das Gute und Edle zu schenken. Bald werden in diesen Häusern Kinder, die niemanden mehr auf der Welt haben, bei einer guten Mutter geborgen und für immer zu Hause sein. Sieben gesunde Familien mehr wird es im Lande geben. Familien, die das SOS-Kinderdorf aus tiefer Not und bitterer seelischer Armut geschaffen und

in eine schöne und lichte Welt der Liebe hineinversetzt hat."
Und der Landesfürsorgereferent, mit dem ich zu Beginn meiner
Arbeit für das SOS-Kinderdorf so verwegen die Klinge gekreuzt
hatte, war auch zugegen und sprach — überzeugt von dem
guten Werk, das hier errichtet wurde: „Die SOS-Kinderdörfer
haben der gesamten Fürsorgeerziehung einen neuen Weg gewiesen. Es ist die bahnbrechende Tat Hermann Gmeiners, hier,
entgegen allen anfänglichen Schwierigkeiten, ein Vorbild aufgezeigt zu haben. Die Menschen aber wissen, daß hier etwas
wirklich Gutes für unsere ärmsten Kinder getan wurde, und
wissen, daß bei sparsamster Verwaltung jeder gespendete
Schilling seiner Bestimmung zugeführt wird."

Aus dem Tagebuch einer Kinderdorfmutter

Eine besondere Aufgabe von mir hatte auch darin bestanden,
die Frauen zu werben, die den Weg als Kinderdorfmutter im
SOS-Kinderdorf Altmünster gehen wollten. Meine Briefe an die
Pfarrämter und Bürgermeister, meine Inserate in Zeitungen und
Radioaufrufe hatten guten Erfolg. Es meldeten sich Hunderte.
Die Auslese war gewissenhaft. Es blieben zehn Frauen übrig, die
für die Aufgabe als Kinderdorfmutter besonders qualifiziert
erschienen. Sie kamen aus allen Teilen des Landes. Aus dem
obersten Mühlviertel, aus dem Innviertel, aus dem Ennstal oder
von der Welser Heide. Sie kamen von Bauernhöfen und aus
Kindergärten heraus. Es waren Krankenschwestern und Schneiderinnen, Landwirtschaftslehrerinnen und Sekretärinnen. Irgendwo hatte sie der Aufruf des SOS-Kinderdorfes erreicht. Sie
waren bereit, eine soziale Aufgabe zu erfüllen und ihr Leben in
den Dienst ärmster Kinder zu stellen, um damit ihrem Dasein
einen tiefen Sinn zu geben. Alle wollten sie Mutter sein. Alle
liebten sie Kinder. Allen war die Schwere dieser Aufgabe
bewußt.

Man muß sich eine solche Kinderdorfmutter in ihrem Alltag

vorstellen. Ein Haus mit neun Kindern. Die viele Arbeit: das Sauberhalten des Hauses, die Führung des Haushaltes, die Küche, das Einkaufen, die Pflege des Säuglings, das Lernen mit den Größeren. Und daneben die vielen kleinen und großen Sorgen mit Kindern, wie sie keiner natürlichen Mutter erspart bleiben, aber unvergleichlich größer sind, wenn es sich um Kinder handelt, die bereits milieugeschädigt, seelisch krank, schwächlich, anfällig und voll von Angstkomplexen in die Obhut einer solchen Frau gelegt werden. Dazu kommt die seelische Belastung einer Kinderdorfmutter durch das Alleinsein. Der Abend ist da. Die Kinder sind im Bett. Ein Korb Wäsche wartet darauf, gebügelt zu werden. Und dann steht sie im Wohnzimmer hinter dem Bügeltisch. Allein. Gedanken kommen. Die Enttäuschungen eines langen Arbeitstages werden ihr wieder bewußt. Kann ich diesen Kindern wirklich helfen? Ist nicht alle Mühe umsonst? Hat mein Einsatz wirklich einen Sinn?

Ja, wir wußten damals schon um all die Opfer, die eine Kinderdorfmutter bringt. Aber wir hatten auch die Erfahrung von fünf Jahren Kinderdorf, die zeigte, daß diese Frauen trotzdem glücklich sind, zufrieden sind. Wie läßt sich das vereinbaren? Fragen wir eine dieser Kinderdorfmütter selbst. Sie ließ mich einmal einen Blick in ihr Tagebuch tun. Darin heißt es zu Beginn:

„In der Familie, in der ich meine Probe bestand, waren die Kinder schon ein Jahr und länger. Und nun die meinen! Was für ein Unterschied! Ich muß mir vor Augen führen, daß es kranke, seelisch leidende Kinder sind, die ich erst einmal gesundpflegen muß. Ich habe sie jetzt eine Woche. Diese Woche war unbeschreiblich und hat an meinen Kräften gezehrt wie bisher nichts in meinem Leben. Was mich aufrecht hält, ist das Wissen, daß das Kinderdorf diesen Kindern die letzte Chance gibt, anständige Menschen zu werden.

Wie das geschehen soll, ist mir vorläufig noch ein Rätsel. Nasse Betten, fürchterliche Unarten, Lügen und kleine Diebereien sind an der Tagesordnung. Ihre mißtrauischen, abweisenden kleinen Gesichter könnten mich zur Verzweiflung bringen. Ist an diesen Kindern gar nichts von dem, was man sonst von einem Kind erwartet? So, als wäre ich ihr Feind, besprechen sie sich gegen mich. Herrgott, wie viel Geduld werde ich brauchen!"

So vergehen ein paar Wochen. Einige Zeit später schreibt sie: „Es ist Abend. Ich bin todmüde und habe beinahe Angst, es könnte einem von ihnen einfallen, noch einmal nach mir zu rufen. Ich tue mein Äußerstes, vielleicht noch mehr. Aber wenn ich verzage, sind diese Kinder verloren. Niemand wird sie mögen. Aber wer soll sie auch wirklich mögen, so wie sie sind? Es wurde ja so viel an ihnen verdorben. Eigentlich alles. Das ganze Kindsein. Ihre Erlebnisse anzuhören, ist mehr, als man jemandem zumuten kann. Ich muß an meine eigene schöne Kindheit denken. Glaube ich noch allen Ernstes daran, daß es wirklich möglich sein wird, das Schicksal dieser Kinder zu einem Besseren zu wenden? Ich glaube es, weil ich glauben muß und will."

Es dauert lange, bis sich endlich der erste Lichtblick einstellt. Evelines Bett bleibt endlich trocken, Hansls „guten Morgen, Mutti!" hat erstmals einen freundlicheren Klang. Georg hat freiwillig zugegeben, daß er die Zuckerdose stibitzt und im Keller versteckt hat.

Liesl hat Geburtstag. Wie sie am festlich gedeckten Tisch dann alle zusammensitzen, scheint es, als wären sie zum ersten Male eine richtige Familie.

„Wie glücklich bin ich heute", schreibt die Mutter in das Tagebuch. „Dieser Tag scheint mich für meine Geduld zu belohnen. Was hat es mir bisher genützt, daß man mit mir zufrieden war, daß mich die anderen Kinderdorfmütter damit trösteten, sie hätten es am Anfang auch nicht leichter gehabt? Heute, die anderen schliefen schon, schlich Liesl auf den Zehenspitzen zu mir herein. ‚Mutti', sagte sie, und dann eine Weile nichts, und schließlich: ‚Mutti, ich will jetzt immer so gut zu dir sein, wie du zu mir bist.' Sie warf ihre kleinen Arme um meinen Hals und weinte bitterlich. Es fehlte nicht viel, und ich hätte mitgeweint. Warum auch nicht? So hätten wir beide unsere Klage über ein entsetzliches Kinderschicksal in die Nacht hinausgeweint, ein Schicksal, das hier, so Gott will, eine Wendung zum Guten finden wird. Liesl gibt mir neuen Mut für alle anderen."

Aber der Kinderdorfmutter bleiben Rückschläge nicht erspart. Hansl, der zu Hause nicht mehr lügt, kann das Lügen in der Schule nicht lassen. Auf eine Schulaufgabe hat er einen Fünfer gekriegt und Mutters Unterschrift nicht gerade geschickt, aber immerhin nachgemacht. Georg zeigt beinahe stolz eine ganze Schachtel mit Beute, die er in anderen Häusern gemacht hat, und es dauert eine ganze Weile, bis er begreift, daß man diese Dinge zurücktragen muß. Eveline schreit und weint jede Nacht stundenlang. Und Antonie ist es, die jetzt für das täglich nasse Bett sorgt. „Will es denn gar kein Ende nehmen?" fragt sich die Mutter. „Habe ich auch wirklich nichts falsch gemacht?" Aber im gleichen Atemzug schreibt sie: „Früher habe ich oft darüber nachgedacht, ob es nicht zuviel war, was ich mir da aufgebürdet habe. Jetzt ist es mein einziger Wunsch, daß ich bestehe. Die Trennung von meinen Kindern wäre mir unvorstellbar. Hier, zu Hause, sind sie im großen und ganzen gut, aber draußen stellen sie immer noch die unmöglichsten Dinge an."

Es wird Weihnachten, Ostern. Immer weniger Klagen vertraut die Kinderdorfmutter ihrem Tagebuch an. Und einmal an einem Sonntag im Juni heißt es mitten in einem Absatz dieses Tagebuches und so, als ob es selbstverständlich wäre:

„Wenn ich an den Anfang zurückdenke, fällt es mir schwer, meine Kinder wiederzuerkennen. Es ist längst nicht mehr das erste Mal, daß ich zu Hause am offenen Fenster sitze und meine Kinder draußen spielen höre. Ich kann sie ohne Angst aus den Augen lassen. Und schon bereitet es mir Mühe, mir vorzustellen, wie sie waren, als ich sie bekam. Es sind wirklich nicht mehr dieselben Kinder. Es gibt keine Mutter mehr, weder hier im Kinderdorf noch außerhalb, vor der ich mich dieser meiner Kinder wegen schämen müßte. Selbst Antonie ist wie ausgewechselt, seit der einjährige Peter bei uns ist. Aus Georg wurde beinahe ein Gerechtigkeitsapostel. Liesl ist immer noch sehr still, aber nicht mehr so blaß. Hansl macht mir Sorgen. Sein Zeugnis war miserabel. Für alles andere hat der Bub mehr Interesse als für die Schule. Ich werde es im Herbst mit Nachhilfestunden versuchen müssen. So ganz ohne Sorgen sein zu wollen wäre von diesem Leben wohl zuviel verlangt... Es muß schrecklich sein für eine Mutter, mit ansehen zu müssen, wie ihr Kind verdirbt. Ich erlebe das Gegenteil. Das ist viel, sehr viel. So bin ich Gott dankbar dafür, daß er mich hierher führte, daß ich Mutter im Kinderdorf sein kann."

Dies sind nicht die letzten Worte des Tagebuches, das weitergeht und immer weitergehen wird, solange diese Mutter alles Glück und Leid mit ihren Kindern teilt. Aber es sind die Worte einer Frau, deren Liebe die ihr anvertrauten Kinder dem Leben und der menschlichen Gesellschaft zurückerobert hat.

Ja, so konnte auch ich sie dann erleben, meine Kinderdorfmütter in Altmünster. Später hat mir eine dieser Frauen einmal einen Brief geschrieben, der lautete:

„Lieber Herr Doktor!
Recht herzlichen Dank für Ihre lieben Zeilen zum Muttertag. Es ist auch mein sehnlichster Wunsch, gesund zu bleiben. Auch bin ich dem Herrgott immer wieder dafür dankbar, daß er meinem Leben eine so reiche Erfüllung schenkte. Was könnte man Schöneres im Dasein erwarten, als Kindern eine Mutter sein zu dürfen, auch wenn es fremde Kinder sind? Oder vor allem dann! Ich habe meinen Entschluß, Kinderdorfmutter zu werden, noch keine Minute bereut; freue mich von einem Tag auf den anderen und bin sehr, sehr glücklich. Von Opfer, wie Sie schreiben, kann gar keine Rede sein, denn ich bin ja selbst immer wieder die Beschenkte. Ich liebe jedes meiner Kinder, als hätte ich es selbst geboren. So wird mir die Erziehung dieser Kinder zu einem immer neuen Glück!
Recht herzliche Grüße Ihre ..."

Es ist der Brief einer einfachen und natürlichen Frau, die im Jahre 1955 ihren Beruf als Handarbeitslehrerin aufgegeben hat, um elternlosen und verlassenen Kindern Mutter zu sein. Seither hat sie 16 Kinder bei sich gehabt. Sieben davon sind bereits durch unsere Lehrlings- und Studentenhäuser gegangen und stehen nun erfolgreich im Leben. Neun hat sie noch bei sich in ihrem Kinderdorfhaus. Allen ist sie Mutter, nichts als Mutter. Und ich kenne ihre elf Buben und fünf Mädchen. Es waren durchwegs milieugeschädigte, zum Teil schwierige, seelisch kranke Kinder. Ich denke an Egon, der ihr einmal das ganze Wirtschaftsgeld aus der Schublade stahl; an Werner, dem sie einen Zimmerbrand verdankte; an Richard, den Hilfsschüler, und an Alexander, der ihr in einem Anfall von Jähzorn sogar ins Gesicht schlug. Ich erinnere mich an Hilde, die Bettnässerin, und an Gottfried, den Stotterer. Ich sehe das blasse Gesicht Käthes vor mir mit den unruhigen Augen und dem nervösen Zucken. Das Mädchen war im Alter von sieben Jahren von ihrem Stiefvater mißbraucht worden. Und ich höre förmlich die nächtlichen Angstschreie des kleinen Bernhard, den die Polizei Pflegeeltern abnehmen mußte, die ihn halb zu Tode geprügelt hatten. Ich weiß um all die Sorgen und Nöte, um den bittergrauen Alltag dieser Kinderdorfmutter. Nächtelang saß sie am Krankenbett fiebernder Kinder, herzklopfend ging sie zu Elternsprechtagen in die Schule, geduldig saß sie schon am frühen Morgen, wenn das Dorf noch schlief, in der Wohnstube und flickte die Socken ihrer Buben.

Und dann schrieb sie diesen Brief. Er offenbart das Wunder der Kinderdorfmütter, mit dem Hermann Gmeiner dem verlassenen Kind den Weg zurück in die menschliche Gesellschaft gewiesen hat. Der Erfolg dieser Frauen ist aber zugleich ein Beweis, daß die in den SOS-Kinderdörfern geprägte Familienreform die nächstmögliche Angleichung an ein natürliches Familienmilieu ist. Daß der Einsatz von Elternpaaren im Kinderdorf viel problematischer ist, wenn es um eine breite soziale Lösung geht, wurde von Jahr zu Jahr klarer. Im Einzelfall sicherlich ideal, ist dies als Lösung des Fürsorgeproblems jedoch unmöglich.

Wir erleben ständig, daß es viele Frauen gibt, die — aus welchen Gründen auch immer — selbst nicht zur Ehe kommen. Ihr Wunsch, Kinder und eigene Familie zu haben, ist jedoch groß. Ihre Mütterlichkeit sucht nach Bewährung, ihr Dasein nach einer Sinngebung. Und es gibt viele Kinder, die keine Mutter haben. Diese Kinder mit solchen Frauen zusammenzuführen und sie zu einer Familie zusammenzuschweißen ist das eigentliche Ziel der SOS-Kinderdörfer. Klar und einfach wurde dieses Ziel von Hermann Gmeiner immer skizziert. Klar und einfach ist es in seiner Verwirklichung geblieben.

Bevor das SOS-Kinderdorf Altmünster zur Besiedlung kam, wurde in Innsbruck unsere erste Mütterschule der SOS-Kinderdörfer ins Leben gerufen. Die Gattin unseres psychologischen Mitarbeiters, Univ.-Prof. Dr. Vinzenz Neubauer, Frau Auguste Neubauer, hat damals diese Aufgabe in die Hände genommen und mit größtem Erfolg das Fundament zu dieser ständigen Einrichtung unserer SOS-Kinderdorfarbeit geschaffen. Für alle deutschsprachigen Mütterkandidatinnen wurde später vom deutschen SOS-Kinderdorfverein in Mörlbach/Bayern eine Mütterschule eingerichtet. Sie umfaßt heute eine einjährige Ausbildung und schließt mit einem staatlich anerkannten Diplom ab. So hat sich auch der Beruf der Kinderdorfmutter inzwischen zu einem nicht nur sozial gesicherten, sondern auch fachlich fundierten Frauenberuf entwickelt.

In der Dorfkommission

Die tiefgreifendsten Erlebnisse während meines ersten Jahres in der SOS-Kinderdorfarbeit waren die Sitzungen der Dorfkommission. Sie zählen heute noch immer zu jenen Stunden, in denen einem der ganze Jammer einzelner Kinderschicksale klar vor Augen tritt. Obwohl wir im Laufe der Jahre schon ungezählte Male in der Dorfkommission beisammensaßen, halten wir es auch heute nie lange durch. Nach einigen Stunden sind wir psychisch einfach nicht mehr in der Lage, weiterzuarbeiten.

Die Bildung der Dorfkommission der SOS-Kinderdörfer hat Gmeiner in Hinblick auf eine gerechte Aufnahme von Kindern vorgenommen.

Wie kommt ein Kind überhaupt in ein SOS-Kinderdorf? In den ersten Jahren schwemmte das Schicksal die wenigen Kinder heran, die man damals noch aufnehmen konnte. Bald aber war durch den Bau vieler Kinderdorfhäuser die Aufnahme von mehr Kindern möglich. Die Zusammenarbeit mit den staatlichen Jugendämtern setzte ein. Heute werden die Ansuchen um Aufnahme von Kindern fast ausschließlich über die Jugendämter gestellt, denen in ihrem Amtsbereich alle Fälle von Kindern zufallen, die kein Daheim mehr haben und daher in die Obhut der öffentlichen Fürsorge kommen. Das Jugendamt richtet daher an den Verein SOS-Kinderdorf ein Ansuchen um Aufnahme eines Kindes; in einem entsprechenden Fragebogen wird das Schicksal des betreffenden Kindes geschildert. Diese Ansuchen werden in einer zentralen Dorfkommission der SOS-Kinderdörfer gesammelt und in den in kurzen Abständen stattfindenden Sitzungen behandelt. Die Dorfkommission arbeitet wie alle anderen Vereinskommissionen der SOS-Kinderdörfer ehrenamtlich und setzt sich aus einigen Fachleuten und SOS-Kinderdorfexperten zusammen.

Die vorliegenden Fälle werden geprüft, und wenn die Voraussetzungen zur Aufnahme vorliegen, wird diese beschlossen und ausgemacht, in welches Dorf und in welches Haus die Kinder kommen. Die Voraussetzungen zur Aufnahme eines Kindes sind ausschließlich, daß das Kind körperlich und geistig normal ist und daß es nach menschlichem Erachten keine Möglichkeit mehr hat, in den eigenen Familienverband zurückzukehren. Die Eingliederung in eine bestehende oder neue Kinderdorffamilie erfolgt je nach vorhandenem freien Platz, nach Alter und Geschlecht. Die Kinderdorffamilie soll ja ein lebendiger, dem natürlichen Familienmilieu entsprechender Körper sein. Daher finden wir in jeder Kinderdorffamilie kleine und große Kinder, Buben und Mädchen. Die Koedukation ist jedoch so gesteuert, daß in einer Kinderdorffamilie Buben und Mädchen im gleichen Alter nie zusammenkommen. Wir erleben daher in den meisten Familien, daß es kleine Buben und größere Mädchen oder kleine Mädchen und größere Buben gibt. Ausnahme bildet das Vorhandensein leiblicher Geschwister. Wenn ein großer Bub oder ein großes Mädchen aus der Kinderdorffamilie ausscheidet, erhält die Kinderdorfmutter wieder ein kleines Kind nach, das alters- und geschlechtsmäßig zum Familienverband paßt.

Dank dieser sorgfältigen und gewissenhaften Arbeit der Dorfkommission kommen fast ausschließlich nur wirkliche Kinderdorffälle in die Dörfer. Das Aussehen des Kindes, seine sozialen Verhältnisse, seine Religion oder sonstige Momente spielen keine Rolle. Entscheidend ist die Notlage. Entscheidend ist, daß das Kind aus einer echten Verlassenheit und Elendssituation kommt.

Nur selten kommt es vor, daß ein Kind nach einiger Zeit wieder abgegeben werden muß, weil es von Elternteilen zurückgeholt wird. Bittere Enttäuschungen in den ersten Jahren der SOS-Kinderdorfarbeit lassen heute die Dorfkommission bei der Aufnahme gewissenhaft vorgehen. „Wir wollen es keiner Mutter erleichtern, ihr Kind abzuschieben", meinte immer wieder Hermann Gmeiner. „Das SOS-Kinderdorf ist nur für jene Kinder geschaffen, die überhaupt kein Daheim mehr haben."

Ebenso selten kommt es vor, daß ein Kind wegen Erziehungsschwierigkeiten wieder weggegeben werden muß. Wenn so etwas geschieht, dann geht eine monatelange Beobachtung dieses Kindes in unserer Heilpädagogischen Station voraus. Es handelt sich dabei durchwegs um psychopathische Kinder, die eine Betreuung in einem Spezialheim oder in einer Klinik benötigen. Die Heilpädagogische Station für Österreich befindet sich im SOS-Kinderdorf Hinterbrühl bei Wien und wird von Univ.-

Prof. Dr. Hans Asperger, dem Chef der Universitätskinderklinik Wien, geleitet. Schon daraus ist ersichtlich, mit welcher Verantwortung über jedes einzelne Kind entschieden wird.

Grundsätzlich verbleibt jedes Kind, das einmal in ein SOS-Kinderdorf aufgenommen wurde, für immer im Dorf bei seiner Kinderdorffamilie daheim. Dorthin — in dieses Ersatz-Elternhaus — kehren die erwachsenen Buben und Mädchen zu Besuchen zurück, wenn sie schon draußen im Leben stehen, ihren Beruf und ihre eigene Familie haben.

Die Dorfkommission begann sich in jener Zeit aber auch ernsthaft mit der Ausarbeitung einer Dorfordnung zu befassen. Die bisherigen Erfahrungen mußten ausgewertet und in einen Organisationsplan zusammengefaßt werden. Zwei Jahre später lag diese Dorfordnung vor. Sie regelt das Leben in einem SOS-Kinderdorf und ist bis heute die Grundlage zum Aufbau und zur Führung eines SOS-Kinderdorfes geblieben.

Rettungsboot Kinderdorffamilie

Während in Altmünster bereits fieberhaft an der Einrichtung der ersten sieben Familienhäuser gearbeitet wurde, kamen schon die ersten Kinder, die in dieses neue Dorf sollten, nach Imst. Man hatte dort eine provisorische Massenunterkunft geschaffen. Es gab so viele trostlose Fälle von Kindern, die wir schnell aufnehmen mußten. Unter diesen Kindern war auch Ulrich. Er war von der Lungenheilstätte gesund entlassen worden, und sein Weg führte direkt nach Imst.

Dort traf ich ihn wieder. Rotbackig, stark und voll Übermut. Barfüßig lief er neben mir her, als ich mit ihm einen Spaziergang unternahm. Ich hatte mir vorgenommen, ihm von Altmünster zu erzählen, aber Ulrich wußte schon alles. Er hatte sogar das Dorf besucht. Eine Schwester von der Lungenheilstätte war mit ihm dort gewesen. Und seit er das nette, kleine Dorf erlebt hatte, konnte er es kaum mehr erwarten, hinzukommen.

Im Kinderdorfboten schrieb zu jener Zeit Albert Köller die schlichten Worte:

„Unser Leben gleicht der Reise über ein stürmisches Meer. Wer sich behaupten will, braucht ein gutes Boot, auf das er sich verlassen, dem er in den Gefahren, die ihn bedrohen, stets vertrauen kann. Dieses Boot ist für das Kind die Familie. In ihr findet es Geborgenheit, Liebe und Rückhalt. Sie gibt ihm die sichere Grundlage für ein gesundes Leben.

Aber wie mangelhaft ausgerüstet und schlecht versorgt müssen viele Kinder ihre Fahrt in das Leben wagen! Wenn sie tatsächlich untergehen, bricht man den Stab über sie und behauptet, daß sie schlecht und verdorben sind. Nach der Schuld der Erwachsenen an ihrem Schicksal wird wenig gefragt.

Ein Kind ohne Eltern ist ein kleines, hilfloses Menschlein auf einem sinkenden Schiff. Es sehnt sich nach einem Platz, wo es zu Hause sein kann, wo es Liebe und Geborgenheit findet. Wir dürfen keine Sekunde versäumen, um ihm zu Hilfe zu eilen. Es ist unser aller Pflicht, ihm, das verloren am Rande des Lebens herumirrt, eine gute Mutter, Geschwister und ein Zuhause zu schenken."

Ein drittes SOS-Kinderdorf

In aller Stille begann 1956 ein drittes österreichisches SOS-Kinderdorf aus dem Boden zu wachsen. In Lienz/Osttirol. Die Jugendamtsleiterin des Bezirkes, Frau Albine Ertler, hatte auch eines Tages das SOS-Kinderdorf Imst besucht. Sie kehrte nach Lienz zurück, nur mehr von dem einen Wunsch beseelt, ihren Osttiroler Fürsorgekindern ein solches Dorf zu schaffen. Ein Jahr später hatte diese resolute, herzensgute Frau das Dorf realisiert. Sie wußte alle für die Idee zu begeistern, am meisten den Bezirkshauptmann. Ein Verein wurde ins Leben gerufen, Hermann Gmeiner zweigte einen Teil der Spendengelder ab, und eines Tages war das erste Haus fertig. In der Nähe der

Großglockner-Hochalpenstraße hatte sich außerhalb von Lienz eine dichte Menschenmenge versammelt. Ganz Osttirol schien auf den Beinen. Prachtvoll wölbte sich ein tiefblauer Himmel über die Gebirgslandschaft. Und der Name jener kleinen weißen Blume, die dort oben an den Felsen nur den Verwegenen ihr seidenweiches Blütenköpflein entgegenstreckt, ziert das Haus, das an jenem Tag feierlich eingeweiht wurde: „Haus Edelweiß". Eine Kinderdorfmutter stand mit elf Kindern vor den Stufen des neuen Hauses und nahm aus der Hand Hermann Gmeiners den Schlüssel entgegen. Ja, es waren elf Kinder geworden, denen Albine Ertler in diesem Osttiroler Kinderdorfhaus ein neues Daheim bereiten wollte. Sieben leibliche Geschwister und vier leibliche Geschwister. Beide Geschwistergruppen kamen aus tragischen Verhältnissen. Was hätte man anderes tun können? Die Dorfkommission hatte sich zwar darauf versteift, die zwei größeren der sieben Geschwister nach Imst zu geben. Aber sie hatte nicht mit der neuen Kinderdorfmutter gerechnet. Die wollte alle elf. Und da gab sie nicht nach. Heute stehen schon alle draußen im Leben. Zehn Kinder sind nachgekommen. Der Kindersegen ist diesem Haus treu geblieben. Und die Schwierigkeiten, die es mit den Kindern gab, waren nicht größer und nicht kleiner als in den anderen Kinderdorfhäusern. Lienz ist eben gesunder Boden, meint Gmeiner immer, wenn er heute in dieses schmucke Dorf kommt, wo inzwischen eine ganze Reihe Tiroler Häuser stehen. Da ist alles ein bisserl anders. Da wuchs ein SOS-Kinderdorf auf, als wäre es nichts anderes als ein Teil der Osttiroler Bauernsiedlungen, wo man auch heute noch bis zu 16 Kinder um einen Bauernfamilientisch antreffen kann.

Geburtsstunde der Jugendhäuser

1956 war aber auch das Jahr, in dem die dem SOS-Kinderdorf Imst bereits entwachsenen großen Buben ein bleibendes Lehrlings- und Studentenhaus finden sollten. Das Problem war lange bedrückend. Die Lehrlingsfamilie in Innsbruck, für die wieder einmal die gute Mama Didl herhalten mußte, stellte keine Dauerlösung dar. Ein Neubau aber würde Millionen kosten. Man konnte ihn ja nicht klein anlegen, sondern müßte darauf Bedacht nehmen, daß eines Tages vielleicht 100 Lehrlinge und Studenten den Dörfern entwachsen sind. Sie mußten auch weiterhin betreut werden, sonst hätte die ganze Kinderdorfarbeit keinen Sinn.

Eines Tages wurde dem SOS-Kinderdorfverein von der Tiroler Gebietskrankenkasse ein aufgelassenes Erholungsheim in der Stadtnähe von Innsbruck angeboten. Skeptisch fuhr Hermann Gmeiner hinaus. Aber kaum hatte er die herrliche Lage dieses Hauses erkannt, entschloß er sich, dieses Objekt zu kaufen. Wieder einmal wurden die letzten Reserven zusammengekratzt, um das Geld auf den Tisch legen zu können. Das erste Jugendhaus der SOS-Kinderdörfer in Egerdach war geboren.

Wo aber sollte man den Leiter für dieses Haus finden?

Zu jener Zeit las in der Buchhaltung eines Linzer Industriebetriebes ein junger Mann zufällig eine Zeitungsannonce, die ihn bewegte. Er riß sie aus der Zeitung und schob sie in die Rocktasche. Ein paar Tage später fand er sie dort wieder. Es war jene Annonce, die ich in Linz aufgegeben hatte, weil ich für unsere SOS-Kinderdorfarbeit in Oberösterreich einen Mitarbeiter suchte. Der Aufbau des SOS-Kinderdorfes in Altmünster hatte mich in letzter Zeit kaum mehr die wichtigsten organisatorischen Arbeiten im Linzer Kinderdorfbüro bewältigen lassen. Und es war noch viel zu bewältigen in diesem Bundesland. Das Dorf in Altmünster kostete Geld. Wir wollten in unserem oberösterreichischen SOS-Kinderdorfverein aber den Bau des Dorfes so weit wie möglich selbst finanzieren. Das war Ehrensache. Dem Innsbrucker Hauptverein der SOS-Kinderdörfer blieb immer noch viel Finanzielles zu tun übrig. Ich suchte also einen Mitarbeiter. Aber wer interessiert sich schon für die Mitarbeit in einem Sozialverein, der nur schmale Gehälter bezahlen kann und wo Idealismus die Voraussetzung für einen Erfolg ist? Einen aber hatte diese Annonce doch erreicht, und eines Tages stellte er sich bei mir vor: Rudi Maurhard. Wir waren uns gleich einig. Eine Woche später saß er bereits in unserem Linzer Kinderdorfbüro und bereitete unsere nächste Straßensammlung vor. Um ihm jedoch einen Einblick in die Kinderdorfarbeit zu geben, schickte ich ihn für zwei Tage in das SOS-Kinderdorf Imst. Von dort kam er nicht wieder. Dort lief er Gmeiner in die Hände und übernahm am folgenden Tag bereits unser Haus in Egerdach. Wir hatten damit jenen Mann gewonnen, der die Lehrlingsarbeit der SOS-Kinderdörfer in Österreich aufbaute und heute noch lenkt.

Ich habe damals wieder die Entscheidungskraft Hermann Gmeiners bewundert und begann langsam den Erfolg des Kinderdorfschöpfers zu begreifen. Er beruht in der Bereitschaft, einem Menschen zu vertrauen und ihm eine Verantwortung zu übertragen. Dieses Vertrauen aber ist nicht blind, sondern fußt auf Menschenkenntnis und Beobachtung. Gmeiner läßt sich nicht täuschen. Jeder neue Mitarbeiter wird von ihm in langen Gesprächen durchleuchtet. Einmal rief er mich telefonisch aus Imst an und berichtete mir, daß er einen Mitarbeiter nach acht Tagen wieder entlassen hätte. Er meinte wörtlich: „Er besitzt keine Tiefen und keine Höhen und damit auch keine Tugenden. Er kam mir vor wie ein untugendhafter Tugendhafter, in dem keine Seele kämpft und aus dem kein Geist sprüht. Ich mußte mich wieder von ihm trennen!"

Es ist eine eigene Art, mit der Gmeiner Menschen erforscht, die er als Mitarbeiter gewinnen will oder die sich ihm anbieten. Und es ist eine eigenwillige Terminologie, mit der er das Resultat seiner Beobachtungen umschreibt. Eigenwillig, aber zutreffend. Nicht zuletzt beruht der Erfolg Gmeiners in der menschlichen Zusammensetzung seines heute so groß gewordenen Werkes darin, daß er auch selbst bereit ist, Fehler einzugestehen.

„Wir sind alle Menschen und können uns irren. Ich habe mich schon oft geirrt. In Menschen geirrt, in Aktionen geirrt, in Anordnungen geirrt. Ich gestehe das aber dann offen ein und bringe die Angelegenheit rasch in Ordnung. Man muß den Mut haben, zu entscheiden, aber man muß auch den Mut haben, einzugestehen, wenn man erkennt, daß solche Entscheidungen falsch waren." Bei Rudi Maurhard waren sie ebensowenig falsch wie bei allen anderen seiner engsten Mitarbeiter, die seit vielen Jahren das Herz der SOS-Kinderdorfarbeit darstellen.

Rudi Maurhard hat seither das Jugendhauskonzept weiter durchgedacht und ausgefeilt. Vor allem hat er den Gedanken kleiner Jugendhäuser propagiert, damit auch die den SOS-Kinderdörfern entwachsenen Buben nicht in die negative Einflußsphäre der Vermassung geraten. Auch Jugendhaus soll Familiencharakter ausstrahlen. Daher ist heute fast jedem SOS-Kinderdorf ein eigenes kleines Jugendhaus angeschlossen.

Die Kraft des Guten

Eine junge Schwedin besuchte das SOS-Kinderdorf Imst. Sie sagte zum Abschied: „Ich wollte meinen Landsleuten von einer beispielhaften Tat der Nächstenliebe berichten. Nun vermag ich weit mehr. Mir ist, als wäre ich Zeugin eines großen Wunders geworden, das hier geschah. Früher habe ich nicht gewagt", fuhr sie fort, „an den durchschlagenden Erfolg einer Sache zu glauben, die lediglich auf dem unerschütterlichen Glauben zum Guten beruht. Dies, hätte ich gedacht, sei nicht genug. Heute weiß ich es besser. Ich habe nämlich erfahren, daß Menschlichkeit weder eine hohle Phrase noch die Angelegenheit einiger weniger ist, sondern eine Kraft, der man auch in Zeiten ärgster Not vertrauen kann.

Ist in der Welt nicht genug Unheil dadurch angerichtet worden, daß man es versäumt hat, in den entscheidenden Augenblicken gut zu sein? Auch für die Schicksale der Kinderdorfkinder kann. man nicht nur höhere Gewalten verantwortlich machen. Von den Menschen, die am Unglück dieser Kinder mitschuldig sind, hätte manch einer mit ein bißchen mehr gutem Willen das Schlimmste verhüten können.

Im SOS-Kinderdorf zeigt es sich, wie leicht es ist, Elend aus der Welt zu schaffen, wenn guter Wille am Werke ist. Ebenso leicht ist es, auch in den Seelen der schwierigsten und enttäuschtesten Kinder klare Verhältnisse zu schaffen, wenn Güte und Liebe die ordnenden Kräfte sind.

Wir sollten die Erkenntnis, daß klare Verhältnisse überall dort sind, wo der gute Wille regiert, auf unser gesamtes Leben übertragen. Deshalb wünsche ich mir jetzt auch nichts so sehr, als daß mit der Verbreitung des SOS-Kinderdorfgedankens auch der Glaube an die Kraft des Guten Eingang in die Herzen der Menschen aller Stände, Völker und Länder findet. Dann gäbe es nicht nur keine unglücklichen, einsamen Kinder mehr, sondern wir alle könnten besser leben."

Ulrich in Altmünster

Ulrich saß bei mir im Auto. Und noch vier Kinder. Der elfjährige Arnold, ein Flüchtlingsbub, der seine Eltern verloren hatte und jahrelang bei fremden Menschen ein elendes Barackendasein führen mußte. Die achtjährige Lieselotte, die von ihrer Stiefmutter halb totgeprügelt worden war. Der zehnjährige Roland, der das Lachen noch nicht gelernt hatte. Seine Kindheit war ein einziger Leidensweg. Und schließlich der kleine Negermischling Bernhard, vier Jahre alt. Für diesen war unsere Fahrt von Imst nach Altmünster das große Erlebnis. Er starrte unentwegt aus dem Fenster und klatschte sich von Zeit zu Zeit vor Freude auf die Schenkel. Seine Mutter hatte ihn nach der Geburt der Großmutter anvertraut. Diese hatte vor Scham über das Negerkind Bernhard nie aus dem Haus lassen. Immer sah er nur die vier Wände der kleinen Wohnküche. Nie durfte er hinaus und draußen die Natur erleben, Spielgefährten erleben, die Welt erleben. Nun konnte er sich an all den Wundern um ihn her nicht satt sehen.

Mit dieser menschlichen Fracht rollte ich Richtung Altmünster. Der Tag der Besiedlung des Dorfes war gekommen. Hinter mir steuerte Hermann Gmeiner ein Auto mit einer ähnlichen Fracht. Und wieder dahinter folgte Fritz Haider, der sogar sieben Kinder in den Wagen gezwängt hatte.

Es sollte also losgehen. Altmünster war entstanden. Die ersten sieben Häuser hatten ihre Tore geöffnet für ärmste, verlassene Kinder. Seit Tagen schon hatten die Kinderdorfmütter alles vorbereitet. Die Häuser glänzten. Blumen standen auf den Tischen, und in jedem Haus war eine kleine Festtafel vorbereitet. Überall herrschte bange Erwartung. Ich wußte, daß den Frauen im SOS-Kinderdorf Altmünster ebenso das Herz bis zum Halse klopfte wie mir. Ein neuer Lebensabschnitt hatte begonnen — für die Mütter, für die Kinder, aber auch für mich.

Als wir im SOS-Kinderdorf Altmünster angekommen waren, sah ich, wie die Hände der Kinderdorfmutter zitterten, als sie den kleinen Bernhard aus dem Wagen hob. „Also, du bist der Bernhard", sagte die Frau. Ihre Stimme klang gepreßt. „Komm, ich zeig' dir, wo du von nun an daheim bist!" Bernhard folgte ihr etwas zaghaft, mit fragenden Augen, aus denen auch Angst herauszulesen war.

Auch die anderen Mütter kamen. Jeder waren von der Dorfkommission ein paar Kinder zugeteilt worden. Bald standen wir drei Männer allein auf dem Dorfplatz.

Drinnen aber in den Häusern war die Stunde der ersten Begegnung angebrochen. Für jede Kinderdorfmutter ist die Zuteilung eines Kindes wie ein psychischer Geburtsakt. Ihre Hände umfangen das erste Mal das neue Kind, drücken es an sich. Und der Blick dieser Mutter scheint zu sagen: „Ob du schön bist, Kind, oder häßlich, ob du weinst oder lachst, ob du in Lumpen vor mir stehst oder in einem Matrosenanzug, ob du mir als schwieriges Kind angekündigt warst, als kleiner Lügner, Bettnässer oder Dieb, ob du ein Bündel an Angst bist oder trotzig — wie immer du bist und was immer in dir steckt, jetzt bist du mein Kind. Ich will dir eine gute Mutter sein. Ich will immer für dich dasein. Ich will dich gern haben, als ob du mein eigenes Kind wärst. Ich werde dich ertragen müssen, und ich werde darum beten, daß ich dich gerne ertrage. Ich will deine junge Seele in meine Obhut nehmen. Ich will aus dir einen guten Menschen machen. Ich werde dich immer liebhaben, und ich werde alles für dich opfern!" Aber es bleiben unausgesprochene Worte.

Das Leben war eingezogen in das neue SOS-Kinderdorf. Bald strömten die Kinder so wie in Imst hinunter in die Dorfschule. Noch sahen die Einheimischen den Kindern fragend und etwas mißtrauisch nach. Bald aber war auch diese kleine Kindergemeinde eingegliedert in das Alltagsleben.

Altmünster wurde zur Bewährungsprobe für die Ausweitung der SOS-Kinderdorfidee. Der Schritt heraus aus dem ersten Experiment wurde bald zum Schritt hinaus über Altmünster in andere Bundesländer und später in andere Staaten. Die Idee Hermann Gmeiners hatte mit diesem zweiten SOS-Kinderdorf einen neuen Sieg errungen. Nun begann sie zu erstarken. Und drängte immer weiter, das Elend der verlassenen Kinder zu bannen.

Das unerschütterliche Mutterbild

Wie folgerichtig dabei die Erkenntnis ist, daß jedes verlassene Kind vorerst wieder ein Mutterbild benötigt, um therapeutisch überhaupt ansprechbar zu werden, ließ uns ein siebenjähriger Bub erfahren, der in jener Zeit in das SOS-Kinderdorf Imst aufgenommen wurde. In einer Mal- und Bastelstunde, wie sie im Kinderdorf veranstaltet werden, malte und zeichnete dieser Bub immer wieder einen Koch. Welches Thema auch immer gestellt war, stets stand in der Mitte der Bildfläche ein Koch. Man fragte ihn, ob er denn gerne ein Koch werden wollte. Der Bub verneinte. Rätselraten begann. Endlich kam man dahinter. Das Kind hatte bis zu seiner Überstellung in das SOS-Kinderdorf in einem Heim gelebt. Dort fungierte in der Anstaltsküche ein Koch, der dem kleinen Buben sehr zugetan war und sich viel um ihn gekümmert hatte. So war in dem Kind der Koch als Mutterbild wach geworden. Der Koch war ihm Vertrauter gewesen. Dort hatte er Geborgenheit gefunden, die ihm die natürliche Mutter verwehrt hatte.

Jedes Kind sucht nach diesem Bild der Mutter. Jedes Kind sehnt sich danach. Und es verkümmert seelisch, wenn es dieses Bild nirgends findet. Es bleibt in seiner Entwicklung stecken.

Keinen Augenblick hatte Gmeiner daran gezweifelt, daß er sich mit der Konstruktion seiner Kinderdorffamilie auf dem richtigen Weg befand. Dennoch hatte er gerade in diesem Punkt die schwersten Angriffe über sich ergehen lassen müssen. Die Theoretiker meinten, daß man in den Kinderdörfern Elternpaare einsetzen müßte. Die Praxis aber hatte Gmeiner recht gegeben. Überall dort, wo andere Institutionen den Versuch wagten, ein Kinderdorf mit Elternpaaren ins Leben zu rufen, gab es mehr Enttäuschungen als Erfolge. Es blieben leere Experimente. Man schuf damit keine Reform. Gmeiner hatte recht behalten. Die Angriffe hatten ihn nicht zermürbt. Als schließlich der Nestor der Pädagogik in Österreich, Univ.-Prof. Hofrat Dr. Richard Meister, Präsident der Akademie der Wissenschaften, sein Urteil über das Werk Hermann Gmeiners fällte, atmeten wir dennoch befreit auf. Die Wissenschaft hatte die Gmeinersche Formel der Fürsorgeerziehung bejaht. Meister führte unter anderem aus:

„Es muß gesagt werden, daß die Erziehung des Kindes in der Familie, aus der es geboren ist, also von seiner eigenen Mutter, dem eigenen Vater, schlechthin unersetzlich ist. Dieser Grundsatz gilt auch gegenüber allen Erziehungsnotständen. Es wird also niemals eine noch so gut durchdachte Ersatzeinrichtung das erreichen, was eine nur einigermaßen gut funktionierende Familie dem Kinde bietet.

Es entstand daher das Problem, für elternlose, nicht adoptionsfähige Kinder Einrichtungen zu schaffen, die wenigstens den Funktionen von Mutter und Vater so nahekommen als möglich. Und hier darf man wohl sagen, daß die geglückteste Unternehmung in dieser Richtung die SOS-Kinderdörfer sind; denn in der ‚Mutter', die nur eine kleine Zahl von Kindern — acht bis zehn etwa, und das ist durchaus erträglich — zu betreuen hat, ist die Funktion der Mutter, die in unmittelbarem seelischen Kontakt ist und die den Kleinsten die Möglichkeit des Aufwachsens im mütterlichen Lebensraum gibt, so gut erfüllt, als es eben geht, wenn nicht die eigene Mutter diese Funktion versieht. Und wenn man vielleicht auch bei den Kinderdörfern, die das weibliche Element in vollkommener Weise ersetzen, manchmal bemängelt, daß das väterliche Element zu kurz kommt, glaube ich, daß es auch bei den SOS-Kinderdörfern gelungen ist, die richtige Ersatzmöglichkeit zu schaffen. Es ist der Dorfleiter, der dem Kinde das Erlebnis des Vaters gibt, der Zeit und Geduld für das Kind hat.

So glaube ich, daß wir wirklich mit großer Anerkennung und mit großer Zuversicht in das Wirken der SOS-Kinderdörfer sehen können."

Das Geheimnis der Mutterschaft in den SOS-Kinderdörfern aber hatte sich damals uns allen schon vielfältig geoffenbart. Immer wieder tat es sich kund im wirklichen Leben. Und dort war es dann voll Überzeugungskraft. Kein wissenschaftliches Urteil könnte dieses Geheimnis besser demonstrieren als die Briefe von Kinderdorfkindern.

Hier zwei dieser Dokumente:

Ein Bub aus dem SOS-Kinderdorf Imst, der 19jährige Georg, von Beruf Automechaniker, schrieb an seine Kinderdorfmutter:

„Liebe Mutter!

Zum ersten Mal seit acht Jahren werde ich am Muttertag nicht bei Dir sein. Erst wenn der Dienst beim Militär vorbei ist, komme ich wieder nach Haus. Der Meister, bei dem ich zuletzt war, hat geschrieben, daß ich gleich nach dem Militär wieder bei ihm anfangen kann. Das werde ich tun, denn der Meister ist gut und ein Mann, von dem man viel lernen kann. Später möchte ich meine eigene Autoreparaturwerkstatt haben. Jetzt schreibe ich Dir, damit Du weißt, daß ich derselbe geblieben bin, zu dem Du beim Abschied ‚bleib brav, Bub!' gesagt hast. Du brauchst keine Angst mehr um mich zu haben. Und ich hab' auch hier gute, ordentliche Freunde, einen, der nach dem Militär Lehrer werden will, und einen, der gelernter Buchdrucker ist. Jetzt, wo ich bald neunzehn bin, fange ich an zu verstehen, was sich in mir und in meinem Leben dadurch geändert hat, daß ich ins Kinderdorf gekommen bin, wo Du meine Mutter geworden bist. Du hast eine schwere Zeit und viel Kummer mit mir gehabt. Aber wie ich war und was ich alles angestellt und was ich Dir angetan habe, kann ich mir eigentlich nicht ganz vorstellen. Ich schäme mich, wenn ich an den Abend denke, an dem ich zu Dir gesagt habe: ‚Was willst du eigentlich mit deinem besorgten Getue? Mich haben auch Prügel nicht weichgemacht. Du machst mich mit deinem Seufzen bestimmt nicht weich!' Ich schäme mich, weil ich weiß, daß Du dann geweint hast. Dabei bist Du der einzige Mensch auf der Welt, den ich habe und der zu mir hält. Du hast nie zu mir gesagt, daß ich schlecht und verdorben bin, wie alle anderen, bei denen ich vorher war. Auch damals, wie ich die zwanzig Schilling aus Deiner Manteltasche stehlen wollte, hast Du nicht gesagt, daß Du endlich weißt, wer der Dieb ist, der immer Dein Geld nimmt. Du hast mich angeschaut und hast gesagt: ‚Georg, das ist doch das Geld, von dem wir der Midi das Geburtstagsgeschenk kaufen wollten!' Es war das letzte Mal, daß ich so etwas tun wollte. Wenn mir heute irgend etwas durch den Kopf blitzt, das nicht in Ordnung ist, sehe ich gleich Dein Gesicht und höre Deine Stimme. So beschützt Du mich, *glaube ich, vor jedem Unglück. Ich werde immer so sein, daß Du und Gustl und Midi und die Kleinen, daß sich keiner von Euch für mich zu schämen braucht. Ich wüßte auch nicht, was ich tun sollte, wenn ich Euch nicht hätte oder einer wär', mit dem Ihr nichts zu tun haben wollt. Ich wäre froh, wenn die Gundi und der Seppl nie erfahren würden, daß Du nicht ihre wirkliche Mama bist. Oder wenn sie es erfahren, soll es ihnen so gehen wie mir. Du und meine eigentliche Mutter, von der ich nur wenig weiß, sind ein und derselbe Mensch. Ich kann mir überhaupt keine bessere Mutter vorstellen. Ich möchte gern dabei sein, wenn Dir die Kleinen am Sonntag Blumen bringen und Gedichte aufsagen werden. Ich selber bin, mit meinen neunzehn Jahren, ein Kind, wenn ich an Dich denke. Du kannst Dich ganz auf mich verlassen! Nur bleib immer meine gute Mutter. Ich brauche Dich.*

Dein Georg."

Ein anderer, seiner Imster Kinderdorffamilie entwachsener Bub, der inzwischen Buchhalter ist und in Hamburg lebt, sandte folgenden Brief:

„Liebste Mama!
Endlich komme ich wieder dazu, Dir zu schreiben. Du ahnst gar nicht, was ich in den Wochen, seitdem ich hier bin, alles zu erledigen hatte! Das Wichtigste ist wohl, daß Anneliese und ich geheiratet haben. Wir hätten uns riesig gefreut, wenn Du zur Hochzeit gekommen wärst; aber wir verstehen, daß Du jetzt, wo neue Kinder zu unserer Familie gekommen sind, nicht weg kannst. Ich weiß, was das bedeutet. Auch ich war einmal so allein, bis ich bei Dir ein Daheim gefunden habe. Und Du hast in der ersten Zeit viel Sorgen und Mühen mit mir gehabt. Nun hast Du sicher den Kopf geschüttelt und gemeint, mit dem Heiraten hätten wir uns nicht so zu beeilen brauchen. Aber schau, Mama, wenn man sich gut versteht und sowieso vorhat, zu heiraten, dann ist es doch gleich, ob man es gleich oder

später tut. Ich hab' hier in Hamburg eine gute Stelle und verdiene so viel, daß Anneliese und ich gut durchkommen. Sie ist eine prima Hausfrau, ihre Kochkenntnisse setzen mich jeden Tag in Erstaunen. Außerdem ist sie sparsam, und manches Mädel in ihrem Alter könnte sich da etwas abschauen. Ich fühle mich als junger Ehemann sehr wohl. Du weißt doch selbst, was ein ordentliches Zuhause bedeutet. Vielleicht hab' ich mich auch deshalb so schnell um ein anständiges und nettes Mädel umgesehen, damit ich wieder so ein Zuhause hab', wie ich es bei Dir haben durfte. Und ich glaube, ich habe bei meiner Wahl eine gute Hilfe gehabt, indem ich Dich als Vorbild vor Augen hatte. Freilich, man muß kleine Opfer bringen, aber das tut man doch gern, wenn man einem Menschen aufrichtig zugetan ist. Mit viel Freude haben wir jetzt unsere Wohnung eingerichtet. In meinem nächsten Brief werde ich sie Dir ein wenig beschreiben. Wir haben es richtig gemütlich. Ja, Mama, einer Deiner Pfleglinge ist also verheiratet. Was gibt es bei Euch Neues? Ist Gretis Blinddarm schon herausoperiert? Wie geht es Martha jetzt mit dem Lernen? Ich denke viel an Euch und freue mich jedesmal, wenn ein paar Zeilen von Euch kommen. Wann es ein Wiedersehen gibt, weiß ich noch nicht. Aber meine Gedanken gehen sehr oft hin zu Euch. Für heute schließe ich. Und ich danke Dir nochmals für Dein Telegramm und den Brief und für alles Gute, was Du mir getan hast. Recht herzliche Grüße an unsere ganze Familie. Schreib bald wieder! Hab keine Sorgen um mich, liebe Mama, und sei herzlichst gegrüßt von Deinem

Herbert."

Der Weg einer Mutter ins SOS-Kinderdorf

Wie seltsam die Wege dieser Frauen oft sind, bevor sie ihre Lebensaufgabe im SOS-Kinderdorf finden, möge die Erzählung einer Kinderdorfmutter aus Imst zeigen:

„Ich war 22 Jahre alt und arbeitete in einem technischen Büro als Zeichnerin. Ich hatte Freunde und Freundinnen und lernte eines Tages einen jungen Ingenieur kennen, der sozusagen mein Schicksal wurde. Er hielt um meine Hand an. Ich sagte ja. Die Welt verwandelte sich für mich in ein schönes Märchen. Der Termin unserer Hochzeit stand fest. Wir suchten eine Wohnung, schmiedeten Zukunftspläne und waren mit unseren romantischen Schwärmereien vielleicht ein bißchen altmodisch — aber sehr glücklich. Eines Tages erreichte mich im Büro eine entsetzliche Nachricht. Bei einem Unglück auf einer Baustelle hatte mein Verlobter lebensgefährliche Verletzungen erlitten. Ich betete für ihn Tag und Nacht. Aber alle Bemühungen der Ärzte waren vergeblich. Da brach die Welt für mich zusammen. Ich konnte mit niemandem mehr reden. Ich konnte meine Eltern, meine besten Freunde nicht ausstehen. Was immer ich tat, hatte für mich keinen Sinn. Mit Gott und der Welt zerfallen, verbrachte ich schwere Tage, Wochen und Monate. Einmal fiel mir der Kinderdorfbote in die Hand, den ich bis dahin kaum beachtet und als Angelegenheit meiner Mutter betrachtet hatte. Ich erfuhr zum ersten Male, daß die SOS-Kinderdörfer alleinstehende Frauen suchten, die unglücklichen, einsamen Kindern eine gute Mutter werden wollten. Zunächst dachte ich gar nicht daran, selber SOS-Kinderdorfmutter zu werden. Ich interessierte mich für die SOS-Kinderdörfer und ihre Einrichtungen, das Leben der Mütter und der ihnen anvertrauten Kinder und betrachtete mein neues Interesse eigentlich als angenehme Ablenkung von meinem Kummer. Ab und zu erzählte ich meinen Freundinnen, daß ich begonnen hatte, mich mit dem Gedanken, Kinderdorfmutter zu werden, ernsthaft auseinanderzusetzen. Sie schüttelten erstaunt den Kopf. Auch meine Eltern waren zunächst skeptisch. In mir reiften jedoch alle Überlegungen allmählich zu einem endgültigen Entschluß. Ich wollte nicht vor der Welt fliehen. Ich wollte mich mit ihr aussöhnen. ‚Du hast noch viel Liebe zu verschenken!' meinte meine Mutter einmal. Sie meinte es anders als ich. Ich schrieb meine Bewerbung.

Neun Kinder habe ich heute, Buben und Mädchen, einige von ihnen waren richtige Sorgenkinder, die meine Geduld mehr als einmal auf eine harte Probe gestellt haben, bevor es mir gelang, auch ihre Liebe und ihr Vertrauen zu gewinnen. Wenn ab und zu ein Besucher in unser SOS-Kinderdorf kommt und Fragen stellt, fällt mir plötzlich ein, daß es nicht meine leiblichen Kinder sind, die ich so ganz in mein Herz geschlossen habe. Das macht mich für eine Weile ein wenig nachdenklich und traurig. Aber gibt es ein Jahr, das ohne dunkle Wolke und ohne Regen wäre? Es gibt kein vollkommenes Glück. Ich begnüge mich gern mit dem unvollkommenen: der Gewißheit, Liebe geben und Gutes in die Herzen meiner Kinder pflanzen zu können. Habe ich nicht den schönsten Beruf gewählt, den es gibt?"

Gmeiners großer Geheimplan

Gmeiner trug schon seit Herbst 1955 einen Gedanken mit sich herum. Wir alle spürten das. Niemandem gegenüber schloß er sich vorerst auf. Gerne fuhr er, sooft er in Wien zu tun hatte, mit dem Wagen den Wienerwald ab. Dann betrachtete er aufmerksam die Gegend, hielt von Zeit zu Zeit an, stieg aus, ging ein Stück des Weges zu Fuß, fuhr wieder langsam weiter und war am Abend meist ausgelassen fröhlich. Ich hatte ihn ein paarmal dabei begleitet. Endstation war stets ein Heurigenlokal. Gmeiner liebt einen guten Tropfen. Hat er ihn wo entdeckt, dann müssen mehrere Viertel daran glauben. Der Wein lockert seine Zunge und läßt seinen Gedanken oft freien Lauf. Und so platzte er nach einer solchen Wienerwaldrundfahrt auch mit dem in ihm so lange gereiften Plan heraus, am Rande von Wien ein viertes und bisher größtes SOS-Kinderdorf zu errichten. Ich hatte es geahnt, aber geschwiegen, weil ich Gmeiners einsame Entschlüsse zu respektieren gelernt hatte. Er hat es nicht gerne, wenn man ihn zu früh aus der Reserve lockt. Nun aber stießen wir auf dieses neue Dorf an. Wir waren Feuer und Flamme.

„Es muß ein großes Dorf werden", meinte Gmeiner. „Ich stelle mir mindestens 25 Häuser vor." Die Finanzierungsfrage tat er vorerst mit einer Handbewegung ab. Für ihn war es nie zweifelhaft, daß er Geld für ein Projekt auftreiben würde, wenn dieses Projekt gut war. Und dieses neue Projekt war gut. Daran gab es bald keinen Zweifel. Der Zweifel seiner Mitarbeiter bestand lediglich darin, daß wir die vielen Millionen nicht erhalten würden, um es zu verwirklichen.

Zwei weltpolitische Ereignisse trieben dieses Projekt rasch voran. Das eine war 1955 der von niemandem erwartete Abschluß eines österreichischen Staatsvertrages. Durch den Abzug der Besatzungsmächte waren kurze Zeit hindurch größere Objekte rund um Wien sehr preiswert zu erwerben. In Hinterbrühl bei Wien hatte Gmeiner schon längst einen alten Park entdeckt, der ihm für den Bau eines SOS-Kinderdorfes geeignet erschienen war. Jetzt mußte man rasch zugreifen. Die Grundstückspreise konnten über Nacht in die Höhe klettern. Mit den letzten Reserven wurde dieses Gelände erstanden.

Das zweite Ereignis war ein Jahr später die Ungarnrevolution. Hunderttausende Menschen waren plötzlich über die Grenze nach Österreich geschwemmt worden und füllten Schulen, Schlösser, Kasernen und Barackenlager. Das Elend, das diesen Flüchtlingsstrom begleitete, war groß. Hunderte Kinder hatten ihre Eltern verloren. Sie hatten ihre Heimat verloren. Es mußte ihnen rasch geholfen werden. Der Auftrag zum Bau des SOS-Kinderdorfes Hinterbrühl wurde erteilt. 20 Häuser sollten in einer Bauetappe entstehen.

Zwei Architekten arbeiteten fieberhaft. Eine Baugemeinschaft begann mit der schwierigen und kostspieligen Aufschließung des Geländes. Aus dem stillen Park in der hinteren Brühl, in der Nähe jenes historischen Platzes, wo Franz Schubert sein berühmtes Lied „Am Brunnen vor dem Tore" komponiert hatte, war eine riesige Baustelle geworden. Schwere Bagger schoben Erdberge vor sich her. Kräne transportierten in luftiger Höhe Ziegelladungen. Lastwagen rollten unentwegt mit

Sand- und Schotterladungen an. Inmitten dieses Hexenkessels stand Hermann Gmeiner und schmauchte sein Pfeifchen. In seinem Kopf begann sich jetzt der Plan zu ordnen für einen Feldzug der Menschlichkeit, um das Geld für dieses größte SOS-Kinderdorf aufzutreiben.

Und Gmeiner trieb es auf. Bei den Generaldirektoren der großen Industrien und Banken holte er sich Zusagen für die Stiftung von Kinderdorfhäusern. An alle Wiener Haushalte aber richtete er einen Appell der Liebe. Am Muttertag 1956 ging dieser Aufruf hinaus und wandte sich diesmal nur an die Frauen:

„Liebe Frauen und Mütter in Wien!
Diesen Brief an Sie möchte ich mit der Erzählung einer kleinen Begebenheit aus dem SOS-Kinderdorf Imst beginnen. Vor ein paar Wochen kamen Heinz, Seppl und Ilse, die drei ältesten Geschwister einer neunköpfigen Kinderdorffamilie, recht schüchtern und tolpatschig in mein Zimmer. Sie hatten eine große Bitte auf dem Herzen: ‚Unsere Mutti hat übermorgen Geburtstag, bitte bringen Sie uns Blumen aus Innsbruck mit, die schönsten, die es gibt, mit Seidenpapier und einer großen Schleife rundherum. Unsere Mutti hat Blumen so gern.'

Dieses Erlebnis, liebe Mütter und Frauen, ging mir tief zu Herzen. Ich habe ja den Tag miterlebt, an dem Heinz, ein Häuferl Elend, ins Kinderdorf kam. Ich habe Ilse noch blau von den Schlägen ihres jähzornigen Vaters gesehen und den kleinen Seppl, als er weinend vor der Bahre seiner toten Eltern lag, die ihm ein tragischer Unfall entrissen hatte. Ich habe Kinder aus dem Elend aufgelesen, kleine unschuldige Geschöpfe, die in ihrem jungen Leben nur Not und Erbärmlichkeit und so manche fast unmenschliche Entgleisung kennengelernt hatten. Nun darf ich es erleben, daß diese Kinder wieder an eine Frau, die sie unter ihre liebende Obhut nahm, wie an eine eigene Mutter glauben. Und ich bin von unaussprechlicher Dankbarkeit gegenüber allen Frauen und Müttern erfüllt.

Für einen so großen Strauß, wie sie ihn wollten, haben die wenigen Schillinge, die mir Heinz, Seppl und Ilse gaben, nicht gelangt. Aber ihre Mutter bekam ihn. Ich habe, als ich die Geburtstagsblumen besorgte, an meine eigene liebe tote Mutter gedacht. Was sie mir war, sind die SOS-Kinderdorfmütter ihren Kindern: Frauen, die alle Opfer der Liebe frohen Herzens auf sich nehmen und ein Leben lang ihren Kindern dienen. Ich dachte auch an jene vielen zehntausend Frauen und Mütter, die jahrelang als Freund- und Gönnermitglieder durch ihre großen und kleinen Spenden bei der Entwicklung der SOS-Kinderdörfer in Österreich mithalfen und die Kinderdorfarbeit überhaupt erst ermöglichten.

In zahlreichen Briefen wird mir heute beinahe täglich für die Errichtung dieser SOS-Kinderdörfer gedankt. Ihr Dank, liebe Mütter und Frauen, beschämt mich. Ich bin Ihnen Dank schuldig, allen voran den Frauen und Müttern von Wien, die für unsere SOS-Kinderdörfer schon so viel Gutes getan haben. Ich danke Ihnen für Ihre Hilfe und Ihr Vertrauen und komme nicht mit leeren Händen. Ich habe mich entschlossen, nach Wien zu kommen, um am Rande von Wien das

4. ÖSTERREICHISCHE SOS-KINDERDORF

zu bauen. Dieses Versprechen werde ich schon bald einlösen; denn immer noch treffen dringende Ansuchen um Aufnahme von ärmsten, verlassenen Kindern in der Zentralkanzlei der SOS-Kinderdörfer ein. Die Not dieser Kinder gibt mir auch den Mut, meine Zeilen mit einer Bitte abzuschließen. Es ist die Bitte, mir bei der Errichtung des Kinderdorfes bei Wien zu helfen, damit auch hier ein so schönes Dorf, wie es das Imster Kinderdorf ist, entstehen kann, ein Dorf der Kinder, das nach innen den stillen Frieden echter Mutterliebe und nach außen hin eine neue Idee kündet: dem elternlosen und verlassenen Kind an Stelle von Anstalten und Heimen den natürlichen, ihm von Gott zugedachten Lebensraum, die Familie, eine gute Mutter und frohe Geschwister zu schenken!

Ich weiß um Ihre Sorgen, liebe Frauen und Mütter, und um Ihr schweres und selten so ganz anerkanntes Bemühen, die Schwierigkeiten des Alltags zu meistern. Ich bitte daher nicht um ein großes Opfer, ich bitte Sie, sich mit

EINEM EINZIGEN SCHILLING IM MONAT

der großen Freund- und Gönnergemeinde der SOS-Kinderdörfer Österreichs anzuschließen. Dieser eine Schilling bringt — von vielen gegeben — so viel Gutes zustande. Er ist die Grundlage der gesamten SOS-Kinderdorfarbeit. Kindern, die allein und ohne Liebe auf der Welt sind, bedeutet er eine neue Heimat, eine glückliche Kindheit, eine lichte Zukunft und ein menschenwürdiges Leben.

Im Namen der Kinderdorfkinder dankt Ihnen und grüßt Sie auf das herzlichste

Ihr ergebener
Hermann Gmeiner."

In seiner winzigen Kinderdorfkanzlei in den Tuchlauben in Wien, in der Hermann Gmeiner heute noch immer residiert und die so klein ist, daß kein Schreibtisch, sondern nur ein kleiner ovaler Tisch mit zwei Sesseln darin Platz haben, empfing er in jenen Tagen pausenlos den Besuch guter Menschen, die ihm Schilling für Schilling auf den Tisch legten. Nicht nur Schillinge. Eine alte Frau brachte ihm ein Säckchen mit 100 Dukatenstücken. 50 Jahre lang hatte sie dieses Säckchen bereits verwahrt. Jetzt wollte sie das Geld in Leben verwandeln. Ein Rentner brachte einen Goldklumpen, den er in einen Stein eingemauert hatte. Man brachte Gmeiner Bilder und Schmuck, Aktien und Markensammlungen. Eine Frau und Mutter schrieb: „Lieber Hermann Gmeiner! Hier sind 100 Schilling. Diese Spende will ich von nun an jeden Monat zahlen, solange ich lebe. Denn mein Sohn ist gestorben, und da ich jetzt niemanden mehr habe, will ich armen und verlassenen Kindern etwas helfen."

Firmen spendeten Ziegel und Zement, Rohre und Holz, Heizkörper und Lichtleitungen, Türbeschläge und Teppiche. Es war wie ein echter Aufbruch der Liebe, den Hermann Gmeiner mit dem Baubeginn des größten SOS-Kinderdorfes bei Wien ausgelöst hatte.

„Ich habe es immer gewußt", sagte er, „das goldene Wienerherz wird mich nicht im Stich lassen. Jetzt werde ich den Wienern ein Dorf bauen, das ihr Stolz sein wird!"

Und als bereits im Herbst desselben Jahres die erste Dachgleichenfeier stattfand, konnte Gmeiner Tausende Wiener begrüßen. Vor allem aber war erstmals die Prominenz anwesend, die führenden Männer der Politik, der Industrie, der Wirtschaft.

Einer dieser führenden Politiker sagte in seiner Rede: „Wer in Österreich an verantwortlicher Stelle steht, hat mit seinem Amt viele Sorgen mitbekommen, darunter auch die Sorge um elternlose und verlassene Kinder. Wir müssen jedem dankbar sein, der diese Sorgen mit uns teilt und mithilft, sie zu tragen. Von unseren Ämtern wird viel getan. Aber ein Amt leistet andere Arbeit als die private Fürsorge. Ein Amt hat Beamte, die ihre Pflicht, ihren Beruf gewissenhaft erfüllen. Für die Männer und Frauen, die in den SOS-Kinderdörfern mitarbeiten, ist es eine Berufung. Sie tragen das lodernde Feuer der SOS-Kinderdorfidee in sich und können nicht anders, als dem Kinde helfen, das in Not ist. Ihnen unsere Unterstützung zukommen zu lassen ist für uns eine Selbstverständlichkeit und Freude.

Ich ging gestern durch die Lager der Ungarnflüchtlinge und sah dabei viele Kinder. Sie waren die einzigen, die in den Baracken, die das Leid armer, gequälter, heimatloser Menschen bargen, lachten. Warum? Weil eine Mutter sie ans Herz drückte, weil sie wußten, die Eltern sind da, weil ihre eigentliche Heimat die Eltern sind. Daraus habe ich ersehen, wie wichtig es ist, den Kindern, die keine Eltern mehr haben, ein Zuhause zu schenken. Heimat ist nicht nur See und Wald und Berg und Land. Heimat ist Liebe! Darum ist es uns in den SOS-Kinderdörfern so warm, weil die Flamme der Liebe, die die SOS-Kinderdorfmütter in ihren Herzen tragen, auch auf uns ihre beglückende Wärme ausstrahlt. Von dieser Wärme soll sich jeder, der die SOS-Kinderdorfidee in Österreich verwirklichen hilft, seinen Teil holen."

Die Muttertagswerbung sollte den Stand der Freund- und Gönnermitglieder der SOS-Kinderdörfer auf 500.000 erhöhen. Wir mußten dieses Ziel schaffen. Die Erhaltung eines so großen SOS-Kinderdorfes und der übrigen drei SOS-Kinderdörfer in Imst, Altmünster und Lienz würde jährlich bereits viele Millionen kosten. Die öffentliche Fürsorge würde wohl auch weiterhin rund ein Drittel der Unterhaltskosten tragen, aber der Rest mußte aus regelmäßigen Spenden aufgebracht werden.

Der Bau dieses großartigen Dorfes, mit dem Hermann Gmeiner uns alle überrumpelt, zugleich aber eine ungeahnte Aufwärtsentwicklung ausgelöst hatte, stellte uns jedoch auch vor ernsthafte Aufgaben wie zum Beispiel die Auswahl neuer Kinderdorfmütter. Alles wurde bewältigt. Das Feuer war entfacht. Es ließ sich nicht mehr eindämmen. Wir kannten nur mehr eines: Hinterbrühl muß werden! Und es muß zum bisher deutlichsten Einbruch in die Welt der Fürsorgeerziehung werden!

Freilich schlug damit für mich persönlich eine neue Schicksalsstunde. Ich sollte dieses neue Dorf übernehmen. Es wurde ein bitterer Abschied von meinem geliebten Altmünster. Die Mütter konnten es nicht fassen. Wir waren eine kleine verschworene Gemeinschaft geworden. Aber zuletzt erkannten auch diese Frauen, daß wir mit dem SOS-Kinderdorf größere Aufgaben zu erfüllen hatten. Wir mußten beginnen, diese Idee hinauszutragen über die Grenzen Österreichs; hinaus in die Welt. Hinterbrühl sollte dafür das Sprungbrett sein.

Am letzten Abend vor meiner Übersiedlung nach Hinterbrühl ging ich mit Ulrich lange im Dorf spazieren. Wir spürten beide, daß wir uns liebgewonnen hatten. Er sah zu mir auf wie zu einem Vater. Das werde ich ihm auch in Zukunft sein, sagte ich mir. Er hatte mir schließlich den Weg ins SOS-Kinderdorf gewiesen. Sein Schicksal hatte sich mit meinem gekreuzt. Ich legte meine Hand auf seine Schulter. „Ulrich, mach mir keine

Schande! Und wenn du mich brauchst, so weißt du, daß ich immer für dich da bin."

Bereits ein Jahr später war das SOS-Kinderdorf Hinterbrühl von rund 200 Kindern bevölkert. 25 schmucke Häuser boten das Bild eines echten Dorfes, in dessen Mittelpunkt — wie in Imst — ein Brunnen stand. Das Gemeindehaus war von Anfang an durch eine große Villa gegeben, die sich bereits auf dem Gelände befunden hatte. Sie wurde baulich in die ganze Anlage einbezogen.

Mit der Schaffung des SOS-Kinderdorfes Hinterbrühl als dem größten SOS-Kinderdorf Europas hatte Hermann Gmeiner seine Idee unauslöschlich verankert. War Imst der harte Anfang, der gewagte Start, die Bewährungsprobe der Idee, so wurde Hinterbrühl bald zum Mittelpunkt, zum Schaufenster und zum großen Sprachrohr der Idee. Die SOS-Kinderdorfarbeit war aus dem Stadium des Experimentes herausgetreten. Sie begann langsam, aber mit unaufhaltbarer Sicherheit klassisch zu werden. Experten aus aller Welt wurden von diesem Dorf angezogen. Presseleute strömten von nah und fern herbei. Staatsbesuchen wurde dieses echt österreichische Werk gezeigt. Könige kamen und Ministerpräsidenten. Und Hunderttausende Österreicher; Wiener vor allem. Und sie alle erleben heute noch dieses Dorf als ein Werk, das alle gemeinsam gebaut haben: der Rentner, der seinen Schilling monatlich geopfert hat, zusammen mit dem Industriellen, dessen Name das von ihm gestiftete Haus ziert. Das Dorf wurde zu einem leuchtenden Beispiel, daß ein gemeinsames Opfer etwas Großes und Gutes hervorbringen kann; auch in unserer Zeit der Vermaterialisierung; auch in unserer Zeit des Egoismus. Die Menschen müssen nur herausgerissen werden aus ihrer Gleichgültigkeit. Sie sind bereit, Gutes zu tun, wenn sie angesprochen werden. Hermann Gmeiner wußte die Menschen anzusprechen. Niemand konnte sich seiner Arbeit mehr verschließen.

Siegeszug in Europa

Ähnlich wie in der Bundesrepublik Deutschland hatte es in Frankreich begonnen. Ein junger Volksschullehrer namens Gilbert Cotteau las eines Tages in der Zeitung eine kleine Notiz über das SOS-Kinderdorf Imst. Der Gedanke daran ließ ihn nicht mehr los. Während der Schulferien 1956 fuhr er nach Tirol, um sich dieses SOS-Kinderdorf anzusehen. Ins Gästebuch schrieb er die Worte: „Eine herrliche Idee, verlassenen Kindern zu helfen. Ich werde dasselbe in Frankreich versuchen!" Er hatte es sich einfacher vorgestellt. Eines Tages war er wieder in Imst, um sich bei Hermann Gmeiner persönlich Rat und Hilfe zu holen. Wir hatten lange Gespräche mit diesem Franzosen. Als er nach Frankreich zurückfuhr, waren wir Freunde geworden. Er sagte seinem Lehrerberuf ade und widmete sich von da an ganz der Aufgabe, auch in Frankreich ein SOS-Kinderdorf zu bauen. Ein Jahr später schon konnten Gmeiner und ich in der kleinen Stadt Busigny im Norden Frankreichs die ersten Kinderdorfhäuser besichtigen. Das SOS-Kinderdorfmodell für Frankreich war geboren. Es sollte Anfang einer erfolgreichen Entwicklung sein. Heute überziehen zehn SOS-Kinderdörfer Frankreich von der belgischen Grenze bis hinunter nach Marseille. Wieder hatte der totale Einsatz eines für die Idee Gmeiners entzündeten Menschen dieses Werk möglich gemacht.

Auch in Italien regten sich damals die ersten Stimmen für ein SOS-Kinderdorf. Gmeiner wußte auch dort geschickt den Faden aufzunehmen. Ein italienischer SOS-Kinderdorfverein wurde gegründet. Die Stadt Trento mit dem ersten italienischen SOS-Kinderdorf wurde zum Stützpunkt dieser Arbeit. Ein zweites Kinderdorf entstand bald darauf in Ostuni bei Brindisi.

Von Anfang meiner Tätigkeit beim SOS-Kinderdorfverein an war ich auf Grund meiner Sprachkenntnisse und reichen Auslandserfahrungen derjenige, bei dem alle diese Kontakte der sich langsam über Österreichs Grenzen hinweg ausbreitenden Arbeit zusammenliefen. Ich erkannte sehr bald, daß wir nicht einfach nur neue SOS-Kinderdörfer inspirieren dürften, sondern darüber zu wachen hätten, daß die erstmals in Imst geprägte SOS-Kinderdorfidee rein erhalten bleibt. Es war daher an der Zeit, das sich regende Bäumchen der internationalen SOS-Kinderdorfentwicklung anzupflocken, damit es nicht schief wachsen oder verkrüppeln würde. Dies konnte nur über die Gründung eines Dachverbandes geschehen. Am 26. November 1960 wurde er in der Europastadt Straßburg unter dem Namen „Europäischer Verband der SOS-Kinderdörfer" aus der Taufe gehoben. Im Sitzungsraum Nr. 201 des Europahauses versammelten sich die Vertreter der bereits bestehenden SOS-Kinderdorfvereine von Österreich, Deutschland, Frankreich und Italien. Bei dieser Sitzung legten wir gemeinsam fest, den Namen SOS-Kinderdorf und das SOS-Kinderdorfemblem zu schützen. Nur Vereine, die bereit waren, die Grundsätze der SOS-Kinderdorfidee zu verwirklichen, dürften als ordentliche Mitglieder in den Verband aufgenommen werden. Diese heute noch unverändert gültigen Grundsätze hat Hermann Gmeiner ausgearbeitet. Sie besagen:

- Die SOS-Kinderdörfer führen elternlose, verlassene Kinder in ihre natürliche, ihnen von Gott zugedachte Welt, die Familie, zurück. Sie wollen vor allem den Kindern helfen, die infolge des Verlustes oder des Versagens der Eltern in Bedrängnis geraten sind und unter mangelnder Fürsorge leiden.
- Die SOS-Kinderdorferziehung ist eine Familienerziehung und jedes SOS-Kinderdorf daher die Zusammenfassung mehrerer familiennaher Erziehungsstätten. Diese Erziehungsstätten sind die SOS-Kinderdorffamilien. Jede SOS-Kinderdorffamilie besteht aus sieben bis neun Kindern, Buben und Mädchen verschiedenen Alters, die wie Geschwister zusammen aufwachsen. Das Oberhaupt der SOS-Kinderdorffamilie ist die SOS-Kinderdorfmutter, eine alleinstehende Frau, die sich dazu entschlossen hat, den ihr anvertrauten Kindern für immer eine gute Mutter zu sein.

- In den SOS-Kinderdörfern sollen die Kinder unter den gleichen Bedingungen wie die Kinder jeder anderen natürlichen, geordneten Familie aufwachsen. Jede SOS-Kinderdorffamilie bewohnt ihr eigenes Haus und führt ihren eigenen Haushalt. Die Wohnstube und der häusliche Herd ermöglichen das Zustandekommen jener gesunden, heimeligen Atmosphäre, in der sich das Kind geborgen fühlen kann.
- Die Kinder sollen einen möglichst engen Kontakt zur Umwelt ihres SOS-Kinderdorfes haben. Sie sollen sich nicht abkapseln und anders fühlen als alle übrigen Kinder. Bei der Einrichtung der SOS-Kinderdörfer wird daher alles vermieden, was eine Trennung zwischen ihnen und ihrer Umwelt errichten könnte. In den SOS-Kinderdörfern gibt es deshalb auch keine kinderdorfeigenen Schulen. Die schulische und religiöse Betreuung der Kinder erfolgt in den bestehenden öffentlichen Einrichtungen.
- Die SOS-Kinderdörfer betreuen die ihnen anvertrauten Kinder so lange, bis sie selber imstande sind, ihr Leben zu meistern. Ihr SOS-Kinderdorf ist ihre Heimat. Die SOS-Kinderdorffamilie, aus der das Kind stammt, bleibt sein Zuhause. In den SOS-Kinderdorffamilien verbleiben die Kinder jedoch im allgemeinen nur bis zum Ende der Pflichtschulzeit. Während der Zeit der Berufsausbildung bzw. des Studiums stehen ihnen kinderdorfeigene Einrichtungen, zum Beispiel die SOS-Kinderdorf-Jugendhäuser, zur Verfügung, die für Burschen und Mädchen getrennt geführt werden.
- Die Aufnahme eines Kindes in ein SOS-Kinderdorf erfolgt nach dem Grad seiner Bedürftigkeit. Es können nur körperlich und geistig normale Kinder aufgenommen werden. Die aufgenommenen Kinder sollen bis zu ihrer Großjährigkeit unter der Obhut des SOS-Kinderdorfes verbleiben können.
- Jedes Kind wird in seiner Religion erzogen. In jeder SOS-Kinderdorffamilie sollen Kinder gleicher Konfession leben.
- Die SOS-Kinderdörfer sind moderne Waisenfürsorgeeinrichtungen. Sie wollen öffentliche und private Institutionen

anregen, bei der Betreuung elternloser, entwurzelter, milieugeschädigter Kinder ähnliche Wege zu gehen.
- Die den SOS-Kinderdörfern anvertrauten Kinder werden zu völkerverbindendem Denken und jener Menschenwürde erzogen, die die Grundlage der Freiheit und der friedlichen Entwicklung unserer Welt ist.

Bei dieser gründenden Generalversammlung des Dachverbandes von SOS-Kinderdorf wurden Hermann Gmeiner zum Präsidenten und ich zum Generalsekretär gewählt. Keiner von uns beiden ahnte, daß unser kleiner Verband kaum 15 Jahre später eine weltumspannende Organisation von 62 Vereinen aus 53 Staaten darstellen würde, die über mehr als 100 SOS-Kinderdörfer zu wachen haben würde. Wir waren damals auf unseren Europaverband sehr stolz und vor allem darauf, daß der Sprung der Idee über Österreichs Grenzen in einige Nachbarstaaten geglückt war.

Die Verbreitung der SOS-Kinderdorfidee in Europa war damit nicht mehr aufzuhalten. Sie nahm in den folgenden Jahren ihren Einbruch in das bisherige Fürsorgesystem vom hohen Norden — Finnland — bis in den Süden Europas — Spanien und Portugal — vor.

In Finnland war es ein älteres kinderloses Ehepaar, das von der Idee angesprochen und entflammt wurde. Als Hermann Gmeiner und ich im SOS-Kinderdorf Imst diesem kleinen, schmächtigen und unscheinbaren Finnen gegenübersaßen, der da behauptete, mit seiner Frau zusammen ein SOS-Kinderdorf bauen zu wollen, wechselten wir einen schnellen Blick. Da konnte doch wirklich nichts herausschauen. Was wollte dieses Männlein, das da mit leiser, zaghafter Stimme in einem gebrochenen Deutsch von seiner Bereitschaft erzählte, sich ganz dieser Aufgabe zu verschreiben? Selbst Gmeiners gute Menschenkenntnis versagte damals. Wir blieben zurückhaltend und skeptisch. Wir stellten Forderungen, bevor überhaupt darüber gesprochen werden könnte, ob man der Gründung eines SOS-

Kinderdorfvereines in Finnland zustimmen werde. Der kleine Finne — Albin Gebhard mit Namen — flog vielleicht etwas enttäuscht zurück nach Helsinki. Wir sollten bald wieder von ihm hören. Er erfüllte nicht nur alle an ihn gestellten Forderungen. Er beschaffte mit seinen eigenen Ersparnissen ein geeignetes Baugelände in der Gartenstadt Tapiola bei Helsinki und gewann einen namhaften finnischen Architekten für eine kostenlose Planung. Er startete eine große Mitgliederwerbung und gab nach österreichischem Muster den ersten finnischen SOS-Kinderdorfboten heraus. Er wußte eine Gruppe selbstloser, einflußreicher Leute um sich zu sammeln, gab Pressekonferenzen und ließ die staatliche Fürsorge aufhorchen. Mit zähem Fleiß baute er aus dem Nichts heraus das erste finnische SOS-Kinderdorf auf. Und als ich dieses Dorf dann erstmals sah und mir die strohblonden Buben und Mädchen entgegensprangen, da wußte ich, daß wieder einmal ein SOS-Kinderdorfwunder geschehen war. Albin Gebhard ist inzwischen zum Opa aller finnischen SOS-Kinderdorfkinder avanciert. Sie kennen ihn alle, vom SOS-Kinderdorf Tapiola bis hinauf in das SOS-Kinderdorf Punkaharju im Norden.

Und tief unten im heißen Süden Europas war es eine junge Doktorin — Frau Maria do Ceu Mendes Correia —, bei der der SOS-Ruf Hermann Gmeiners Widerhall fand. Es war anläßlich einer UNICEF-Tagung in Lissabon, als sie das erste Mal den Namen SOS-Kinderdorf hörte. Er ließ sie aufhorchen. Und eines Tages war auch sie in Imst und kehrte mit dem Wunsch nach Portugal zurück, ein SOS-Kinderdorf zu bauen. Doch wie beginnen, wenn man kein Geld hat, keine Verbindungen und schon am allerwenigsten Erfahrungen? Eine Freundin — Palmira Matias —, wie Frau Mendes Correia in einem Ministerium beschäftigt, stellte sich ihr zur Seite. Wir hatten aus dem finnischen Experiment noch nicht gelernt. „Was sollen zwei so hilflose Frauen schon auf die Beine stellen?" meinte sogar Gmeiner. „Das sind doch leere Phantastereien!" Heute erhebt sich in der Nähe des berühmten Badeortes Estoril bei Lissabon ein herrliches SOS-Kinderdorf mit 15 Häusern; es ist eines der schönsten SOS-Kinderdörfer Europas. Ein brauchbares Modell einer zeitnahen Kinderfürsorge für ganz Portugal. Als es eingeweiht wurde, war die Prominenz Portugals mit dem Ministerpräsidenten an der Spitze vertreten. Gmeiner und ich sagten kein Wort mehr von Phantastereien. Wir waren von zwei einfachen Frauen eines Besseren belehrt worden.

Und so fiel der Same der SOS-Kinderdorfidee in fast allen europäischen Staaten auf fruchtbaren Boden. Wir hatten nicht viel dazuzutun. Wir hatten nur darüber zu wachen, daß jedes dieser neu entstehenden SOS-Kinderdörfer der Idee Hermann Gmeiners treu blieb. Heute sind es 44 SOS-Kinderdörfer in Europa, die ihre Modellfunktion erfüllen. Und selbst in den Ostblockländern hat man die Richtigkeit einer familiennahen Erziehung der Fürsorgekinder erkannt. Reger Erfahrungsaustausch und kinderdorfähnliche Experimente lockern auch dort den Boden für die Saat der Kinderdörfer.

Zehn Jahre Imst

Der Siegeslauf der SOS-Kinderdorfidee hatte jetzt eingesetzt. Aber wir behielten unseren klaren Kopf. Die Jahre des harten Kampfes und der vielen persönlichen Opfer hatten uns reif gemacht, auch dann nicht zu versagen, wenn der Erfolg sich auf unsere Seite zu schlagen begann. Wir verbrachten viele Tage und Nächte in ernsten Besprechungen, um unsere gesamte in- und ausländische SOS-Kinderdorfarbeit organisatorisch zu festigen. Es wurde geplant und erwogen, es wurden Richtlinien für die weitere Arbeit entworfen. Die Wellen des ersten Erfolges durften nicht über uns zusammenschlagen.

Inzwischen waren es zehn Jahre geworden, seit Hermann Gmeiner mit einer Handvoll seiner Getreuen in Imst das erste Kinderdorfhaus aus der Taufe gehoben hatte.

Das SOS-Kinderdorf Imst hatte sein prächtigstes Kleid angelegt. War es vor zehn Jahren nur ein ärmliches Häuflein von einer Idee besessener Studenten, das sich hier heroben versammelt und deren Freude keine Grenzen gekannt hatte, weil zumindest ein einziger Ehrengast der schlichten, ersten Feier beiwohnte, so waren es diesmal Tausende Menschen aus ganz Österreich, die sich in dem schmucken Kinderdorf ein Stelldichein gaben. Viele Prominente waren dabei. Der Bischof und der Landeshauptmann von Tirol waren gekommen. Es war ein Festtag für das Land Tirol. Ein Ereignis, das in ganz Österreich Beachtung fand. Eine Feier, von der man in den größten europäischen Zeitungen lesen konnte.

Und so wie zehn Jahre zuvor stand Hermann Gmeiner wieder hinter dem Rednerpult. Diesmal war es fest gezimmert und mit Blumen verziert. Aber die Worte des Kinderdorfschöpfers kamen aus dem gleichen schlichten Herzen wie 1949. Gmeiner hatte sich nicht verändert.

„Liebe Freunde", begann er seine Festrede. „Vor zehn Jahren war die Gründung unseres ersten SOS-Kinderdorfes bei Imst in Tirol eigentlich ein gewagtes, sehr unzeitgemäßes Unterfangen. Man muß sich vergegenwärtigen, was es damals bedeutete, elternlosen, heimatlosen Kindern ein Dorf bauen zu wollen. Ein solches Dorf, mochte es noch so klein sein, brauchte zu seiner Errichtung und Erhaltung die Hilfe vieler opferwilliger Freunde. Wir aber befanden uns noch in der dem Kriege folgenden Notzeit, die voller Armut und Sorge und voller rücksichtsloser Eigensucht und schrecklicher Grausamkeit war. Wer von den Menschen in Stadt und Land, an die ich meine Aufrufe richtete, hätte zu den für den Bau unseres ersten SOS-Kinderdorfes notwendigen Mitteln seinen Teil beisteuern wollen?

In diesen Tagen bewahrheitete sich wieder einmal das alte Wort, daß das Gute nicht stirbt und daß es auch in der größten Not etwas gibt, das man mit jemandem, der noch größere Not leidet, teilen kann. Die Zahl der SOS-Kinderdorffreunde wuchs von Tag zu Tag. Auch unser Dörfchen bei Imst konnte wachsen. Und unsere Kinder gediehen unter dem Schutz der Tausenden und Zehntausenden, die ihre Ernährer und geistigen Eltern geworden waren.

Jetzt sollen die jüngeren Generationen wissen und nie vergessen, daß die ersten dem SOS-Kinderdorf gegebenen Spenden und Beiträge buchstäblich vom Munde abgesparte Opfer gewesen sind. Dies erscheint mir wichtig genug, um unseren Nachfahren überliefert zu werden. Auch heute, wo es den meisten von uns wieder recht gutgeht, gehören zu den treuesten SOS-Kinderdorffreunden Männer und Frauen, denen die monatlichen Rappen-, Pfennig- und Schillingbeträge wirkliche Opfer sind. Viele Pensionisten, Invalide und Rentner verzichten dem SOS-Kinderdorf zuliebe auf so manches Nützliche oder Angenehme. Gerade für diese Opfer kann ich gar nicht genug danken.

Ich glaube, daß zwischen dem Guten und Großen in unserer Welt und den echten Opfern tiefe Zusammenhänge bestehen. Alles, was uns innerlich reich und froh macht, scheint Opfern zu entspringen, die wir für die Verwirklichung oder den Fortbestand von etwas Gutem bringen. Vielleicht kann auch das, was uns und unsere Zeit und die Menschheit bedroht, abgewendet werden, wenn wir uns mitten im Trubel der Sensationen und Zerstreuungen des Guten besinnen und dafür opfern, daß es wird oder daß es uns erhalten bleibt. Wirkliche Opfer haben auch die kleine Flamme der Liebe zum einsamen, verlassenen Kind, die wir einmal entzündeten, nicht ersticken, sondern groß werden lassen. Ihr weithin leuchtendes Licht ist heute das Fanal unserer Revolution der guten Tat.

Weil ich an den tiefen Sinn des Opfers glaube, kann ich Ihnen, liebe SOS-Kinderdorffreunde, in diesem zehnten Jahr des Bestehens der SOS-Kinderdörfer nicht nur von ganzem Herzen für Ihre bisherige Hilfe danken. Denn so innig, wie ich Ihnen danke, möchte ich Sie bitten, treu zu unserem begonnenen, noch lange nicht vollendeten Werk zu stehen. In den vergangenen Jahren habe ich erlebt, daß mir die Inhaber oder Direktoren großer Unternehmen Stiftungen zu ganzen Häusern überreichten. Aber auch manches alte Mütterchen brachte mir eine letzte, im Sparstrumpf vorhandene Goldmünze. Und ein Taglöhner übergab mir neulich einen ganzen Wochenlohn als Jubiläumsspende und sagte: ‚Ich glaub' halt, daß die Welt dadurch ein bisserl besser wird!'

Laßt uns, liebe Freunde, in diesem Vertrauen auf eine bessere, schönere Welt, die aus guten Gedanken und Taten gebaut wird, ein neues Jahrzehnt SOS-Kinderdorfarbeit beginnen!"

Der Besuch aus Korea

Das zweite Jahrzehnt der SOS-Kinderdorfarbeit wurde das Jahrzehnt der weltweiten Ausbreitung in der Geschichte unseres privaten Sozialwerkes.

Es fing alles so unscheinbar und harmlos an. Mit dem Besuch einer schmächtigen Frau namens Maria Heissenberger. Im Frühjahr 1962. Gmeiner befand sich damals gerade wieder in der Hinterbrühl. In meiner Dorfkanzlei erhielt ich einen Anruf von ihm. „Komm zu mir herüber, da ist so ein Frauerl da, das irgendwo in Asien arbeitet und jetzt Heimaturlaub hat!" Dieses „Frauerl" war Maria Heissenberger, eine jener tapferen Entwicklungshelferinnen, die namens der Katholischen Frauenbewegung Österreichs im fernen Korea im Einsatz stehen. Dort herrschte nach dem Koreakrieg unbeschreibliche Not.

„Mein Gott", meinte Gmeiner zu Frau Heissenberger, „wie kommt man denn in so einen versteckten Winkel der Erde?" — „Wir sind eine ganze Gruppe österreichischer Frauen dort", sagte sie. „Mit dem Flugzeug ist man in 20 Stunden dort. Bei einem wunderbaren Volk, das unsere menschliche Hilfe braucht." Sie schilderte uns das Korea nach dem Krieg, der das ganze Land verwüstet hatte. 90 Prozent aller Gebäude im Süden der koreanischen Halbinsel waren dem Erdboden gleichgemacht. Hunderttausende Koreaner waren ums Leben gekommen. Fast der ganze Baumbestand war verschwunden. Die Reisfelder verwüstet. Das Vieh geschlachtet. Die Hälfte der Bevölkerung war Tbc-krank. Lepra, Cholera und Typhus wüteten. Tag für Tag verhungerten Menschen. Korea erlebte wieder einmal eine Schicksalsstunde in seiner mehrtausendjährigen Geschichte. Immer wieder war es vom großen chinesischen Bruder bedroht und zeitweise beherrscht worden. Aber immer wieder hatte sich dieses tapfere Volk erhoben und seine Freiheit erkämpft. Nun aber war Korea geteilt. Der reiche Norden mit seinen Bergwerken und Industrien war kommunistisch geworden. Würde der arme Süden mit seinen Reisbauern überleben können? Frau Heissenberger malte uns in ihrer ruhigen Art dieses Land, und wir spürten, daß sie dort Wurzeln geschlagen hatte. Sie liebte dieses Korea und seine Menschen. Sie stand dort in Taegu, der drittgrößten Stadt des Landes, in einem großen menschlichen Einsatz.

Vor allem die herumstreunenden verlassenen Kinder von Taegu hatten es der österreichischen Entwicklungshelferin angetan. Sie schuf eine Notunterkunft für sie und erwarb später ein baufälliges Haus, wo sie diesen Buben wieder eine Bleibe gab. Tagsüber waren sie als „Schuhputzer" unterwegs auf den Straßen. Abends kaufte Frau Heissenberger mit dem von den Buben verdienten und von ihr anderswo noch aufgebrachten Geld Essen. Sie hatte einen Lehrer angestellt, der den Buben abends Unterricht gab. Sie machten begeistert mit. Lesen und schreiben lernen bedeutet für jedes koreanische Kind ein Bedürfnis. Aber für die meisten Kinder gab es keine Schulen mehr und keine Lehrer.

So hatte sich das Schuhputzerheim von Taegu bald gefüllt und quoll über. Frau Heissenberger hatte Mühe, ihnen allen täglich die Reisschale zu füllen.

„Bitte bauen Sie für meine ärmsten Kinder in Taegu ein SOS-Kinderdorf", sagte Frau Heissenberger mit einer Natürlichkeit, als würde sie um eine Tasse Tee bitten. Gmeiner verzog sein Gesicht. „Ein Kinderdorf in Korea?" Das wollte gar nicht in seinen Kopf. „Warum denn nicht?" meinte Frau Heissenberger.

„Das sind doch Menschen wie Sie und ich. Dort werden wir kaum Mühe haben, gute Kinderdorfmütter zu finden. Die Koreaner werden Ihre Idee gerne aufnehmen. Familie steht dort an erster Stelle. Daher hat es bis jetzt auch noch nicht einmal Waisenhäuser gegeben. Jedes Kind war in seiner Sippe geborgen. Und wenn die Mutter starb, war die Tante da oder die Großmutter oder sonst eine Verwandte, die das Kind wie selbstverständlich zu sich nahm. Der Krieg hat alles durcheinandergebracht. Tausende Sippen sind zerschlagen. Tausende Kinder irren elternlos umher. Für sie ist nichts da. Erst jetzt beginnt man, Massenlager einzurichten. Schlimmer als übelste Waisenhäuser. Wir müssen etwas tun für diese Kinder, Herr Gmeiner!"

Frau Heissenberger hatte nur einen kurzen Heimaturlaub. Wir gaben ihr wenig Hoffnung mit auf den Weg zurück nach Korea. Wie sollten wir auch dort ein SOS-Kinderdorf bauen? Wo sollten wir das Geld dafür hernehmen? Jeder in Österreich gespendete Schilling war ausschließlich für die österreichischen SOS-Kinderdörfer bestimmt. Es war alles zu absurd.

Und doch ließ uns der Gedanke nicht mehr los. Gmeiner und ich sprachen oft darüber. Eines Tages lag wieder ein Brief von Frau Heissenberger vor uns. Ob wir schon einen Entschluß gefaßt hätten? Sie bräuchte ganz dringend Hilfe. „Laßt mich doch bitte nicht im Stich!"

Im Herbst 1962 überraschte mich Hermann Gmeiner mit der Nachricht, daß die Erste Österreichische Spar-Casse in Wien, die bereits ein Haus im SOS-Kinderdorf Hinterbrühl gestiftet hatte, uns eine Studienreise nach Korea bezahlen würde. „Wie hast du denn das wieder fertiggebracht?" fragte ich. „Ganz einfach", meinte Gmeiner, „ich habe dem Generaldirektor vom Besuch der Frau Heissenberger erzählt. Und da sagte er, wir sollten uns das Ganze doch einmal ansehen. Vielleicht ließe sich dort mit der SOS-Kinderdorfidee ein Stück Österreich verwurzeln. Er kennt selbst Korea und meinte, das seien die Österreicher des Fernen Ostens. Das Volk der Harfenspieler und Sänger. Wir sollten diesen SOS-Ruf doch nicht überhören. Und er wird uns gleich drei Flugkarten zahlen. So kann Fritz Haider auch mitkommen. Wir drei werden eine Feldstudie machen."

Die Geschichte mit dem Reiskorn

In den ersten Jännertagen 1963 war es soweit. Alle Mütter und Kinder des SOS-Kinderdorfes Hinterbrühl hatten sich auf dem Dorfplatz versammelt, um uns drei zu verabschieden. Die Kinder hatten ihre Sparbüchsen geleert und uns einen ansehnlichen Betrag für die armen Kinder von Taegu mitgegeben. Das erste große internationale Abenteuer der SOS-Kinderdörfer begann. Einen Tag später landeten wir auf dem Flugplatz von Seoul. Eine fremde Welt schlug uns entgegen. Und eine glückliche Maria Heissenberger umarmte Hermann Gmeiner und sagte unter Tränen: „Ich hab' ja gewußt, daß Sie mich nicht im Stich lassen werden!"

Wir waren schon eine Woche in Korea. Wir hatten viel gesehen. Unbeschreibliches Elend. Erbärmliche Not. Hungernde Menschen. Frierende Menschen. Einsame Menschen. Sie schliefen überall auf den Straßen, obwohl es Winter war und eisige Stürme das nicht zu ferne Sibirien ahnen ließen. Schnee fiel. Viele erfroren. Viele verhungerten. Und überall Kinder. Verlassene Kinder. In Lumpen. Zu Skeletten abgemagert. In den Händen einen Blechnapf, der nie gefüllt wurde. Wir sahen sie zu Hunderten in Elendsbaracken, die sich Waisenhäuser nannten, zusammengepfercht. Kahlgeschoren saßen sie da in Reih und Glied. Ernst. Traurig. Apathisch.

So viel Jammer hatte keiner von uns erwartet. Wir waren fertig. Wir konnten das Bild um uns herum oft kaum mehr ertragen. Und dabei gewannen auch wir dieses Volk schon in wenigen Tagen lieb. Welch ein majestätisches Kulturvolk! Die alten Männer mit ihren schütteren weißen Bärten, in ihren weißen Papasan gehüllt, den geflochtenen schwarzen hohen Zylinder auf dem Kopf und die lange Pfeife in der Hand, muteten uns wie Philosophen an. An ihnen schien all die Not und das Elend abzuprallen. Wir spürten: Diesem Volk muß man helfen.

Wir hatten uns von Frau Heissenberger auch überzeugen lassen, daß die Errichtung eines SOS-Kinderdorfes ohne weiteres möglich wäre. Sie stellte uns sogar schon ein paar koreanische Frauen vor, die als Kinderdorfmütter tätig sein wollten; sie zeigte uns ein geeignetes Baugelände, das wir kostenlos erhalten würden, und legte uns bereits Pläne von einfachen Kinderdorfhäusern vor. In wenigen Monaten könnte das erste koreanische SOS-Kinderdorf hier Wirklichkeit werden. Aber wer sollte es finanzieren? Daran schien alles zu scheitern. Wir würden ein paar Millionen brauchen, um das Dorf aufbauen und dann auch unterhalten zu können.

Und da kam Kim. Das Erlebnis mit ihm hört sich wie ein kleines Märchen an. Aber dieses Märchen wurde von der Wirklichkeit diktiert. Wir haben es miterlebt, und wir sprechen noch heute wie von einem Wunder, wenn wir an diesen kleinen Kim Chung Suk denken, der eines Tages in den Straßen von Taegu neben uns war. Er bestaunte die drei fremden Männer mit den langen Nasen, den großen Augen und den blassen Gesichtern. Er lief neben uns her. Bald wurden wir aufmerksam auf ihn. Wir gestikulierten mit ihm. Wir lachten. Wir gaben ihm zu essen. Wir erfuhren seinen Namen. Wir gaben uns die Hand. Kim war unser kleiner Freund geworden. Am Abend griff er in seine Hosentasche und holte ein Reiskorn heraus. Er legte es Gmeiner in die Hand. Dann verschwand er. Wir gingen nachdenklich in das Schuhputzerheim, wo wir schliefen. Frau Heissenberger klärte uns lachend auf. „Reis", meinte sie, „das ist in Korea ein Glückssymbol. Es bedeutet Gesundheit, Friede, langes Leben, Glück. Das alles wollte Ihnen Kim wünschen. Es war sein Dank."

An diesem Abend wurde die Idee mit dem Reiskorn geboren. Gmeiner sinnierte: „Wir werden Reiskörner aus Korea verkaufen. Jedes Reiskorn für einen Dollar." Der Slogan war bald geprägt. „Ein Reiskorn für Korea!" Als Kim am nächsten Tag wieder an unserer Seite war, ließ Gmeiner ihm durch Frau Heissenberger, die schon fließend Koreanisch sprach, sagen, er möge alle seine Freunde mobilisieren, daß sie ihm auch Reiskörner bringen mögen. Er würde diese Reiskörner zu Gold machen und damit ein Dorf für elternlose Kinder in Korea bauen. Kim verstand. Es waren ungezählte Kinder, die an diesem Tag kamen. Und jedes brachte einige Reiskörner. Die Reiskörner kamen in einen Sack. Mit diesem kostbaren Sack stieg Hermann Gmeiner im März 1963 in Wien-Schwechat aus dem Flugzeug. Kurze Zeit später wurden diese und viele andere koreanische Reiskörner in Österreich, in Deutschland, in Skandinavien, in den USA und in anderen Staaten ausgeschickt. Das Reiskorn aus Korea hat seine Symbolkraft bewahrheitet. Es regnete Millionen. Das SOS-Kinderdorf Taegu war noch im selben Jahr bezugsfertig. Das erste außereuropäische SOS-Kinderdorf war Wirklichkeit geworden. Frau Heissenberger konnte ihren Schuhputzerbuben und vielen anderen verlassenen Buben und Mädchen ein neues Daheim geben.

Heute ist das SOS-Kinderdorf Taegu eine in ganz Südkorea bekannte Institution. Ein großes Jugendhaus für die dem Dorf entwachsenen Buben ist inzwischen ebenfalls errichtet worden. Und im ehemaligen Schuhputzerheim haben die großen Mädchen ein Wohnheim erhalten. Frau Maria Heissenberger hat sich längst einer anderen Aufgabe zugewendet. Sie bildet koreanische Sozialarbeiterinnen aus. Eine ihrer österreichischen Mitarbeiterinnen, Frau Franziska Lehmayr, lenkt noch die Geschicke dieses SOS-Kinderdorfes von Taegu. Sonst sind ausschließlich koreanische Mitarbeiter am Werk. Das SOS-Kinderdorf ist ein koreanisches Werk innerhalb der weltweiten SOS-Kinderdorffamilie geworden.

Im Mai 1968 besuchte Gmeiner wieder Südkorea und sah dann erstmals mit eigenen Augen, was aus diesem koreanischen Saatkorn geworden war. Auf dem Rückflug hatte er in Seoul einige Stunden Aufenthalt. Da kam auf dem Flugplatz ein junger Koreaner auf ihn zu, warf sich vor ihm nieder und sagte in gebrochenem Englisch: „You are my father!" Es war ein Bub, der 1963 als einer der ersten aus dem Schuhputzerheim in das neue SOS-Kinderdorf eingezogen war. 1968 absolvierte er in Seoul seinen Militärdienst. Als ihm seine Kinderdorfmutter vom Besuch Gmeiners in Taegu und von dessen Aufenthalt in Seoul geschrieben hatte, war in diesem Jungen nur mehr der eine Wunsch wach, seinen „Vater Hermann Gmeiner" wiederzusehen. Er legte den weiten Weg von der Stadt bis zum Flugplatz zu Fuß zurück und suchte anhand eines Bildes und seiner Erinnerung den SOS-Kinderdorfvater. Und wie ein koreanischer Sohn seinen Vater begrüßt, begrüßte er Hermann Gmeiner.

Bei Pandit Nehru

Freilich benützten wir 1963 den Rückweg von Korea, um auch in Japan, Hongkong, auf den Philippinen, in Thailand, Indien und im Nahen Osten Station zu machen und uns über die Jugendfürsorgearbeit zu orientieren. Was wir erlebten, war überall eine große Aufgeschlossenheit gegenüber dem familiennahen Erziehungsprinzip für Waisenkinder. So konnten wir damals schon in vielen Ländern das Interesse für die SOS-Kinderdörfer wecken und die Basis für den späteren Bau von SOS-Kinderdörfern schaffen.

Vor allem in Indien rannten wir offene Türen ein.

„Was wollen wir noch in Indien?" hatte Gmeiner allerdings gesagt, nachdem wir in Kalkutta und Benares erstmals der indischen Welt konfrontiert waren. „Hier ist kein Boden für uns. Dieses Volk ist zu apathisch. Das Verhungern scheint hier einfach dazuzugehören. Wer wehrt sich schon dagegen? Es ist alles so unwahrscheinlich trostlos und entmutigend. Ein SOS-Kinderdorf scheint mir hier undenkbar. Könnt ihr euch eine Hindufrau als Mutter vorstellen? Das alles würde man nicht verstehen. Indien ist nicht reif für diese Idee. Indien hat andere Sorgen." Fritz Haider und ich waren nicht minder enttäuscht und schockiert. Da hatte uns doch das koreanische Erlebnis wohl zu der Träumerei hingerissen, daß SOS-Kinderdörfer auch in anderen asiatischen Staaten möglich wären. Vielleicht. Aber in Indien bestimmt nicht.

Mit dieser Meinung kamen wir nach Neu-Delhi, wo der österreichische Botschafter eine SOS-Kinderdorfausstellung arrangiert hatte, die von der Tochter des damaligen Ministerpräsidenten Pandit Nehru, Frau Indira Gandhi, eröffnet wurde. „Das ist genau das, was wir in Indien brauchen", meinte sie. Es wurden lange Diskussionen mit ihr und den führenden Fachleuten abgehalten, die der Ausstellungseröffnung beiwohnten. Wir hatten also bisher nur einen Ausschnitt des Bildes Indien gesehen und erlebt. Wir hatten vieles falsch beurteilt. Wir hatten uns von Äußerlichkeiten beeindrucken lassen. Nun aber sprachen wir mit Menschen, die sehr um die Zukunft Indiens rangen, nach neuen Formen und Lösungen Ausschau hielten und die wußten, daß ihr 500-Millionen-Volk aus der Lethargie aufgerüttelt werden müsse, um zu einem Fortschritt zu kommen.

Am nächsten Morgen lag im Hotel bei Hermann Gmeiner die Einladung zu einer Audienz bei Pandit Nehru. Der große Schüler Mahatma Gandhis hatte sich von seiner Tochter ausführlich über die SOS-Kinderdörfer informieren lassen. „Wir brauchen Ideen wie Ihre", sagte er zu Gmeiner. „Wir werden den Aufbau Indiens nur bewältigen, wenn wir geistig einen Durchbruch erzielen. Dazu bedarf es vieler Impulse. Ihr SOS-Kinderdorf scheint mir ein solcher zu sein.

Wissen Sie, wenn hier bei uns in Indien ein Kind auf der Straße liegt und am Verhungern ist, wird sich niemand darum kümmern. Die Menschen werden vorbeieilen. Wenn aber ein Europäer vorbeikommt, wird er stehenbleiben und versuchen, diesem Kind Hilfe zu leisten. Das ist Nächstenliebe. Wir brauchen sie und müssen sie unserem Volk näherbringen. Sonst sind alle unsere politischen und wirtschaftlichen Bemühungen umsonst. Das SOS-Kinderdorf kann daher in Indien ein Mosaiksteinchen der Nächstenliebe sein. Ich lade Sie daher ein, auch uns ein solches SOS-Kinderdorf als Modell zu bauen."

Dieser Einladung haben wir Folge geleistet. Schon während unseres Besuches konnten wir ein geeignetes Grundstück in Greenfields bei Neu-Delhi ausfindig machen und einen indischen Sozialexperten als Geschäftsführer des indischen SOS-Kinderdorfvereines einstellen, den wir kurz darauf gründeten und an dessen Spitze sich Frau Indira Gandhi selbst stellte. Als sie später ihrem verstorbenen Vater als Ministerpräsident folgte, gab sie ihre Vereinsfunktion bei uns an eine einflußreiche Diplomatengattin, Frau Tara Ali Baig, ab. Ihr Interesse an der SOS-Kinderdorfarbeit ist jedoch geblieben. Sie eröffnete das SOS-Kinderdorf Greenfields und nimmt immer regen Anteil an der Ausbreitung der Gmeinerschen Idee in Indien.

Ihr Verständnis für das Kind brachte Indira Gandhi erst kürzlich wieder zum Ausdruck, als sie sagte:

„Unendliche Möglichkeiten liegen in einem neugeborenen Kind verborgen. Seine Entfaltung hängt von der Familie, den Schulen und der Gesellschaft ab. Das Kind lebt in zwei Welten, in seiner eigenen und in der der Erwachsenen seiner Umgebung. Die Welt des Kindes besteht nicht — wie wir Erwachsenen gerne annehmen — aus lauter Unschuld und sorgenfreien Spielen. Auf ihre Weise ist auch die Welt des Kindes voller Unsicherheit und Furcht, Rivalität und Neid. Das Kind muß sich mit der Größe der Dinge, die es umgeben, auseinandersetzen. Vieles geht über seine Aufnahmefähigkeit und seine geistigen und körperlichen Kräfte. Dazu kommt der Einfluß der Erwachsenen. Hoffnung und Angst, Liebe und Haß, Großherzigkeit und Voreingenommenheit, alle Wünsche und Hemmungen, die ein Kind hat, entstehen aus der Wechselwirkung zwischen der Umwelt und der Welt seiner Vorstellungen. Kinder sind der Spiegel der Welt. Wenn unsere Welt geändert werden soll, müssen wir mit der Gesinnung des Kindes den Anfang machen.

Wir reden von Gesundheit und Reinlichkeit, doch unsere

industrialisierte Zivilisation verseucht die Luft, die wir atmen. Wir reden von Demokratie und Gleichheit, doch wir sehen um uns lauter Beweise sozialer und wirtschaftlicher Ungleichheit. Wir setzen bestimmte Lehren als Grundsätze unserer Religion, aber in unserem eigenen Leben ignorieren wir sie. Wir stellen Heilige auf ein Podest, aber wir belächeln alles Heilige spöttisch. Wir reden von Frieden, doch wir sind nicht in der Lage, den Krieg zu verhindern. Wir benützen unsere großen technischen Fortschritte für nebensächliche Zwecke, nicht für grundlegende Änderungen, die möglich und notwendig wären, um unsere Welt besser zu machen. Ist es da ein Wunder, daß der Geist der Jugend rastlos und ungeduldig wird? Wir sollten das Kind nicht als eine eigene Klasse Mensch oder gar als eigene Gruppe betrachten. Jedes Kind ist ein Individuum, und es ist auch ein Teil aller Probleme, mit denen wir konfrontiert werden.

Indien ist ein Entwicklungsland. Aber wir können nicht die Verbesserung des allgemeinen Lebensstandards abwarten, um unseren Kindern das Recht auf Ernährung und Bildung zu sichern. Eigene Programme für Kinderwohlfahrt sind unerläßlich geworden. Wir haben bereits Programme für die Betreuung von Kindern, die aus den ärmeren Teilen unseres Landes kommen, entwickelt. Aber wir wissen nur zu genau, daß diese Hilfe letztlich nur den Rand der Probleme berührt. Ein großer Teil der Kinder, besonders jene aus den Elendsvierteln, jene von Arbeitern ohne eigenes Land, und Kinder, die in den Wäldern oder in den Bergen zu Hause sind, müssen ihr Leben ohne ausreichende Mittel für Ernährung und Erziehung fristen. Dazu kommen noch die Kinder, die wegen körperlicher oder geistiger Invalidität unter noch größeren Erschwernissen leiden. Sogar in den sogenannten Wohlstandsländern existieren noch Armutsviertel, wo Kinder Entbehrungen aller Art auf sich nehmen müssen.

Die grundsätzlichen materiellen Erfordernisse müssen für alle Kinder erfüllt werden. Die Erfüllung dieser Bedürfnisse stellt jedoch nur einen Teil der Voraussetzungen dar, die ein Kind zur vollen und ausgeglichenen Entwicklung braucht. Das Kind braucht Liebe, die konstant und verständnisvoll ist, die bereit ist, wenn nötig, zu beschützen, die aber auch so feinfühlig ist, daß sie die freie Entfaltung einer eigenen Persönlichkeit erlaubt.

Kinderwohlfahrtsorganisationen in aller Welt mögen ihre Arbeit ausdehnen und entfalten, um den Kindern zu helfen, in die neuen Situationen und Anforderungen unserer schnell wechselnden Gesellschaft hineinzuwachsen. Die wachsende Erkenntnis über den Geist und die Umwelt des Menschen, die erfolgreichen Methoden unseres Wirkens sollen mit Weitblick und Mitgefühl angewendet werden."

Greenfields erwies sich aber vorerst als „Stonefields". Eine steinige Gegend, ohne Wasser und Licht, bevölkert von giftigen Schlangen, von denen die Schwarze Mamba und die Klapperschlange den Kinderdorfmüttern später am meisten zu schaffen machten. Der Bau der Siedlung, die dort entstehen und in der das SOS-Kinderdorf den Mittelpunkt bilden sollte, ließ auf sich warten. Zwei Jahre nach unserem Besuch hatten wir dem Ruf Pandit Nehrus noch immer nicht Folge geleistet. Der Verein „SOS Children's Village of India" existierte zwar, und Indira Gandhi hielt alle paar Monate eine Vereinssitzung ab, aber es ging nichts weiter. Daher entschlossen wir uns, auch den Gegebenheiten zum Trotz das Steinfeld von Greenfields in ein SOS-Kinderdorf zu verwandeln. Ein österreichischer Architekt übernahm die Planung, eine unserer Mitarbeiterinnen, Frau Edith Pohl, die Organisation. Als Baumaterial dienten die Steine. 20 Häuser entstanden. Mit einem Gemeindehaus, einer Krankenstation und den Nebengebäuden. Das SOS-Kinderdorf Greenfields war in wenigen Monaten Wirklichkeit geworden. Durch 50 blumengeschmückte Girlandenbogen schritt Ministerpräsident Frau Indira Gandhi in das Dorf, begrüßt vom Jubel Hunderter Kinder, die dort ein bleibendes Daheim gefunden hatten.

Damit war das SOS-Kinderdorf auch in der Hinduwelt verankert worden. Hindumütter! Darüber hatte jeder gelacht. Das sei undenkbar. Eine Hindufrau würde sich nie um andere Kinder kümmern. Der fehle das Gefühl der Nächstenliebe. Die Wirklichkeit hat uns das Gegenteil bewiesen. Mütterlichkeit ist auf keinen Kulturkreis beschränkt. Wir haben sie heute in den SOS-Kinderdörfern überall in der Welt aktiviert.

Vom Dalai-Lama empfangen

Das Modell Greenfields strahlt heute über ganz Indien aus. Hunderte Heime und Anstalten haben sich nach diesem Muster umorganisiert. Weitere SOS-Kinderdörfer sind entstanden. In Bawana, in Ahmedabad, in Jaipur, in Kalkutta. Ja bis hinauf in den hohen Norden Indiens, wo wir 800 tibetische Flüchtlingskinder betreuen. Der Dalai-Lama selbst hatte uns um Hilfe gebeten.

In meinem für einen Dollar erstandenen indischen Gewand — bestehend aus einem weiten, bis zu den Knien reichenden Hemd und einer nicht minder weiten Hose, alles aus leichtem weißen Leinen — war es wenigstens etwas luftig, als ich am 1. Mai 1971 bei mörderischer Hitze in Neu-Delhi in den Zug stieg. Es ging Richtung Norden. Eine qualvolle, endlose Fahrt. Gerädert kam ich in der indischen Stadt Pathankot auf einem stinkenden Bahnhof an. Dort aber warteten bereits zwei junge Tibeter, die mir der Dalai-Lama mit einem Jeep entgegengeschickt hatte. Zehn Stunden lang ging es die schmalen Bergpfade der Himalaja-Ausläufer hinauf. Dann waren wir in Dharmsala, 2000 Meter hoch. Wald. Felsen. Dazwischen ein paar ärmliche Häuser, unseren Almhütten nicht unähnlich. Und überall Ausblicke auf die gigantische Welt des Himalaja, der sich dort oben im Norden Indiens gegen Tibet hin auftürmt.

Hier also empfing 1959 der damalige indische Staatspräsident Pandit Nehru den geflüchteten Gott aus Tibet, der auch von den Hindus als göttliche Wiedergeburt verehrt wird. Nehru hatte sich damals vor den Dalai-Lama hingekniet und um seinen Segen gebeten. Dann stellte er ihm ein ehemaliges englisches Landhaus als künftige Residenz zur Verfügung. Dort installierte sich später die tibetische Exilregierung, die heute ein von der großen Weltpolitik unbeachtetes Dasein fristet. Mit dem Dalai-Lama war 200.000 Tibetern die unwahrscheinlich strapaziöse Flucht über die unwegsamen Himalaja-Pässe in die Freiheit gelungen. 70.000 blieben in Indien, die anderen wanderten nach Nepal und Bhutan ab. Einige wenige hat es nach Europa und Amerika verschlagen. Alle aber hängen heute noch eng als Flüchtlingsgemeinschaft zusammen. Sie sind Fremde geblieben und tragen eine unstillbare Sehnsucht nach ihrem tibetischen Hochland in den Herzen. Der Dalai-Lama ist ihr geistiger Führer, unumschränkte Autorität, allerhöchste Heiligkeit, der man bedingungslos sein Leben opfert. Aber er fordert von seinen geflüchteten Landsleuten nur eines: den unerschütterlichen Glauben daran, daß Tibet eines Tages wieder frei sein wird. Dann wird er mit seinen Tibetern wieder heimkehren zu den sieben Millionen Männern, Frauen und Kindern, die in den unwirtlichen Hochtälern und einsamen Bergdörfern zurückgeblieben sind. Und er weiß, daß er diesen Menschen all die unschätzbaren Werte einer vieltausendjährigen Kultur wird wiederbringen müssen. Sein ganzes Leben ist ein Kampf, diese Kulturwerte zu erhalten und das Feuer nicht ausgehen zu lassen, das in den Seelen derjenigen Tibeter flackert, die noch in Freiheit leben.

Im Gästehaus des Dalai-Lama empfängt mich seine Schwester, Mrs. Gyalpo. Seit vielen Jahren ist sie die Seele der Kinderfürsorge aller Tibeter. In zwei Auffanglagern — in Moussouri und in Dharmsala — hat sie mehr als 1000 ärmste tibetische Kinder zusammengezogen, die keine Eltern mehr haben. Droben im Zulutal, wo Zehntausende Tibeter unter grauenhaftesten Bedingungen am Straßenbau arbeiten, werden Tag für Tag Kinder zu Waisen. Heimweh und Klimawechsel machen vielen Tibetern zu schaffen. Die Tuberkulose ist ihr ärgster Feind.

Diesen Kindern in den beiden Auffanglagern wurden in den letzten Jahren menschenwürdige Kinderdörfer gebaut. Inzwischen sind auch die letzten Kinder aus ihren muffigen Elendsbaracken ausgezogen, und neue SOS-Kinderdorfhäuser sind bezogen. Schulen sind da und Kindergärten. Diese Kinder sind die tibetischen Kulturträger von morgen. Sie werden viel lernen, viel meditieren und viel leisten müssen.

Mit einer weißen, reinseidenen Schärpe um den Hals betrat ich zwei Tage nach meiner Ankunft in Dharmsala das bescheidene Wohnhaus des Dalai-Lama. Ich hatte mehrere strenge indische Kontrollen und Durchschlüpfe durch mehrere Meter hohe Stacheldrahtzäune passieren müssen. Die Inder wissen, wen sie in ihrem Land als höchstgeborenen Flüchtling schützen müssen. Es ist die 14. Inkarnation Tschenresis, des Gottes der Gnade, eines der lebenden Buddhas, die auf das Nirwana verzichtet haben, um den Menschen beizustehen. Nach dem Tode des 13. Dalai-Lama hatte man den jetzigen Dalai-Lama als zweijährigen Bauernbuben in einem unscheinbaren Bauernhaus im entlegenen Distrikt Amdo als Wiedergeburt des Gottes der Gnade erkannt. Wunderbare Orakel und Visionen hatten eine der zahlreichen über ganz Tibet ausgeschickten Mönchsgruppen in diese Hütte geführt. Sie fanden dort ein Kind, das alle späteren Prüfungen bestand und nach unseren Begriffen nicht erklärbare Zeichen gab, die es als göttliche Inkarnation offenbarten. Das Kind wurde nach Lhasa gebracht und in der Götterburg, dem Potala, für seine spätere Aufgabe erzogen. Als der Dalai-Lama 15 Jahre alt war — im Jahr 1950 —, wurde Tibet von rotchinesischen Truppen besetzt. Der Dalai-Lama versuchte, sein Land und Volk zu retten. Ein Jahr verhandelte er in Peking mit Mao Tse-tung. Ein Vertrag kam zustande, der das Kulturreich Tibet zu erhalten schien. Aber der wiedererwachte chinesische Drache, der in der langen Geschichte Tibets schon mehrmals seine Herrschaft über Tibet ausgedehnt hatte, kam nicht mehr zur Ruhe. Langsam wurde Bezirk für Bezirk unter kommunistische Kontrolle gebracht. Hunderttausende Tibeter mußten ihr Leben lassen. Zuletzt folgte der Sturm auf die Hauptstadt Lhasa. Schon stand der Potala in Flammen, als es dem Dalai-Lama gelang, verkleidet und mit den wichtigsten Dokumenten beladen, zu flüchten. Tibet versank. Sein Gott aber lebt.

Dann stand ich ihm gegenüber. Ein fröhliches, jugendliches Gelehrtengesicht lachte mir entgegen. Wie instruiert, überreichte ich mit Verbeugungen die Seidenschärpe. Der Dalai-Lama nahm sie mit beiden Händen entgegen, küßte sie und schlang sie um seinen Hals. Dann forderte er mich auf, Platz zu nehmen. Sein Privatsekretär servierte Tee. Noch wurde nichts gesprochen. Der Dalai-Lama musterte seinen Gast und lachte das Lachen der Gastfreundschaft, das jedem Gespräch vorangeht. Ich wartete ab, bis er mit leiser Stimme in etwas holprigem Englisch die Konversation einleitete. Zuerst gab es Fragen über Österreich, über Wien und die politische Situation in Europa. Bald floß das Gespräch sehr munter dahin. Wir sprachen über Kunst, über Politik, über Religion, über die Menschen, über die Technik, über die Seele — und über Gott. „Ich habe große Hochachtung vor dem Christentum", sagte der Dalai-Lama und erwies sich dann als Kenner der Bibel, von dem man fast annehmen müßte, er könne sie kapitelweise auswendig. „In der Nächstenliebe liegt die Rettung der Völker. Wir haben dem Bösen der heutigen Welt nichts Besseres entgegenzusetzen. Ja, es gibt vielleicht morgen nur mehr die Entscheidung zwischen dem Haß, der die Welt und die Herzen so vieler Menschen durchzieht, und der Liebe, die immer wieder neu aufbricht und Hoffnung andeutet." Nach dem Schicksal der Hauptstadt Lhasa und seines Potalas befragt, meinte der Dalai-Lama, daß er seit drei Jahren keinerlei Informationen mehr besitze. „Die Grenzen sind hermetisch abgeschlossen. Es gibt keine Flüchtlinge mehr. Ich weiß nur, daß wir eines Tages wieder zurückkehren werden. Darum bete ich", fügte er leise hinzu. Lange sprachen wir dann über die SOS-Kinderdorfarbeit. Der Dalai-Lama breitete offenmütig seine Sorgen aus.

Zum Schluß dankte er für alles, was wir für die Tibetkinder tun wollten.

Ein paar Stunden waren verflogen. Es waren reiche, unvergeßliche Stunden. Schon als Journalist durfte ich viele der bedeutendsten Männer unserer Zeit persönlich kennenlernen. Das Charisma eines Dalai-Lama aber ist von einer ganz besonderen, kaum zu beschreibenden Faszination.

Die Tibethilfe hat seither ihren sicheren Platz in unserem SOS-Kinderdorfprogramm. Gmeiners Formel erwies sich sogar für dieses Problem als richtig.

Und so fiel in Asien die Imster Idee auf fruchtbaren Boden. Wir haben heute SOS-Kinderdörfer in Jordanien und im Libanon, in Thailand und auf den Philippinen, in Indonesien und auf Taiwan, in Bangla Desh, Nepal und Vietnam erbaut.

Mit Vietnam erreichte unsere SOS-Kinderdorfarbeit in Asien ihren dramatischen Höhepunkt. Das vietnamesische SOS-Kinderdorfprojekt wurde zu einem Abenteuer, wie es wohl kein privates Sozialwerk jemals gewagt und realisiert hat. Dieses Abenteuer der Nächstenliebe hielt uns jahrelang in Bann. Es strapazierte unsere Kräfte, unsere Geldreserven, unsere Nerven. Aber es entzündete in uns nach 20jähriger Kinderdorfarbeit einen neuen Glauben an unsere Idee und brachte uns alle, die wir zu diesem Werk gehören, noch enger zusammen.

Lateinamerika — Erdteil voll Energien

Vorerst hatte sich aber auch in Lateinamerika die SOS-Kinderdorfrevolution im stillen vorbereitet. Zahlreiche Expertenbesuche aus diesem Erdteil und immer umfangreichere Korrespondenz in spanischer und portugiesischer Sprache hatten mich das schon spüren lassen. Überhaupt war die internationale Arbeit so umfangreich geworden, daß ich sie neben meiner Tätigkeit als Kinderdorfleiter in der Hinterbrühl nicht mehr bewältigen konnte. Wieder war eine persönliche Entscheidung fällig. Sollte ich Dorfleiter bleiben und mich weiterhin der pädagogischen Arbeit widmen oder ganz ins Management einsteigen, um Gmeiner bei der weltweiten Verbreitung der SOS-Kinderdorfidee zur Seite zu stehen? Ich mußte mich schließlich doch für die größeren Aufgaben entscheiden und wieder einmal, diesmal in der Hinterbrühl, von den Müttern Abschied nehmen.

Lateinamerika wird der Welt von morgen einmal sein Gepräge geben. Dieser riesige Subkontinent — mit rund 20 Millionen Quadratkilometern mehr als zweimal so groß wie Europa einschließlich Rußland — befindet sich in einem ungeheuren wirtschaftlichen Gärungsprozeß, der freilich noch vielen politischen Kraftproben wird standhalten müssen. Der Reichtum an Bodenschätzen und landwirtschaftlich nutzbarer Bodenfläche ist noch kaum abschätzbar.

Bezeichnend ist, daß sich Lateinamerika bereits 1945 von der Gruppe der unterentwickelten Länder losgesagt hat, um in die Kategorie der „mäßig entwickelten Länder" umzusteigen. Diese Entwicklung aber ist mühsam und wird noch viele Opfer fordern und vielleicht lange dauern, denn die Landwirtschaft muß von Grund auf reformiert und die Industrie noch kräftiger angekurbelt werden. Die in mehreren Ländern durch den Druck der Massen verursachte Absage an das amerikanische Kapital hat Rückschläge verursacht, die nur langsam aufgeholt werden. Die bestehenden Einkommensunterschiede beginnen sich nur sehr träge auszugleichen. Es bestehen noch große soziale Spannungen. Die alte Elite läßt sich nur widerstrebend durch eine mittlere Bürgerschaft verdrängen, und der Großteil der Bevölkerung trennt sich nur ungern von seinem traditionellen Lebensstil, was jedoch Voraussetzung für eine fruchtbare Entwicklung dieser Länder ist.

Das Land ist weit und unermeßlich. Die Bevölkerungsdichte in Lateinamerika beträgt elf Personen auf einen Quadratkilometer (Europa 89, Asien 63). Die Geburtenzuwachsrate ist mit 40 Prozent die höchste in der Welt (Europa 19 Prozent, Nordamerika 24 Prozent, Asien 38 Prozent). Lateinamerika ist ein Erdteil voll von Energien, die langsam im Erwachen sind. Ein Subkontinent in Bewegung auf das Morgen. Modernste Architektur, wie sie sonst nirgends in der Welt anzutreffen ist, findet sich neben den primitivsten Elendshütten der Welt. Die sozialen Probleme sind ungeheuer. Die Großstädte ziehen Millionen Menschen an und wachsen ins Uferlose. Die auf dem Lande bei den Indianern noch festgefügte Sippe zerfällt in den Städten. Das Problem des verlassenen Kindes, das bettelnd und schuhputzend durch die Straßen der Millionenstädte zieht, ist bedrückend geworden.

Die katholische Kirche, nach wie vor die stärkste Macht in Lateinamerika, beginnt verlorenes Terrain aufzuholen. Man begegnet einer jungen, aktiven Priestergeneration, die sozial tätig ist bis zur Selbstaufopferung. Der reiche Lebensstil südamerikanischer Kirchenfürsten ist heute vielfach nur mehr Legende. Wir haben ihn nirgends erlebt. Auch die Kirche hat die Zeichen der Zeit im lateinamerikanischen Raum verstanden und ist im Aufbruch, die Massen religiös wieder zu aktivieren.

In diesem Gärungsprozeß darf die SOS-Kinderdorfidee heute ein Mosaiksteinchen sein. Unsere bestehenden SOS-Kinderdorfmodelle haben eine Ausstrahlung, wie wir sie uns hier in Europa kaum vorstellen können. Man greift nach neuen Ideen, vor allem auf sozialem Gebiet.

Freilich sind für die SOS-Kinderdorfarbeit erhebliche Schwierigkeiten gegeben. Zum Beispiel in der Finanzierung. Es ist unmöglich, die SOS-Kinderdorfarbeit — wie in Europa — auf die breite Basis einer Mitgliederwerbung zu stellen. Die dünne Mittelschicht und das Fehlen einer postalischen Geldüberweisung sind nur zwei von vielen Gründen dafür. Die SOS-Kinderdorfvereine bauen daher überall auf eine ganz kleine Gruppe von Freunden und Gönnern, die sich zur monatlichen oder jährlichen Bezahlung eines eben entsprechend höheren Beitrages verpflichten. Diese Beiträge müssen durch berufsmäßige Einsammler eingeholt werden. So machen es auch alle anderen

Sozialvereine wie Rotes Kreuz usw. Das aber erschwert die Aufgabe. Auch sind die Menschen rasch begeisterungsfähig, aber ebenso rasch vergessen sie eine Sache oder kühlen wieder ab, um sich morgen für etwas anderes zu begeistern.

Eine andere Schwierigkeit ist die personelle Frage. Soziale Berufe sind noch wenig bekannt. Mehr als bei uns ist es für eine junge Frau das erstrebenswerteste, zu heiraten und eigene Kinder zu haben. Dazu kommen die ganz anderen Charaktereigenschaften dieser Menschen. Sie kennen kein so tief verwurzeltes Pflicht- oder Verantwortungsgefühl. Sie sind oberflächlicher, sprunghafter. Aus der dünnen Mittelschicht ist kaum ein Mütternachwuchs zu erhalten. Die untere Bevölkerungsschicht aber ist zuwenig gebildet. Es bedarf daher einer viel größeren Mühe, geeignete Frauen für diese Aufgabe zu finden und vor allem dafür zu schulen. Ähnlich liegt die Frage des Dorfleiters. Es ist nicht verwunderlich, daß daher bis heute soziale Arbeit verantwortungsvoll fast ausschließlich in den Händen von Priestern liegt. Auch die staatlichen Institutionen, soweit es solche gibt, werden vielfach von Priestern geleitet.

Mit dem Straßenbahn-Kinderdorf fing's an

Ein erstes lateinamerikanisches Experiment wurde in Buenos Aires gestartet. Dort hatte ein temperamentvoller Priester die Arbeit in die Hand genommen: Pater Carlos E. Gardella. Als oberster Polizeiseelsorger und Fernsehpriester war er in ganz Argentinien bekannt. Eine Sightseeing-Tour anläßlich eines Wienbesuches hatte ihn in die Hinterbrühl geführt. Dort hatte er sich an der SOS-Kinderdorfidee entzündet. Zurück in der argentinischen Metropole, trommelte er Damen der High-Society zusammen und erklärte ihnen, daß man nun ein SOS-Kinderdorf in Buenos Aires haben müßte. Die Damen waren folgsam. Der Padre wird's schon wissen. Ja, er wußte auch, wie er rasch ans Ziel kam. Von der Stadtverwaltung Buenos Aires ließ er sich alle ausrangierten Straßenbahnwaggons schenken und dazu ein geeignetes Grundstück. Jeweils drei Waggons ließ er durch einen Architekten zusammenbauen, wohnlich einrichten, und es dauerte keine drei Monate, war das erste argentinische SOS-Kinderdorf mit Leben erfüllt. Es ging als das Straßenbahn-Kinderdorf in die Geschichte Argentiniens ein und erfüllte jahrelang seine Funktion, bis Padre Gardella und seine Damen genügend Geld beisammen hatten, um mit dem Bau eines großen SOS-Kinderdorfes beginnen zu können. Es ist inzwischen in Garin bei Buenos Aires entstanden und zählt zu den besten Sozialeinrichtungen des Landes.

Als Gmeiner und ich anläßlich unserer ersten Lateinamerikareise die SOS-Kinderdorfarbeit in Argentinien kennengelernt hatten, äußerte Gmeiner den Wunsch, das berüchtigte Hafenviertel der Acht-Millionen-Stadt Buenos Aires zu sehen. Padre Gardella hatte vollstes Verständnis und steuerte uns selbst in diese Gegend, parkte sein Auto und spazierte mit uns durch das Hafenviertel. „Buenas Tardes, Padre Gardella!" klang es auch hier von allen Seiten. Und der Wirt einer verrufenen Hafenspelunke packte ihn am Arm und bat ihn zusammen mit uns in sein Lokal. Wir wurden von ihm gratis bewirtet. Es war düster im Lokal, und unser Tisch war umvölkert von Gestalten, denen man am Abend nicht allein begegnen möchte. Padre Gardella erzählte ihnen — als wäre es das vornehmste Publikum — über die SOS-Kinderdörfer. Als wir gingen, steckte ihm mancher der Gäste einen Geldschein zu. Für die armen Kinder.

Am nächsten Tag waren wir mit dem Padre beim Staatspräsidenten. Er umarmte Padre Gardella und meinte: „Also, das muß ja eine gute Sache sein, diese SOS-Kinderdörfer, wenn sich unser Padre so dafür einsetzt!"

Wir hatten uns davon überzeugt, daß die SOS-Kinderdörfer Argentiniens in besten Händen sind.

In Quito hatte ein deutscher Geschäftsmann, Gerhard Engel, vom SOS-Kinderdorf gehört. Anläßlich eines Europabesuches ließ er sich eingehend von mir in Wien über die SOS-Kinderdorfarbeit und die Möglichkeiten, auch in Ecuador einen Verein aufzubauen, informieren. Der Verein „SOS Aldea de Ninos Ecuador" wurde gegründet, und am Stadtrand von Quito, eingesäumt von Maisfeldern und sanften Berghängen, entstand das SOS-Kinderdorf. Auch dort hatte die Initiative eines einzelnen alle Schwierigkeiten — vor allem auch diejenigen der Finanzierung eines solchen Projektes — über den Haufen gerannt.

In Bolivien wuchs in aller Stille ein SOS-Kinderdorf in der Stadt Cochabamba. Dort hatten die Halleiner Schulschwestern aus Salzburg vor vielen Jahren ein Waisenhaus aufgebaut, das den Namen „La Gota de Leche" trug — Milchtropfen —, weil die Arbeit damit angefangen hatte, daß die Schwestern bedürftigen Kindern täglich Milch gaben.

Eines Tages war ein Brief bei mir eingetroffen. Eine Schwester aus Cochabamba schrieb: „Bitte macht doch aus unserem alten Waisenhaus ein modernes Kinderdorf!" Wir hatten gezögert. Da hatten sich die Schwestern an den Salzburger Erzbischof Dr. Rohracher gewendet, der ihnen das Geld für den Bau der ersten SOS-Kinderdorfhäuser gab. Als Gmeiner und ich nach Cochabamba kamen, fielen die letzten Mauern des alten Waisenhauses. Es hatte einem schmucken SOS-Kinderdorf Platz gemacht. Als Mütter fungieren fast durchwegs einheimische Schwestern. Ihr Habit hängt in einem Kleiderschrank. Nur zu den hohen kirchlichen Festen schlüpfen sie in diesen. Die übrige Zeit hindurch heißt ihr Gottesdienst Mütter zu sein; Mütter für die vielen Indianerkinder, die kein Daheim mehr hatten. Inzwischen haben die Schwestern auch eine Landwirtschaft erworben und dort ein Jugendhaus für die großen Buben eingerichtet. Die meisten werden in der Landwirtschaft ausgebildet und können sich eines Tages dadurch selbst erhalten. Denn Bolivien lebt fast ausschließlich von der Landwirtschaft, seit es im Salpeterkrieg den Meereszugang verloren hat.

Aber das waren nicht die einzigen ersten Versuche im lateinamerikanischen Raum, der SOS-Kinderdorfidee zum Durchbruch zu verhelfen. Eines der erschütterndsten Experimente wurde in Chile gestartet. In dem Stadtteil La Costanera der Hafenstadt Concepcion.

Im Rattenloch von Chile

La Costanera ist ein Elendsviertel. Das wäre noch nichts Besonderes, denn Elendsviertel gibt es in allen lateinamerikanischen Städten. La Costanera aber ist letzter Auswurf eines Elendsviertels. Kloake, Dreckhaufen, Rattenloch. Und doch leben 30.000 Menschen dort; vegetieren Kinder und Greise dort, hausen schlimmer wie streunende Hunde in ihren Hütten aus Kistendeckeln und Blechstücken. Hungern, leiden, stehlen, huren.

Manche sagen, man sollte La Costanera samt seinen Einwohnern einfach niederbrennen, dann wäre eine Brutstätte von Verbrechern weniger.

André Schlosser hatte man das einmal gesagt. Er ist Priester, kommt aus dem Elsaß und lehrte am Priesterseminar in Santiago Theologie. Da fuhr er nach Concepcion und stapfte durch die Schlammgassen dieses Elendsviertels. Heute gesteht er, daß er sich damals mehrmals übergeben mußte. Er konnte den Gestank nicht verkraften. Das Erlebnis dieses Besuches ließ den jungen Priester aber nicht mehr los. Er gab seine Professur auf und zog nach La Costanera.

Das war vor 15 Jahren.

Heute hat sich das Gesicht von La Costanera nicht sehr verändert. Aber seine Menschen haben sich verändert. Sie haben Menschlichkeit erkannt. Sie glauben wieder an eine Zukunft. Sie hoffen wieder. Und viele von ihnen haben den Weg heraus aus diesem Elendsviertel gefunden, zurück in die Gesellschaft.

Mitten in diesem Elendsviertel steht heute ein SOS-Kinderdorf. Ordentlich gebaute Häuser geben den verlassenen Kindern von La Costanera ein neues Daheim. Eine Schule und eine

Krankenstation sind ebenfalls da. Jedes Kind von La Costanera kann heute schreiben und lesen lernen. Die Kranken werden gepflegt. Die Hungernden versorgt. Die Alten getröstet. Und den Arbeitslosen werden — so gut es geht — Stellen vermittelt.

Hinter diesem Werk aber steht seit 15 Jahren André Schlosser. Der Anfang war schwer gewesen. Man hat den fremden Mann zuerst weghaben wollen. Man hat ihn niedergeschlagen. Man wollte in dem so unbeschreiblichen Elend keinen Beobachter. André Schlosser biß die Zähne zusammen und schlüpfte in die verdreckten Hütten hinein. Er trug kein Priestergewand. Man hielt ihn bald für einen Arzt, denn er kam zu den Kranken, er half bei Geburten, er saß bei den Sterbenden. Er brachte Brot und Medikamente und Kleider. Vor allem aber brachte er Trost und die Wärme eines Menschen, der, in seiner Bereitschaft zu lieben, nicht Fragen stellte, nicht anklagte, sondern half. So war das Vertrauen um ihn gewachsen. Er baute eine Baracke für Kinder. Eine weitere Baracke für elternlose Kinder. Er holte sich Mitarbeiter aus Chile, aus Frankreich. Sein Bruder, ebenfalls Priester, kam. Die Hilfe, die diese selbstlosen Menschen leisteten, wurde langsam organisiert. Der Pulsschlag der Nächstenliebe begann immer deutlicher spürbar zu werden.

Eines Tages waren Hermann Gmeiner und ich zu Besuch in La Costanera. André Schlosser hatte uns dringend darum gebeten gehabt. Der SOS-Ruf aus dem Elendsviertel von Concepcion war nicht vergeblich gewesen. Der Grundstein zu einem SOS-Kinderdorf wurde gelegt. Das Geld kam von SOS-Kinderdorfspendern aus Deutschland und Skandinavien. Während die Häuser wuchsen, wurden Kinderdorfmütter gesucht und ausgebildet. Und bald konnten diese Frauen Kinder aufnehmen und ihnen all das geben, was diese Kinder noch nie erlebt hatten: Liebe und Geborgenheit. Diese Kinder kamen alle aus La Costanera. Die meisten mußten zuerst gesund gepflegt werden.

Heute gibt es in der Nähe von Concepcion noch ein zweites SOS-Kinderdorf für Kinder aus diesem Elendsgebiet: in Bulnes. Dort hat der SOS-Kinderdorfverein Concepcion eine große

Landwirtschaft gekauft, um seine Dörfer mit Lebensmitteln versorgen zu können. Denn Chile ist arm. In keinem anderen lateinamerikanischen Land gibt es so viele Unterernährte, Arbeitslose und Tbc-Kranke. Für die großen Buben und Mädchen, die den SOS-Kinderdörfern entwachsen sind, wurde ein Jugendhaus geschaffen.

Noch ist La Costanera vorhanden. Aber es ist ein Elendsviertel wie alle anderen auch und nicht mehr das stinkende Rattenloch von gestern. Die Menschen von La Costanera haben sich an den SOS-Kinderdorfhäusern zu orientieren begonnen. Sie haben gelernt, ihre Hütten fester zu bauen, die Innenräume wohnlicher zu gestalten und sind etwas sauberer geworden. Was man anfangs nicht geahnt hatte, war eingetreten: Das SOS-Kinderdorf hatte für die ganze Bevölkerung dieses Viertels resozialisierend gewirkt.

Wie in Chile André Schlosser, so steht in Honduras eine kleine, rundliche Klosterschwester an der vordersten SOS-Kinderdorffront: Sor Maria Rosa. Es gibt wohl niemanden in diesem Kaffee- und Bananenland Zentralamerikas, der ihren Namen nicht kennt. Viele sprechen ihn wie den einer Heiligen aus. Denn Maria Rosa hat ihr Leben in den Dienst der Ärmsten ihres Landes gestellt. Man findet sie in den Elendshütten um die Hauptstadt Tegucigalpa ebenso wie in den Salons der oberen Zehntausend. Den einen bringt sie Trost und Hilfe, den anderen das Bewußtsein, Gutes tun zu können. Maria Rosa weiß, wo sie das Geld zu holen hat. Sie schont ihre Landsleute nicht. Und sie findet harte Worte, wenn sie auf jenen Egoismus stößt, der sich in der reichen Bevölkerungsschicht so gerne einnistet.

Maria Rosa gab sich von Anfang an nicht mit einem kleinen SOS-Kinderdorf zufrieden. „Die Zahl der verlassenen Kinder treibt mich dazu, ein Dorf mit 40 Häusern zu bauen", schrieb sie uns eines Tages. Hermann Gmeiner seufzte. Was würde das werden? Es wurde etwas Gutes. Das größte lateinamerikanische SOS-Kinderdorf. Mitten hineingestellt in eine ärmliche Wohnsiedlung. Bald darauf baute sie ein zweites SOS-Kinderdorf in

San Pedro Sula. Und fängt zur Zeit ein drittes an. Maria Rosa kennt keine Atempause. Ihr Arbeitstag hat oft 18 bis 20 Stunden. Das hat sie langsam auch zermürbt. Als ich sie vor einigen Jahren besuchte, laborierte sie an einem schweren Rückenleiden, Kopfschmerzen und Gefäßstörungen. Wir holten sie rasch nach Europa und brachten sie zu einer dreiwöchigen Kur auf den Dürnberg bei Salzburg. Von dort rief sie mich schon einen Tag später in meinem Wiener Büro an. „Herr Doktor, holen Sie mich sofort wieder ab, ich halte es hier nicht aus. Ich sterbe, wenn ich nichts zu tun habe!" Ich mußte energisch werden und ihr sagen, daß wir sie nie wieder nach Honduras zurückfliegen lassen werden, wenn sie jetzt nicht ihre Kur zu Ende führen würde. Als ich sie nach drei Wochen vom Dürnberg abholte, lief sie mir entgegen. „Ich bin so gesund wie noch nie", meinte sie. „Und jetzt habe ich endlich auch gelernt, wie schön das Faulenzen ist!" Sie hat es aber seither nie wieder praktizieren können. Ihre SOS-Kinderdörfer in Honduras halten sie in Atem.

Ganz anders wieder wurde die SOS-Kinderdorfarbeit in Mexiko in den Sattel gehoben. Ein bekannter Frauenarzt fing dort Feuer für die SOS-Kinderdorfidee. Hinter der berühmten Wallfahrtskirche der Indianer, Guadalupe, setzte er die ersten Kinderdorfhäuser an einen malerischen Berghang. Und jedes Haus trägt den Namen einer Dame. „Was hat das zu bedeuten?" fragte ich ihn, als ich das Dorf zum ersten Mal sah. Da sah er mich verschmitzt an: „Das sind Patientinnen von mir. Bevor ich sie operiere, sage ich ihnen, sie sollen ein Kinderdorfhaus stiften, sonst bekämen sie keine Narkose!" Das ist Humor auf mexikanisch.

Das sind nur einige Blitzlichter aus der SOS-Kinderdorfwelt Lateinamerikas. Einer stillen Revolution gleich überrollte unser privates Sozialwerk Land für Land. Überall prallte es naturgemäß auf Widerstand. Die Trägheit althergebrachter Institutionen setzte sich in Front gegen uns. Intrigen wurden gesponnen. Offener Kampf ging durch die Presse. SOS-Kinderdorf bedeutet Auseinandersetzung. Macht unruhig. Fordert heraus. Aber in keinem anderen Teil der Welt — und das hatten Hermann Gmeiner und ich schon bei unserer ersten Lateinamerikareise erkannt — wird der SOS-Kinderdorfidee ein so durchschlagender Erfolg beschieden sein wie auf diesem Subkontinent. Heute hat sich die Idee in allen lateinamerikanischen Staaten festgesetzt und bereits 27 SOS-Kinderdörfer hervorgebracht.

Wachsende Aufgaben — wachsende Verpflichtungen

Durch den Sprung der SOS-Kinderdorfidee nach Asien und Lateinamerika wurde dem 1960 in Straßburg geschaffenen Europäischen Verband der SOS-Kinderdörfer das Gewand bald zu klein. Wir tauften daher in einer Generalversammlung unseren Dachverband in SOS-Kinderdorf International um. Aus den vier Mitgliedsvereinen waren fünf Jahre nach der Gründung schon 30 geworden. Die außereuropäischen Länder drängten immer stärker nach. SOS-Kinderdorf war über Nacht auch Entwicklungshilfe geworden.

Die Voraussetzung, solche Aufgaben überhaupt bewältigen zu können, war die Erschließung von Finanzierungsquellen. Der Erfolg unserer Reiskornaktion hatte uns gezeigt, daß es viele Menschen gibt, die auch bereit sind, die SOS-Kinderdorfarbeit in Entwicklungsländern zu finanzieren. Unser Plan stand daher bald fest: Wir müßten in den reichen Ländern Geld auftreiben, um es in den armen Ländern für Bau und Unterhalt von SOS-Kinderdörfern zu investieren. In kurzer Zeit hatten wir solche Vereine geschaffen. In Deutschland den Verein „Hermann Gmeiner Fonds Deutschland e. V.", in der Schweiz den Verein „Schweizer Freunde der SOS-Kinderdörfer", in Holland den Verein „Stichting Nederlandse Vrienden der S. O. S. Kinderdorpen", in Dänemark, Norwegen und Schweden eigene

SOS-Kinderdorfkomitees, in den USA den Verein „Friends of SOS Children's Villages, Inc." usw. Überall fanden sich Kinderdorffreunde, die diese Arbeit ehrenamtlich in die Hände nahmen. Neue Aktionen wurden ausgedacht. Der Kinderdorfbote wurde in mehreren Sprachen gedruckt. Ein neues Finanzierungsprogramm wurde ins Leben gerufen: die Patenschaft. Jeder hat die Möglichkeit, für ein SOS-Kinderdorfkind irgendwo in der Welt eine Patenschaft zu übernehmen. Er zahlt dafür monatlich einen bestimmten Betrag (in Deutschland DM 35.—, in Österreich S 200.—) und kann mit seinem Patenkind in direkten Kontakt treten. Brücken der Nächstenliebe wurden über diese Patenschaft gebaut. Heute werden in dem internationalen Patenbüro der SOS-Kinderdörfer in Wien rund 15.000 Paten betreut, die durch ihre monatlichen Beiträge die Finanzierung des Unterhaltes der SOS-Kinderdörfer in den armen Ländern der Welt sichern.

Besonders erfolgreich hatte sich in kürzester Zeit der „Hermann Gmeiner Fonds Deutschland e. V." entwickelt. Er trägt heute die Hauptlast der Finanzierung für den Aufbau von SOS-Kinderdörfern in aller Welt und für den personellen Einsatz unserer SOS-Kinderdorfexperten. Wie sein deutscher Bruderverein „SOS-Kinderdorf e. V.", der für den Bau und Unterhalt der deutschen SOS-Kinderdörfer zuständig ist, hat es auch der „Hermann Gmeiner Fonds Deutschland e. V." auf fast eine Million Mitglieder gebracht, die die weltweite Arbeit Gmeiners regelmäßig unterstützen.

Freilich brachte diese rasche Entwicklung nicht nur neue Aufgaben mit sich, sondern auch die Notwendigkeit, unser Sozialwerk neu zu durchdenken. Es war doch ein Unterschied, nur für ein SOS-Kinderdörfchen in Imst verantwortlich zu sein oder ein Werk zu organisieren, das sich in aller Welt zu verankern begann und alle bisherigen Grenzen seiner Bestimmung sprengte. Wir durften den Anschluß nicht verlieren. Die Entwicklung durfte uns nicht überrennen. Wir wollten auch nicht etwas schaffen, was vielleicht die ursprüngliche Forderung

Hermann Gmeiners nicht erfüllen könnte. Die SOS-Kinderdorfidee mußte rein erhalten bleiben. Sie durfte nicht verwässert werden.

Fragen tauchten auf. Wie vereinbart sich Entwicklungshilfe mit der SOS-Kinderdorfidee? Ist unsere Arbeit in gewissen Ländern wie zum Beispiel Indien nicht ein Tropfen auf einen heißen Stein? Wird die Gmeinersche Idee den Bedürfnissen anderer Kulturen wirklich gerecht? Wir wichen ihnen nicht aus. Immer wieder trafen wir uns zu Tagungen, um in harter Arbeit alle diese Fragen zu prüfen und unser geistiges Konzept zu durchleuchten. Wir erkannten dabei die Tatsache, daß Hunger und Not, Elend und Krankheit in vielen Teilen der Welt infolge der engen wirtschaftlichen und technischen Kommunikation heute zu einem alle Menschen angehenden Problem geworden waren. Sie bedrohen im Zusammenhang mit der gewaltigen Bevölkerungsvermehrung in allen Entwicklungsgebieten und mit der dadurch bedingten wachsenden Verschlechterung der Lebensbedingungen und der sich erweiternden Kluft zwischen den reichen und den armen Ländern auf die Dauer den Weltfrieden. Welche Institution immer daher heute mit ihrer Arbeit in die als Entwicklungsländer bezeichneten Gebiete der Erde vordringt, hat sich mit dieser Problematik auseinanderzusetzen. Auch SOS-Kinderdorf International konnte seine Aufgabe daher nicht darin erschöpft sehen, SOS-Kinderdörfer zu inspirieren oder durch Erschließung von Finanzierungsquellen zu bauen und zu unterhalten, sondern mußte sich die Frage stellen, welche Funktion SOS-Kinderdörfer im allgemeinen Entwicklungsprozeß jener Länder ausüben.

Wir fanden auf solche Fragen nur eine Antwort, wenn wir uns die Tatsache vor Augen hielten, daß wir nur mehr die Wahl haben, den Entwicklungsländern bei einem Übergang zu modernen Lebensformen möglichst selbstlos zu helfen oder einen weltweiten Klassenkampf der armen gegen die reichen Völker heraufzubeschwören, dessen Ausgang dank der numerischen Überlegenheit des einen oder der technischen Überlegenheit des anderen Teils kaum abzusehen ist. Das soziale und ökonomische Gleichgewicht der traditionellen Gesellschaften wurde nun einmal durch den Eingriff der abendländischen Mächte und dem Demonstrationseffekt der abendländischen Lebensweise derart gestört, daß eine Rückkehr zu oder ein Verharren in den überlieferten gesellschaftlichen und sozialen Formen für diese Völker künftig unmöglich ist. Übermittlung unseres Wissens und Könnens ist eine ethische Verpflichtung unserer abendländischen Kultur geworden. Diese Übermittlung ist aber nicht nur durch die Bereitstellung des zu seiner Anwendung notwendigen Kapitals zu verwirklichen, sondern im besonderen durch eine Übermittlung der zu seiner Bewältigung notwendigen geistigen Haltung. Die SOS-Kinderdorfidee aber stellt eine solche geistige Haltung dar. Wir können uns ihrer Verbreitung nicht mehr entziehen.

Wir sahen noch eine andere Tatsache, die eine Verbreitung der SOS-Kinderdorfidee rechtfertigte und notwendig machte: Mittelpunkt und Ziel aller Entwicklungshilfe sind die Förderung und Entfaltung des ganzen Menschen. Dieser Mensch muß freilich genug haben, um ein wertvolles Leben führen zu können. Aber dieses Mehrhaben muß im Dienste des Mehrseins und des Mehrwerdens stehen. Denn jeder Mensch hat nicht nur das Recht, sondern auch die Pflicht, mehr zu sein und mehr zu werden. Jedes SOS-Kinderdorf in einem Entwicklungsland ist daher in diesem Sinne ein geistiger Beitrag; und ein sehr wesentlicher Beitrag. In diesem Zusammenhang war uns die Auffassung des verstorbenen indischen Ministerpräsidenten Pandit Nehru Wegweiser, der — wie schon erzählt — Hermann Gmeiner gegenüber erklärt hatte, daß SOS-Kinderdörfer in Indien notwendig seien, weil sie mithelfen, jene Geisteshaltung zu schaffen, ohne die es keinen wirklichen Fortschritt in Indien geben könne. Freilich sind unsere Dörfer nur verschwindend kleine Samenkörner. Aber eben Samenkörner. Wir wissen heute nicht, ob und wann und wie sie aufgehen werden. Aber wir haben die Pflicht, sie in die Erde zu legen.

Unsere Funktion in der gesamten globalen Entwicklungshilfe hat sich dabei sofort von selbst ergeben. SOS-Kinderdörfer sind Modelle — in der internationalen Fachsprache der Entwicklungshilfe „pilot projects". SOS-Kinderdorf prellt vor. SOS-Kinderdorf weist einen Weg für die Zukunft. SOS-Kinderdorf gibt geistige Richtung an. Wir sahen natürlich, daß wir dabei erst am Anfang standen; noch kaum bemerkt, noch kaum wahrgenommen, noch kaum wirklich in die Tiefe wirkend. Aber unser Konzept lag bald vor. Wir sollten ein Modell dafür sein, daß auch in Entwicklungsländern das verlassene Kind Anrecht auf ein menschenwürdiges Dasein hat; Anspruch auf ein Daheim, auf eine Mutter. Und mit der materiellen Besserstellung der Menschen in Entwicklungsländern dürfte auch die Waisenfürsorge nicht ins Hintertreffen kommen. Wir liefern aus Europa modernste Stahlwerke nach Indien und komplizierte elektronische Geräte. Das Waisenhaus des 19. Jahrhunderts aber sollten wir diesen Völkern belassen? Das wäre ungerecht.

Die Krippe auf dem Hirtenfeld

Bethlehem. Hirtenfeld. Von der Ferne leuchtet die Kuppel der Geburtskirche in der rasch sinkenden Abendsonne. Hier irgendwo stand die Krippe, zu der die christliche Menschheit seit bald 2000 Jahren hinblickt. Armut. Liebe. Erlösung. Kein Besucher kann sich dieser seltsamen Atmosphäre entziehen.

Hier ist Unruheherd. Zwei Kriege tobten in den letzten Jahren. Stacheldrahtverhaue durchziehen das Gelände. Patrouillen streifen umher. Überall Haß. Flüchtlinge sind über diesen Landstrich geschwemmt worden. Und Kinder, die keine Eltern mehr haben. Kein Zuhause mehr haben. Kleine, hilflose arabische Kinder. Diesen Kindern wollten wir ebenfalls zu Hilfe kommen. Mit Geldern des „Hermann Gmeiner Fonds Deutschland e. V." entstand das SOS-Kinderdorf Bethlehem. Mitten in den Unruheherd hinein haben wir es gebaut. Mitten in den Haß der Völker hinein. Mitten in das Hirtenfeld hinein. Und wie vor 2000 Jahren steht dort eine Krippe. In einem Kinderdorfhaus diesmal. Und ein Kindlein liegt darin. Man hat es am ersten Adventsonntag 1970 gefunden. Unter einem Olivenbaum lag es. Es wird nie seine Eltern kennen. Es hat keinen Namen. Keine Vergangenheit. Aber jetzt hat es eine Zukunft — wie alle unsere Kinder im SOS-Kinderdorf Bethlehem.

Ein erfahrener SOS-Kinderdorfmitarbeiter aus Graz, Gustav Th. Schlesinger, hat den Aufbau geleitet. Es war schwierig. Es fehlte an Baumaterial, an Wasser, an Elektrizität. Die Steine vom Hirtenfeld wurden zum Baumaterial, um Wasser zu finden, wurden Tiefbrunnen geschlagen, und der elektrische Strom kam bald aus einem Generator. So wuchs dieses Dorf mit seinen zwölf Familienhäusern, seinem Gemeinschaftshaus und seinem Kindergarten.

Woher aber sollte man die Mütter für die Kinder nehmen? Moslemfrauen? Diesen Gedanken möge man sich aus dem Kopf schlagen, sagten die „Fachleute". Doch die Kinder sind Moslems. Und es ist ein Prinzip der SOS-Kinderdorfarbeit, die Kinder auf dem Fundament ihrer Religion, ihrer Kultur und ihrer Lebensart zu erziehen. Kaum aber war das erste SOS-Kinderdorfhaus unter Dach, stand eine verschleierte Moslemfrau auf der Baustelle und bot dem überraschten Herrn Schlesinger ihre Mithilfe an. Sie wurde die erste SOS-Kinderdorfmutter in Bethlehem. Heute sind in allen Häusern solche Frauen tätig. Das arabische Volk hat diesen Kreuzzug für seine ärmsten Kinder verstanden. Die Nächstenliebe war mobil gemacht.

Heute leitet eine SOS-Kinderdorfexpertin aus Wien dieses Dorf. Unter ihrer Führung sind aus den ungeschulten Moslemfrauen SOS-Kinderdorfmütter geworden.

Viele, die heute nach Bethlehem pilgern, besuchen auch das SOS-Kinderdorf. Da kommen Araber. Da kommen Juden. Und alle spüren, daß in diesem Dorf nur die Liebe regiert.

Als der Wiener Kardinal Dr. Franz König in diesem SOS-Kinderdorf stand, nannte er es „ein Bethlehem unserer Tage".

Dem Familienverfall entgegenwirken

Über all diese internationale Arbeit hinweg aber blieb Hermann Gmeiner seinem SOS-Kinderdorf Imst treu. Dort war auch sein Daheim. Dorthin kehrte er zurück, wenn er müde wurde oder eine strapaziöse Reise hinter sich hatte. Dort suchte er Entspannung, tankte er neue Kräfte. Dort saß er dann abends im Gespräch mit den Kinderdorfmüttern und nahm Anteil an ihren Sorgen und Problemen. Es waren vielfach auch seine Sorgen. Vor allem wenn es um das Alleinsein ging. Denn Hermann Gmeiner war nicht zum Heiraten gekommen. Anfangs hatte er es als Mission aufgefaßt. Später riß ihn die spontane Entwicklung des Werkes einfach mit sich fort. Er hatte kein Privatleben mehr.

„Wer anderen Hütten baut, muß seine eigene zerstören", hat Dostojewskij gesagt. Es trifft auf den SOS-Kinderdorfvater zu. Für ihn gibt es kaum andere Interessen. Seine Zeit ist ausgefüllt mit seiner Idee. Und so wie er heute in der großen Welt managt und repräsentiert, ist er auch in der kleinen Welt des SOS-Kinderdorfes ständig präsent. Er nimmt an fast allen Dorfleitertagungen teil und geht dort auch bei Detailfragen in die Tiefe. Stets aufs neue durchdenkt und durcharbeitet er seine Idee.

„Die SOS-Kinderdörfer haben einen einfachen Gedanken zur Grundlage ihrer gesamten Erziehungsarbeit gemacht", sagte er kürzlich. „Sie sind von der Voraussetzung ausgegangen, daß kein Kind ohne Familie leben kann, daß das Kind die Familie braucht, um seine körperlichen, geistigen und seelischen Kräfte entwickeln und entfalten zu können. Dieser Gedanke ist längst zum Leitmotiv aller Bemühungen geworden, die Erziehungsprobleme der Gegenwart zu lösen. Es kommt letzten Endes nicht darauf an, ob die Familie vermögend, einflußreich oder für alle Zeiten materiell sichergestellt ist. Unsere Kinder können im Wohlstand ebensogut wie in Armut verwahrlosen, wenn wir uns nicht um sie kümmern, wenn wir versäumen, ihnen ein wirkliches Zuhause zu geben, jene heimelige Wohnstubenatmosphäre, von der der große Erzieher Pestalozzi meint, sie wäre sozusagen das Maß aller Dinge. Es ist gewiß ein gutes Zeichen, daß man sich auch im Zeitalter der Atombombe der Familie als der natürlichen Grundlage des Lebens und jedweder Ordnung besinnt. Konjunktur und Wohlstand dürfen uns nicht vergessen lassen, daß das Leben ein göttlicher Auftrag ist und daß es das Wichtigste an diesem Auftrag ist, gesundes Leben weiterzugeben und eine gesunde Jugend zu erziehen. Erziehen heißt verzichten. Das weiß niemand besser als die Millionen Väter und Mütter, die überall in der Welt um das Wohlergehen ihrer Kinder besorgt sind. Ihre Sorge sollten wir zu einem allgemeinen Anliegen der Völker aller Kontinente machen. Ich glaube, daß der Prozeß der Gesundung der Menschheit, der über die Gesundung der Familie führt, schon begonnen hat. Unsere Verpflichtung möge es sein, zu diesem Prozeß alles beizutragen, was in unseren Kräften steht."

In diese Zeit der internationalen Ausbreitung der SOS-Kinderdörfer fällt auch das erste Ehrendoktorat für Hermann Gmeiner. Vor dem Rektor der Fordham-Universität in New York beugt er sein Haupt, um sich mit dem Doktorhut zieren zu lassen.

„Für die weltweiten Verdienste dieses großen Apostels der Liebe", hört er. 12.000 Menschen wohnen diesem Festakt bei. Hermann Gmeiners Gedanken aber wandern zurück in den Hörsaal der Universität Innsbruck. Er sieht sich vor seinen Kollegen stehen und einen Appell um ein neues Untermietzimmer an sie richten. Die ärgerlichen Blicke seines großen Lehrers Breitner ruhen auf ihm. „Lassen Sie das Pfadfinderspielen!" Und die Buben seines „Stoß-Trupps" ziehen an ihm vorbei. Ihre blassen Gesichter lächeln. Aus diesem Lächeln werden andere Gesichter; Gesichter von Müttern in Imst, in Altmünster, in Hinterbrühl, in Diessen, in Hamburg, in Finnland...

Gmeiner spürt den Kinderdorfring an seiner linken Hand. Hunderte seiner Mitarbeiter tragen ihn schon — Mütter, Dorfleiter und andere seiner engsten Gefährten. Sie tragen ihn als

Ausdruck ihrer Treue zu einem gemeinsamen Werk. Nun dreht er an diesem Ring und drückt ihn fest zwischen seinen Fingern, so daß er deutlich das Kinderdorfemblem spürt. Ja, unter diesem Zeichen zog er einst aus, um ein paar ärmste Kinder von der Straße wegzuholen und ihnen bei einer guten Mutter ein neues Daheim zu schenken. Unter diesem Zeichen haben inzwischen Tausende Kinder in aller Welt dieses Daheim gefunden. Und unter diesem Zeichen wird er weiterarbeiten, weiteropfern, weiterschuften für eine bessere Welt, für eine glücklichere Zukunft.

Am 13. Jänner 1966 wurde Hermann Gmeiner von Papst Paul VI. in Privataudienz empfangen. Auch das war ein Meilenstein in der Geschichte der SOS-Kinderdörfer. Denn obwohl Gmeiner aus der Katholischen Jugend hervorgegangen war und schon von seinem bäuerlichen Elternhaus her eine gesunde Religiosität in sich trägt, hatte er gerade auch von seiten der Kirche immer wieder starke Gegnerschaft. Die Aktivität der Laien wurde zu jener Zeit von der Kanzel her noch manches Mal schräg angesehen. Daß da einer allein auszog, um Gutes zu tun und lebendige Karitas zu vollziehen, wollten ihm auch in der Kirche manche nicht abnehmen. Dazu sei ja schließlich die Caritas da. Gmeiner hatte oft unter dem Unverständnis solcher geistlicher Herren gelitten. Der Tiroler Bischof, der stets hinter seinem ehemaligen Dekanatsjugendführer Gmeiner stand, mußte ihn mehr als einmal trösten. Gmeiner hat dann wieder alles hinuntergeschluckt und auf keinen Angriff reagiert.

Nun aber durfte Gmeiner dem Heiligen Vater gegenübersitzen, der sich ausführlich über die SOS-Kinderdörfer berichten ließ. Er stellte zahlreiche Fragen und zeigte sich von den Erfolgen unseres Sozialwerkes sehr beeindruckt. Besonders interessierte er sich für die Bemühungen, SOS-Kinderdörfer für Kinder verschiedener Konfessionen in Entwicklungsländern zu errichten. Auch den Entschluß, ein SOS-Kinderdorf in der notleidenden italienischen Provinz Apulien zu bauen, begrüßte Paul VI. mit großer Freude. Er sprach Hermann Gmeiner Dank und Anerkennung für seine Verdienste aus und erteilte allen Müttern und Kindern, allen Mitarbeitern und Freunden und Förderern dieses privaten Sozialwerkes den Apostolischen Segen.

Auch Afrika braucht SOS-Kinderdörfer

Afrika war inzwischen der einzige Kontinent, auf dem die SOS-Kinderdorfarbeit noch nicht Fuß gefaßt hatte. Nach der erfolgreichen Entwicklung der SOS-Kinderdörfer in Südamerika und Asien war es naheliegend, daß auch in Afrika eines Tages SOS-Kinderdörfer entstehen würden.

Einer solchen Überlegung aber standen schwere Bedenken gegenüber. Afrika sei noch nicht reif für diese qualifizierte Form der Jugendfürsorge. In Afrika existiere das Problem der verlassenen Kinder nicht, da die Großfamilie noch überall in Kraft sei. Und schließlich würde es undenkbar sein, in Afrika SOS-Kinderdorfmütter zu bekommen. Ähnliche Bedenken aber standen auch am Beginn unserer SOS-Kinderdorfarbeit in Südamerika und Asien. Und außerdem hatten sich bereits in mehreren afrikanischen Staaten SOS-Kinderdorfkomitees gebildet.

Hermann Gmeiner und ich wurden daher beauftragt, zum Zwecke einer Feldstudie jene afrikanischen Länder zu besuchen, mit denen wir im Hinblick auf die Verwirklichung von SOS-Kinderdörfern seit längerer Zeit in Kontakt standen. Es waren dies Äthiopien, Kenia, Kongo, Nigerien, Ghana, Elfenbeinküste und Sierra Leone.

In den genannten Ländern führten wir eingehende Besprechungen mit den dort bereits vorhandenen Komitees und mit Fachleuten sowie Vertretern zuständiger privater Organisationen und staatlicher Stellen. Wir besuchten die bestehenden Einrichtungen und studierten das Leben der Menschen in den Städten und auf dem Land. Wir verkehrten dabei fast ausschließlich in einheimischen Kreisen, was für die Beurteilung der sozialen, wirtschaftlichen und nicht zuletzt politischen Situation von besonderem Nutzen war. Presse, Radio und Fernsehen nahmen von unserem Besuch überall interessiert Notiz.

Wir erkannten, daß wir mit Afrika in unserer internationalen SOS-Kinderdorfarbeit in zunehmendem Maße zu tun bekommen würden. Unsere Feldstudie war erste Bekanntschaft. Und wir hatten einen guten Eindruck. Wir schieden nicht mit derselben Skepsis wie viele Weiße. Wir hatten sie ein bißchen mehr verstehen gelernt, diese Menschen in Ost-, Zentral- und Westafrika.

Afrika spielt seit Ende des Zweiten Weltkrieges im weltpolitischen Konzert mit. Seit 1960 — dem sogenannten „Afrikanischen Jahr", dem Beginn der Unabhängigkeitswelle — immer lautstärker. Und alle Welt spürt, daß Afrika im Aufbruch ist; im Kommen ist. Wir hatten uns daher mit diesem Kontinent auseinanderzusetzen — auch als internationale Sozialvereinigung.

Afrika ist dreimal so groß wie Europa (inklusive des europäischen Teils der Sowjetunion) und von 250 Millionen Menschen bevölkert. Im Jahre 2000 werden es 500 Millionen Menschen sein. Diese Menschen sind Menschen wie wir: manche gut, manche böse, manche dumm, andere intelligent! Und auch sie wollen als Menschen behandelt werden, nicht mehr wie Jahrhunderte herauf als Kinder und nicht als Sklaven. Es gibt viele Afrikaner, die gebildeter sind als Durchschnittseuropäer, und es gibt viele andere, die noch wie Menschen der Steinzeit leben. Nur gibt es nicht den typischen Schwarzen. Wer Afrikaner verstehen will, sollte nicht vergessen, daß die Kolonialzeit tiefgehende Spuren hinterlassen hat. Und er muß bedenken, daß die jungen afrikanischen Staaten den Schritt aus dem Mittelalter in die Neuzeit in weniger als einem Menschenalter tun mußten. Europa hat für die gleiche Entwicklung Jahrhunderte Zeit gehabt und wahrlich genügend Fehler gemacht. Wir versuchten daher zu verstehen, daß die Afrikaner, die zumeist erst seit einigen Jahren dazu berufen sind, ihre Staaten selbst zu regieren und damit alle die unwahrscheinlichen Probleme wirtschaftlicher, politischer und sozialer Natur zu lösen, Fehler machen müssen. Afrika aber ist über die Schwelle des 20. Jahrhunderts getreten. Seine Menschen haben das Recht, daß wir sie mit ihren eigenen und nicht mit unseren europäischen Maßstäben messen.

Daher mußte in unserer SOS-Kinderdorfarbeit in Afrika vieles anders sein. Die Grundsätze der SOS-Kinderdorfidee wurden dort freilich auch realisiert, aber die Menschen, die diese Dörfer bauen und leiten, die dort erziehen und heranbilden, denken anders, glauben anders, handeln anders. Sicher nicht schlechter, aber eben anders. Das haben wir zu akzeptieren gelernt.

In Afrika träumt man eben nicht unsere Träume und lebt nicht mit unseren Sorgen. Andere Erfahrungen und andere Traditionen haben die Schwarzafrikaner geprägt. Und wie in allen Bereichen der Zivilisation haben sie auch bei SOS-Kinderdorf unsere Spielregeln übernommen, aber sie spielen mit anderen Einsätzen.

Wir konnten im Rahmen unserer Feldstudie dabei einige wesentliche Feststellungen machen. Die rasante Industrialisierung und Zivilisierung — vorerst wesentlich nur in den rapid anwachsenden Städten — bringen die bisher in Afrika unbekannt gewesenen sozialen Probleme mit sich. Das sichere menschliche Bauwerk der Sippe beginnt in den Großstädten zu zerbröckeln. Der Alte wird nicht mehr selbstverständlich durch seine Großfamilie versorgt. Ebenso nicht der Kranke. Und auch das elternlose Kind nicht mehr. Eine staatliche Fürsorge in unserem Sinne gibt es wohl auf dem Papier, aber noch kaum in der Praxis. Zu groß sind auch die anderen Aufgaben des jungen Staates — es sei nur an die Alphabetisierung gedacht! An privater Fürsorge ist äußerst wenig vorhanden. Außerdem sind solche Einrichtungen zumeist mit weißen Missionen verbunden und daher nicht integrierungsfähig. Am Anfang der Jugendfürsorge würde daher das SOS-Kinderdorf stehen. Man könnte in Afrika die Entwicklung über das Waisenhaus des vergangenen Jahrhunderts überspringen. Das war eine interessante Chance für unsere SOS-Kinderdorfidee.

Die SOS-Kinderdorfidee kommt der Mentalität des Schwarzafrikaners sehr entgegen. Ein Kind in einem Waisenhaus ist für den sehr sippenbewußten Afrikaner unverständlich. Die SOS-Kinderdorfmutter, die ein solches Kind als Mutter aufnimmt, liegt ihm näher. Ebenso das Haus, der eigene Herd.

Die vorhin skizzierte Entwicklung bringt natürlich mit sich, daß es auch unverheiratete Frauen und einsame Witwen gibt. Das war früher in Afrika undenkbar. Wir konnten in allen von uns besuchten Ländern erleben, daß es möglich sein würde, Frauen für die Aufgabe als SOS-Kinderdorfmutter zu finden. Es würde zwar noch schwer sein — vor allem im Hinblick auf deren Ausbildung. Aber es könnte zugleich der Beginn einer Erwachsenenerziehung werden.

Das alles hatte uns damals im Hinblick auf die Entwicklung der SOS-Kinderdorfarbeit in Afrika optimistisch gemacht. Wir wurden eigentlich in keinem Land enttäuscht. Wir fanden überall bereits einen mehr oder weniger geackerten Boden für unsere Arbeit vor. Und wir haben diese Chance genützt. Wir haben in allen von uns besuchten sieben Ländern ein SOS-Kinderdorfbäumchen gepflanzt. In den meisten Ländern hat sich daraus schon ein stattlicher Baum entwickelt.

Ein Schiff fährt nach Saigon

In den Jahren nach 1960 wurde uns immer mehr bewußt, daß uns das SOS vor dem Kinderdorf auch Verpflichtung sein müsse, dort in der Welt wirksame und rasche Hilfe zu leisten, wo durch Naturkatastrophen oder Kriege Kinder in akuter Gefahr waren. Wir hatten nämlich schon lange diese SOS-Signale aus einem Land erhalten, das seit vielen Jahren Brennpunkt an Not und Elend war: Vietnam.

Die Frage bewegte uns oft, was wir als internationaler SOS-Kinderdorfverband für Vietnam tun könnten. Gmeiner faßte schließlich unsere Gespräche und Diskussionen in der simplen Feststellung zusammen: „Entweder wir helfen endlich einmal, oder wir lassen es überhaupt." Er hatte sich und uns damit das Gesetz des Handelns aufgezwungen, denn wir waren natürlich alle dafür, zu helfen.

Am 9. Dezember 1966 landete Hermann Gmeiner zusammen mit D. Q. R. Mulock Houwer, dem Generalsekretär der Internationalen Vereinigung für Jugendhilfe (IUCW), dem Dachverband aller großen privaten Sozialwerke für Kinder in der Welt, der SOS-Kinderdorf International damals ebenfalls schon als ordentliches Mitglied angehörte, in Saigon. Wir hatten uns zu dieser Feldstudie entschlossen, um an Ort und Stelle prüfen zu können, welche wirksamste Sofortmaßnahme von uns ergriffen werden könnte.

Gmeiners Bericht nach dieser mehrwöchigen Studienreise war sehr informativ. „Vom Flugzeug aus", so hieß es darin, „sah ich ein Land, das mit seinen vielen Flüssen und Kanälen, Dörfern, Reisfeldern und tropischen Wäldern ungemein anziehend wirkt. Unmittelbar nach der Landung befindet man sich jedoch in einem riesigen Militärlager. In Vietnam ist Krieg, das spürt man sofort. Saigon und seine Umgebung sind ein schwer befestigter Brückenkopf. Ich sah überall in Saigon Sandsäcke und Stacheldraht und Militärposten mit schußbereiten Maschinenpistolen. Ich sah daneben das verwirrend bunte Treiben einer exotischen Großstadt. In Saigon leben zwei Millionen Menschen, freundliche Menschen, die Tag für Tag emsig ihrer Arbeit nachgehen. Ich sah Barrikaden vor dem Hotel, in dem ich wohnte, Barrikaden vor den Banken, Barrikaden vor den Ämtern, vor den Lokalen und vor zahlreichen Privathäusern. Die Schaufenster sind voll von Waren aus aller Herren Ländern. In den Geschäften kann man kaufen, was das Herz begehrt. Die Preise schienen mir nicht einmal unerschwinglich. Der Verkehr in den Straßen gleicht dem Straßenverkehr in Paris. Er ist geradezu schwindelerregend. Aber rings um die Stadt gibt es Straßen, die man bei Tag nur mit bewaffnetem Geleitschutz und nachts überhaupt nicht befahren kann. In Vietnam ist Krieg, ein gespenstischer, grausamer Krieg. In diesem Krieg werden selten große Schlachten geschlagen. Es ist ein Krieg der Hinterhalte, Racheaktionen und abscheulichen Quälereien. Am Rande dieses Krieges, durch ihn verursacht, von Tag zu Tag größer, herrscht eine unbeschreibliche Not, die uns alle angeht.

Es gibt in Vietnam ganze Heere kleiner, unschuldiger elternloser Kinder. Ich habe in Saigon mit eigenen Augen ein Kinderelend gesehen, das wahrscheinlich größer ist als irgendwo in der Welt, ein Elend, das ich mir jedenfalls nicht schrecklicher und bedrückender vorstellen kann.

In Südvietnam sollen, nach Angaben zuständiger Stellen, mindestens eine Million Flüchtlinge leben, darunter 300.000 Kinder, Kinder, denen wir helfen müssen, weil ihnen sonst niemand hilft. Die Zelle der soziologischen Struktur in Vietnam ist, wie in vielen Ländern Asiens, die Sippe, die Großfamilie. In friedlichen Zeiten blieb ein verwaistes Kind unter der Obhut der Großfamilie. Überall dort, wo der Krieg das soziale Gefüge zerstört hat, sind unzählige im Stich gelassene Kinder zurückgeblieben, die einfach niemandem gehören, denen sich niemand verpflichtet fühlt, um die sich niemand kümmert.

Es gibt in Saigon 70 Waisenhäuser, zwei davon hat die Regierung errichtet. Die übrigen verdanken ihre Existenz karitativen Institutionen aus aller Welt. 25 Waisenhäuser habe ich gesehen. Die meisten sind riesige Auffanglager. Sie bestehen aus elenden Hütten oder überhaupt nur aus ein paar Flugdächern. In diesen Lagern sind Tausende Kinder zusammengepfercht, nur mit einem Hemdchen bekleidet. Sie essen und schlafen auf dem nackten Lehmboden. Es gibt stille Helden in Vietnam, Männer und Frauen, die den Kampf gegen die Not aufgenommen haben. Es sind zu wenige. Auf etwa 100 Kinder kommen, wenn es gutgeht, zwei Erwachsene, die für alles, Nahrung, Pflege, Beschäftigung der Kinder, sorgen sollen.

Ich wurde von den Vertretern der Behörden freundlich aufgenommen. Man hat mir alles gezeigt, was ich sehen wollte. Mir wurde buchstäblich schwarz vor den Augen vor alldem Kinderleid.

Man ist in Vietnam jedem von Herzen dankbar, der ehrlich bereit ist, zu helfen. Man ist bestrebt, die Helfer aus den täglichen Auseinandersetzungen herauszuhalten. Man sagte mir, daß derjenige, der ehrlich hilft, von keiner der kriegführenden Parteien etwas zu befürchten hätte.

Und ich habe Vietnam mit dem Versprechen verlassen, alles mir nur irgendwie Mögliche zu tun, um am Kampf gegen die Not der Kinder aktiv teilzunehmen."

Im engsten Arbeitskreis berichtete Gmeiner dann von seinen Bemühungen, während seines Aufenthaltes in Südvietnam bereits ein geeignetes Grundstück zum Bau eines großen SOS-Kinderdorfes ausfindig zu machen. Er hatte auch in Vietnam die Errichtung eines SOS-Kinderdorfes als wirksame Lösung des bestehenden Kinderproblems erkannt. Unter starkem Militärschutz, auf einem Jeep mit sechs schwerbewaffneten Soldaten, hatte man Gmeiner im Auftrag des Saigoner Sozialministeriums aufs Land rund um die südvietnamesische Hauptstadt gefahren, um ihm dort verschiedene Terrains zu zeigen. Sie lagen durchwegs außerhalb des Sicherheitsgürtels von Saigon und waren demnach gefährdetes Gebiet. Doch Gmeiner ließ sich nicht einschüchtern.

Ca. 20 Kilometer nordwestlich von Saigon — zwischen den Ortschaften Chia-Dinh und Thong-Tay-Hoi, am Rande eines Dschungelgebietes — hatte er schließlich ein 11.000 Quadratmeter großes Grundstück besichtigt, das ihm auf Anhieb für den Bau eines SOS-Kinderdorfes geeignet erschien: Go Vap.

Natürlich waren wir alle mit der Wahl von Go Vap einverstanden, da uns ja gar keine Alternative zur Verfügung stand. Dieses Go Vap sollte in den folgenden Jahren zu einem Leit- und Schicksalsstern für unser Werk werden. Freilich ahnte damals noch keiner von uns, welche Schwierigkeiten und Gefahren sich diesem nun einmal beschlossenen vietnamesischen Feldzug der Nächstenliebe entgegenstellen würden.

Wir waren uns einig: Es müsse ein großes Dorf werden mit mindestens 40 Häusern, einer eigenen Schule und einer Krankenstation.

Gmeiner hatte sich in Saigon auch nach der Möglichkeit umgesehen, ein solches Dorf rasch bauen zu können. Aber da wußte er nur Enttäuschendes zu berichten. Monatelang gäbe es keinen Zement. Dann wieder kein Bauholz. Keine Ziegel. Ein normales Bauen sei unmöglich. Kein Baumeister hätte ihm Hoffnungen machen können, keiner wäre bereit, einen solchen Auftrag überhaupt zu übernehmen. Außerdem gäbe es keine Arbeiter. Der Krieg hatte fast alle Männer Soldaten werden lassen. Nur die Amerikaner, die ihr Baumaterial bis zum letzten Nagel aus Amerika einflogen, waren die einzigen Bauherren. Was tun? Sollte unser Projekt daran scheitern? Wir waren ratlos. In langen Debatten erwogen wir alle Möglichkeiten, wie zum Beispiel Einkauf der Baumaterialien in Hongkong oder Singapur. Aber wir hatten uns dann gleich in ein Labyrinth von Schwierigkeiten verrannt. Gmeiner hatte für unsere Debatte nur ein stilles Lächeln. In ihm war der Plan bereits gereift, wie dieses SOS-Kinderdorf trotzdem rasch und wirksam realisiert werden könnte. Nachdem er uns eine Zeitlang hatte diskutieren lassen, platzte er damit heraus: „Was wär's mit einem Dorf aus Fertigteilen?" Natürlich, da lag die Lösung! Wie konnte uns das nur nicht gleich eingefallen sein?

Die Richtung war damit gegeben. Aber neue Fragen tauchten auf. Eine davon war, ob sich Fertigteilhäuser in diesem extrem luftfeuchten, tropischen Klima überhaupt bewähren würden. Wir standen wieder an. Telefonisch wurde ein Architekt zu unserer Sitzung berufen, der schon mehrere unserer SOS-Kinderdörfer gebaut hatte. Auch er meinte, daß nur Fertigteilhäuser in Frage kämen. Man müßte sie freilich den Gegebenheiten angepaßt extra entwerfen, aus termiten- und tropensicherem Material fabrizieren und dann nach Saigon bringen.

Einige Tage später schon war unser Architekt unterwegs nach Saigon. Nach zwei Wochen hatten wir die Hauspläne vorliegen. Es waren Kinderdorfhäuser auf sechs Betonpfeilern. Dadurch war unter dem Wohnhaus ein schattiger Spielplatz gegeben. Wir waren begeistert. Eine rasche Ausschreibung in einigen europäischen Ländern folgte. Eine österreichische Firma in einem versteckten Gebirgstal Vorarlbergs machte das Rennen. Ihr wurde bereits im Sommer 1967 der Auftrag für das komplette SOS-Kinderdorf mit 41 Häusern gegeben. Das Unternehmen SOS-Kinderdorf Vietnam rollte. Und während fieberhaft an den Fertigteilen für die Häuser gearbeitet wurde, war unser Architekt wieder in Vietnam, um das Baugelände für die Aufstellung der 41 Häuser vorzubereiten. Licht und Wasser mußten zugeleitet, die Abwasserprobleme gelöst und Fundamente mit den Pfeilern und Stiegen für die Häuser aufgestellt werden.

Saigon war inzwischen immer mehr in den Zangengriff der Vietcongs geraten. Der Krieg schob sich an die südvietnamesische Hauptstadt heran. Auch in der Nähe von Go Vap gab es Nacht für Nacht Kämpfe. Unser Architekt ließ sich nicht beirren. Er wunderte sich nur, woher die vielen Arbeiter kamen, die die Kinderdorfbaustelle bevölkerten. Sie kamen am Morgen aus dem Dschungel, wohin sie nach Arbeitsschluß wieder verschwanden. Vietcongs?

Wir hatten von Anfang an vermieden, mit den Amerikanern zusammenzuarbeiten. Ja, selbst Angebote, uns mit Baggern auszuhelfen, schlugen wir aus. Auch die Kontakte mit den südvietnamesischen Behörden hatten wir auf das notwendigste Minimum beschränkt. Wir waren als privates Sozialwerk gekommen, um zu helfen. Wir wollten unsere Neutralität unter Beweis stellen. Das hat sich gelohnt.

Es stand für uns fest, daß wir zur Realisierung dieses gewaltigen Projektes ein Team von SOS-Kinderdorfmitarbeitern benötigen werden. Wie sollten wir aber in so kurzer Zeit ein solches Team zusammenbringen und einschulen? Es ging schneller, als wir geahnt hatten. Aus der Schweiz meldete sich eine Kindergärtnerin, aus Belgien eine Kinderärztin, aus Paris eine vietnamesische Krankenschwester und aus unseren eigenen Reihen eine tüchtige Mitarbeiterin. Vier Leute, das müßte vorerst ausreichen. Wer aber sollte Teamchef sein? Die belgische Ärztin? Unsere Innsbrucker Mitarbeiterin? Wir mußten nach einem erfahrenen Teamchef Ausschau halten. Er mußte gründliche Kinderdorferfahrung mitbringen. Wir waren ratlos.

Zu jener Zeit meldete sich bei Hermann Gmeiner ein 26jähriger Mann; ein ehemaliger Bub aus dem SOS-Kinderdorf Imst, Helmut Kutin. Als Waisenkind war er 1950 zu uns gekommen und im „Haus Südtirol" bei der Kinderdorfmutter Antonia Kammerlander aufgewachsen. Er hatte später von unserem Jugendhaus Egerdach aus das Gymnasium besucht, maturiert, mit dem Welthandelstudium begonnen und sich dann mit einem Reisebüro im Ötztal selbständig gemacht. Sein Daheim aber war das SOS-Kinderdorf Imst geblieben, wohin er an manchen freien Wochenenden oder zu den Festtagen kam. Dort hatte ihm seine Kinderdorfmutter auch von den Plänen Gmeiners erzählt, in Vietnam ein SOS-Kinderdorf aufzubauen. Helmut Kutin fuhr zu seinem Kinderdorfvater. „Wenn Sie mich in Vietnam brauchen können, Herr Direktor", meinte er, „ich stehe zur Verfügung." Gmeiner zögerte keinen Augenblick. Er hatte den Teamchef für Vietnam gefunden. Ein Kinderdorfbub würde ihm das bisher größte SOS-Kinderdorf der Welt hinstellen. Auf ihn konnte man sich verlassen. Er brachte schließlich auch jene Kinderdorferfahrung mit, die sich ein Fremder erst mühsam erarbeiten müßte.

Unser fünfköpfiges Team für Vietnam reiste vorerst nach Paris, um dort einen mehrwöchigen Intensivkurs in Vietnamesisch zu absolvieren. „Eine faszinierende, aber schrecklich schwere Sprache, die mehr gesungen als gesprochen wird und mit dem Notenblatt erlernt werden muß. Eine Silbe in einer falschen Tonlage ergibt sofort einen anderen Sinn", schrieb uns die belgische Kinderärztin. Es hat sich später als richtig erwiesen, daß unsere Leute in Saigon sich auf vietnamesisch wenigstens etwas verständlich machen konnten. Es schloß die Herzen der Vietnamesen rascher auf.

Die Fertigteile für die ersten 21 Häuser waren inzwischen in viermonatiger fieberhafter Arbeit fabriziert worden. 21 komplette Kinderdorfhäuser konnten ihre schicksalhafte Reise nach Vietnam antreten. Fachexperten, Vietnamkenner und Diplomaten hatten unserem Unternehmen von Anfang an keine Chance eingeräumt. Wir aber hatten schon gelernt, daß der Wille zu helfen alle Widerstände durchbrechen kann. Wir ließen uns daher nicht entmutigen. Wir waren überzeugt, daß die ersten 21 Häuser gut nach Go Vap kommen würden. Die lange Reise begann. Ein ganzes SOS-Kinderdorf — normalerweise umfaßt ein SOS-Kinderdorf ja 15 Häuser! — ging auf die Reise: von einem friedlich verschneiten Gebirgstal Vorarlbergs hinüber in einen vom Kriegslärm erfüllten tropischen Vorort von Saigon.

Am 4. Dezember 1967 — fast auf den Tag genau ein Jahr, nachdem Gmeiner seinen Fuß erstmals auf den Boden der Stadt Saigon gesetzt hatte — wurden die 21 Fertigteil-Kinderdorfhäuser, die den ersten Teil ihrer Reise durch Österreich und Deutschland mit der Bahn zurückgelegt hatten, in Bremerhaven auf den dänischen Frachter „Pasadena" verladen und auf die lange Reise nach Saigon geschickt. Wir hatten uns zum Abschied in Bremerhaven eingefunden. In einem kleinen Festakt erklärte der Hafensenator Dr. Georg Borttscheller von Bremerhaven, daß dieser Tag in die Geschichte der bremischen Häfen eingehen werde, „denn mit dieser Verschiffung ist ein wahrer Akt christlicher Seefahrt vollzogen worden". Und der dänische Konsul Nebelthau nannte in seiner Rede diese Schiffsladung eine „Fracht der Nächstenliebe". Sie sei — so betonte er — das Gegenstück zur Löschung der Marshallgüter vor 20 Jahren im gleichen Hafen. Das eine wie das andere seien Leistungen und Taten der Humanität. Hunderte Kisten, jede sorgsam numeriert und mit dem SOS-Kinderdorfemblem geschmückt, waren auf dem dänischen Frachter verstaut. Mit heulenden Sirenen wurde das Schiff aus dem Hafen gelotst. Er hatte reich beflaggt. Und während die Kinder des SOS-Kinderdorfes Worpswede bei Bremen „Muß i denn zum Städtele hinaus" sangen, wurde die „Pasadena" kleiner und kleiner, bevor sie von der untergehenden Sonne und den Wellen der Nordsee für uns Abschiednehmende verschluckt wurde.

Diese Verabschiedung hatte auch den Slogan für die große Sammelaktion abgegeben, die der „Hermann Gmeiner Fonds" zur Finanzierung des SOS-Kinderdorfprojektes Saigon über die ganze Bundesrepublik gestartet hatte: „Ein Schiff fährt nach Saigon und hat ein Dorf geladen." Hier lag keine anonyme Spendenaktion für Vietnam vor. Zeitungen und Fernsehen brachten Bilder von der Verabschiedung in Bremerhaven. Die Menschen waren für ein konkretes Projekt angesprochen. Und wieder — wie Jahre zuvor mit dem Reiskorn — flossen Millionen. Zusammen mit einer Subvention der deutschen Bundesregierung war damit die Finanzierung dieses großen Unternehmens gesichert.

In Vietnam war es unterdessen immer unsicherer geworden. Wir entschlossen uns daher, die weiblichen Mitglieder unseres Teams noch nicht nach Saigon zu entsenden, sondern vorerst den Teamchef Helmut Kutin vorausfliegen zu lassen. Er sollte die Vorbereitungen für die Ankunft der anderen treffen und die Sicherheitsmaßnahmen prüfen. Zugleich sollte er mit dem Architekten die Kinderdorffracht in Saigon übernehmen und sicher nach Go Vap führen lassen. Gmeiner begleitete Helmut Kutin. Er wollte bei diesem gewagtesten SOS-Kinderdorfprojekt an vorderster Front stehen.

Es wurde in der Tat vorderste Front. Die Vietcongs hatten einen Großangriff auf Saigon geplant. Die Tet-Offensive 1968 ging über die Bühne. Pausenlos lag Saigon unter Raketenbeschuß. Die in die Stadt eingeschmuggelten Vietcongs griffen die wichtigsten Stützpunkte an. Die erwartete Entscheidungsschlacht schien angebrochen. Der Hafen von Saigon wurde gesperrt. Einen Tag später sollte die „Pasadena" mit der Kinderdorffracht eintreffen. Schon kreuzte sie einige Seemeilen vor dem Saigoner Hafen. Dann mußte sie abdrehen. Der Kapitän steuerte sie nach Singapur. Dort mußte er seine Fracht löschen. Das mit so viel Hoffnungen auf den Weg nach Saigon geschickte SOS-Kinderdorf landete Kiste für Kiste auf fremden Piers und in dunklen Lagerhäusern eines asiatischen Hafens. Die SOS-Kinderdorfexpedition Vietnam schien gescheitert.

Mein Telefon lief heiß. Jeder wollte wissen, wo Gmeiner ist. War er noch in Saigon? War er rechtzeitig herausgekommen? Wo war die „Pasadena"? Die Reederei in Kopenhagen wußte auch nichts. Unser Kinderdorf schwamm irgendwo. Würde es uns jetzt endgültig davonschwimmen?

Es waren aufregende Tage. Endlich meldete sich Gmeiner aus Hongkong, und die Reederei machte uns Mitteilung über die Löschung der Fracht in Singapur. Entscheidungen mußten rasch getroffen werden. Wohin mit dem Dorf? Zurück nach Deutschland? Irgendwo anders in Asien aufstellen? Warten, bis der Hafen von Saigon wieder offen sein würde? Konnte man überhaupt noch an ein SOS-Kinderdorf in Vietnam denken? Wir entschieden uns trotzdem fürs Durchhalten.

Es war eine richtige Entscheidung gewesen. Die Kämpfe um Saigon flauten wieder ab. Der Hafen von Saigon war wieder frei. In den ersten Märztagen 1968 traf die Kinderdorffracht in der südvietnamesischen Hauptstadt ein.

„Nach Saigon werdet ihr euer Dorf vielleicht noch bekommen, aber hinaus nach Go Vap niemals. Die Hälfte wird euch gestohlen werden." Das hatte uns ein Botschafter in Saigon mit langjähriger Vietnamerfahrung gesagt. Wir waren also vorgewarnt. Sollte es unserer Fracht wirklich so ergehen wie den meisten amerikanischen Lieferungen, von denen vieles einfach verschwand, bevor sie ihren Bestimmungsort erreichten — trotz Vorsicht und Bewachung? Das Fehlen einer einzigen Kiste könnte den Aufbau des Fertigteil-Dorfes verzögern und behindern. Alles war genau aufeinander abgepaßt. Wie ein Puzzlespiel hatte man diese 21 Häuser in Vorarlberg zusammengestellt, zerlegt und in Kisten verpackt. Die südvietnamesische Regierung bot uns für einen hohen Geldbetrag ausreichenden Militärschutz vom Hafen bis nach Go Vap. Unser vietnamesischer Baumeister warnte. Das würde die Vietcongs erst recht auf den Plan rufen. Gmeiner lehnte also ab. Der Transport der Kisten ging ohne Bewachung vor sich.

Kiste um Kiste mit dem Kinderdorfemblem schaukelte vom Schiff auf bereitgestellte Lastwagen. Sie rollten durch die menschenbelebten Straßen von Saigon, passierten die beiden Sicherheitsgürtel und kamen gut nach Go Vap, wo sie unser Architekt in Empfang nahm. Er hatte eine Liste mit den Nummern aller Kisten. Als er die letzte Nummer durchstrich, war die Schlacht gewonnen. Die Odyssee unserer ersten 21 Kinderdorfhäuser von den Alpen Österreichs bis in den Dschungel Südvietnams war vorbei. Wir atmeten auf.

Das Zusammensetzspiel begann. Haus um Haus wurde auf die vorbereiteten Betonfüße gestellt. Die Damen unseres Vietnamteams flogen nach Saigon. Die ersten vietnamesischen Kinderdorfmütter, von Helmut Kutin mit Hilfe vietnamesischer Fachleute ausgesucht und eingeschult, konnten ihre neuen Häuser übernehmen. Die Welle der ersten ärmsten Kinder rollte an. Es war wie eine Schleuse. Sie schwemmte unvorstellbares Elend in das Dorf. Fast durchwegs waren es Kinder, die ihre Eltern im Krieg verloren hatten. Die meisten hatten Schreckliches miterlebt. Tod. Feuer. Bomben. Manche trugen die Spuren grausiger Napalmbombenverletzungen. In den Nächten hörte man diese Kinder aufschreien. Es brauchte Wochen, bis liebevolle Mutterhände diese Kinder beruhigt hatten.

Die vietnamesischen Frauen erwiesen sich bald als gute Mütter. Die meisten hatten selbst alles verloren: ihr Daheim, ihre Familie, ihren Mann, eigene Kinder. Das Leben hatte ihnen mit dem SOS-Kinderdorf eine neue Chance geboten. Sie hatten zugegriffen.

Bald kamen die weiteren 20 Kinderdorfhäuser. Das SOS-

Kinderdorf Go Vap umfaßte jetzt 41 Häuser. Einige davon waren als provisorische Schule eingerichtet worden. Ein Haus diente als Krankenstation, eines als Zentralgebäude. Die übrigen Häuser waren bald von Müttern und Kindern bevölkert.

Am 6. Februar 1969 wurde das SOS-Kinderdorf Go Vap offiziell und feierlich seiner Bestimmung übergeben. Zwei Jahre, nachdem Hermann Gmeiner die erste Feldstudie gemacht hatte, stand ich nun mit ihm hier in einem riesigen, von fröhlichen Kindern bevölkerten SOS-Kinderdorf. Ein Festakt ging über die Bühne. Die Kinder sangen ihre seltsamen Gesänge und tanzten ihre seltsamen Tänze. Ihre neuen Mütter, diese zarten, zerbrechlichen Frauen in ihren weißen vietnamesischen Seidengewändern, hatten frisches Obst in die Opferschalen ihrer Hausaltäre gelegt. Wir konnten es kaum fassen. Es war ein Sieg der Nächstenliebe. Wir hatten mitten in diesen Krieg hinein ein SOS-Kinderdorf gestellt. Wir hatten eine Insel der Liebe inmitten einer Welt des Hasses geschaffen. Und ein japanischer Journalist kabelte seiner Zeitung nach Tokio: „Ich habe das Wunder von Saigon erlebt!"

Am selben Tag erließ Hermann Gmeiner in Saigon eine Proklamation für das Kind. Sie ging um die ganze Welt:

„Mit wachsendem Unbehagen nimmt die Menschheit das Elend all jener Kinder in der Welt wahr, die infolge kriegerischer Auseinandersetzungen eltern- und heimatlos geworden sind oder die infolge wirtschaftlicher Unterentwicklung und sozialer Mißstände in bittere Not geraten sind.

Die Zukunft der Menschheit wird nicht allein vom technischen Fortschritt und von politischer Machtentfaltung, sondern vor allem davon bestimmt werden, wie es uns überall in der Welt gelingt, die heranwachsende Generation zur Menschenwürde zu erziehen. Zu dieser Menschenwürde gehört es in erster Linie, daß jedes Kind nicht nur das proklamierte Recht auf ein Daheim, sondern dieses Daheim wirklich hat; daß es nicht nur das proklamierte Recht auf das tägliche Brot, sondern dieses täg-

liche Brot auch wirklich hat; daß es nicht nur das proklamierte Recht auf Schulbildung, sondern diese Schulbildung auch wirklich hat.

Als Begründer der SOS-Kinderdörfer, die sich heute bereits in 29 Staaten der Welt in 70 SOS-Kinderdorfprojekten manifestiert und Tausenden verlassenen Kindern wieder ein menschenwürdiges Dasein geschaffen haben, ergreife ich namens aller eltern- und heimatlos gewordenen, aller notleidenden, hungernden und verlassenen Kinder dieser Welt das Wort, um nicht nur an die Staatsmänner in Ost und West, sondern an die ganze Menschheit zu appellieren, all ihre Kräfte einzusetzen, um das bittere Leid dieser Kinder zu wenden und ihnen ein Dasein zu ermöglichen, wie es einem Kind in einer zivilisierten Welt zusteht.

Ich appelliere namens dieser Kinder an alle Eltern, sich ihrer verantwortungsvollen elterlichen Erziehungsaufgabe mehr denn je bewußt zu werden;

ich appelliere namens dieser Kinder an die Technik und Wissenschaft unserer Welt, bei ihren Forschungen das Wohl der Kinder nicht zu übersehen;

ich appelliere namens dieser Kinder an alle humanen, sozialen und religiösen Institutionen der Menschheit, mehr denn je Mittel und Wege zu suchen, dem Kind zu helfen;

ich appelliere namens dieser Kinder an alle Staatsmänner und Politiker, bei ihren Entscheidungen auf das Schicksal der Kinder und Jugendlichen zu achten;

ich appelliere namens dieser Kinder an alle Menschen in der ganzen Welt, die guten Willens sind, mildtätig und opferbereit zu sein, um das Kinderelend zu bannen.

Wohin steuert die Menschheit, wenn sie nicht mehr des Kindes achtet? Was nützen uns politische Erfolge und technische Wunderleistungen, wenn wir nicht mehr in der Lage sind, zu verhindern, daß Tag für Tag Tausende Kinder verhungern?

Ich erlasse die Proklamation als ein einfacher Mensch, als einer, der sich nur in den Dienst des verlassenen Kindes in der

Welt gestellt hat. Und ich erlasse diese Proklamation anläßlich der Eröffnung des bisher größten SOS-Kinderdorfes in der Welt, das wir für die ärmsten Opfer des Vietnamkrieges bei Saigon erbaut haben. Möge dieses Dorf, das fern jeder Politik und mit der Opferbereitschaft guter Menschen erbaut wurde, als ein Symbol einer besseren Zukunft für die junge Generation zugleich ein Anruf an die Menschheit sein, das Wohl unserer Jugend in den Mittelpunkt ihres Denkens und Handelns zu stellen.
6. Februar 1969   Dr. h. c. Hermann Gmeiner"

Das vietnamesische SOS-Kinderdorfprojekt hatte unser Sozialwerk auf eine harte und unerbittliche Probe gestellt. Wenn etwas faul gewesen wäre an der Idee Hermann Gmeiners, an der Organisation und Verwaltung seines so weltweit gewordenen Werkes und schließlich am Kreis seiner engsten Mitarbeiter — bei diesem vollen menschlichen Einsatz für Vietnam wäre es ans Licht gekommen. Wir aber stiegen aus diesem vietnamesischen Kinderdorf-„Abenteuer" gestärkt heraus. Wir hatten außerdem unsere anfänglichen Bedenken über Bord geworfen, daß wir vielleicht für Soforthilfe nicht geschaffen wären. Unsere jeweils in kürzester Zeit aufgebauten SOS-Kinderdörfer in Bangladesh (nach den dortigen Kriegswirren) oder in Nikaragua (nach dem grauenhaften Erdbeben von Managua) oder in Äthiopien (nach den Hungersnöten) usw. stellten dies später erneut unter Beweis. Wir hatten also viel dazugelernt, waren reifer geworden.

Und wenn da und dort in unserer heutigen Welt doch manchesmal der Haß stärker zu sein scheint als die Liebe, indem ein SOS-Kinderdorf irgendwo von der Weltpolitik überrannt wird, zugesperrt oder evakuiert werden muß, so ging zuletzt doch immer die Saat des Guten auf. Die Lawine des Guten läßt sich nicht mehr aufhalten, die Hermann Gmeiner mit seinen Freunden und Mitstreitern aus aller Welt losgetreten hat. Schon sind es 5 Millionen Menschen, die heute seine Arbeit aktiv unterstützen und damit zu seiner Idee ja sagen.

„Nach 30 Jahren harter Arbeit", sagte Gmeiner, „haben wir das SOS-Kinderdorf erst so richtig in den Griff bekommen." 1949 war alles für ihn noch ein Wagnis gewesen. Experiment. Die Idee noch nicht ausgegoren. Heute, nach 30 Jahren, hat sein Einsatz 143 SOS-Kinderdörfer in allen fünf Erdteilen geschaffen. Hermann Gmeiner hat damit weltweit an jener Reform der Jugendfürsorge mitgewirkt, um die es ihm immer gegangen war. Er hat dem elternlosen und dem sozial verwaisten Kind der Gegenwart eine neue Zukunft geschenkt.

Das Wiedersehen mit Ulrich war ein sinnvoller Anlaß. Er hatte mich zur Taufe seines zweiten Kindes eingeladen. Seit vier Jahren ist Ulrich glücklich verheiratet. Er arbeitet als Buchhalter in einem Industrieunternehmen. Bei der Taufe war natürlich auch seine Kinderdorfmutter dabei. Ein paarmal haben wir drei — der Ulrich, seine Kinderdorfmutter und ich — über das Taufbecken hinweg Blicke gewechselt. Und ich glaube, wir haben dann alle immer das gleiche gedacht: Wie sehr wir drei einander in unserem Leben gebraucht haben und vielleicht noch brauchen werden.

Wir Menschen des späten 20. Jahrhunderts brauchen heute ebenfalls einander. Wir brauchen uns nachbarlich von Türe zu Türe, aber auch über Länder, Grenzen und Meere hinweg. Denn unsere Welt ist klein geworden, und der Mensch darin droht zu vereinsamen. Die 30jährige Geschichte der SOS-Kinderdörfer ist ein brennendes Beispiel dafür, wie der Liebe auch in unserer Zeit die Bahn gebrochen werden kann.

Die SOS-Kinderdörfer in aller Welt

Stand vom 1. Juni 1979

Alle hier angeführten *143 SOS-Kinderdörfer in 59 Ländern* der Welt sind in dem Verband *SOS-Kinderdorf International* mit dem Sitz in Wien zusammengeschlossen.

ÄGYPTEN	SOS-Kinderdorf Kairo
	SOS-Kinderdorf Alexandria
ÄTHIOPIEN	SOS-Kinderdorf Makalle/Tigre
	SOS-Kinderdorf Harrar/Ogaden
ARGENTINIEN	SOS-Kinderdorf Garin
	SOS-Kinderdorf José C. Paz
	SOS-Kinderdorf Rosario
BANGLADESH	SOS-Kinderdorf Dacca
	SOS-Kinderdorf Rajshahi
BELGIEN	SOS-Kinderdorf Bande
BETHLEHEM	SOS-Kinderdorf Bethlehem
BOLIVIEN	SOS-Kinderdorf Cochabamba
	SOS-Kinderdorf San José
BRASILIEN	SOS-Kinderdorf Bahia
	SOS-Kinderdorf Brasilia
	SOS-Kinderdorf Caicó
	SOS-Kinderdorf Goioerê
	SOS-Kinderdorf Poá/São Paulo
	SOS-Kinderdorf Porto Alegre
	SOS-Kinderdorf São Bernardo/Sáo Paulo
BURUNDI	SOS-Kinderdorf Gitega

CHILE	SOS-Kinderdorf Bulnes
	SOS-Kinderdorf Chaimavida
	SOS-Kinderdorf Concepcion
	SOS-Kinderdorf Coyanca
	SOS-Kinderdorf Punta de Tralca
	SOS-Kinderdorf Santiago I
	SOS-Kinderdorf Santiago II
COSTA RICA	SOS-Kinderdorf San José
DEUTSCHLAND	SOS-Kinderdorf Dießen/Ammersee
	SOS-Kinderdorf Worpswede/Bremen
	SOS-Kinderdorf Harksheide/Hamburg
	SOS-Kinderdorf Schwalenberg/Lippe
	SOS-Kinderdorf Materborn/Niederrhein
	SOS-Kinderdorf Immenreuth/Oberpfalz
	SOS-Kinderdorf Eisenberg/Pfalz
	SOS-Kinderdorf Hilbringen/Saar
	SOS-Kinderdorf Lüdenscheid/Sauerland
	SOS-Kinderdorf Lütjenburg/Schleswig-Holstein
	SOS-Kinderdorf Sulzburg/Schwarzwald
	SOS-Kinderdorf Oberberken/Württemberg
DOMINIKANISCHE REPUBLIK	SOS-Kinderdorf Santo Domingo
ECUADOR	SOS-Kinderdorf Esmeraldas
	SOS-Kinderdorf Guaquil
	SOS-Kinderdorf Quito
ELFENBEINKÜSTE	SOS-Kinderdorf Abidjan
EL SALVADOR	SOS-Kinderdorf Santa Tecla
	SOS-Kinderdorf Sonsonate
FINNLAND	SOS-Kinderdorf Punkaharju
	SOS-Kinderdorf Tapiola

	SOS-Kinderdorf Vihanti
	SOS-Kinderdorf Ylitornio
FRANKREICH	SOS-Kinderdorf Busigny
	SOS-Kinderdorf Calais
	SOS-Kinderdorf Jarville
	SOS-Kinderdorf Marange-Silvange/Hagondange
	SOS-Kinderdorf Marly-les-Valenciennes
	SOS-Kinderdorf Marseille
	SOS-Kinderdorf Neuville-Saint-Rémy
	SOS-Kinderdorf Obernai/Elsaß
GHANA	SOS-Kinderdorf Tema/Accra
GRIECHENLAND	SOS-Kinderdorf Vari/Athen
GUATEMALA	SOS-Kinderdorf Quetzaltenango
	SOS-Kinderdorf San Juan Sacatepequez
HAITI	SOS-Kinderdorf Port-au-Prince
HONDURAS	SOS-Kinderdorf San Francisco
	SOS-Kinderdorf San Pedro Sula
	SOS-Kinderdorf Tegucigalpa
	SOS-Kinderdorf Tela
INDIEN	SOS-Kinderdorf Ahmedabad
	SOS-Kinderdorf Bawana/New Delhi
	SOS-Kinderdorf Cichrauli/Haryana
	SOS-Kinderdorf Dharamsala (für Tibetkinder)
	SOS-Kinderdorf Gauhati/Assam
	SOS-Kinderdorf Greenfields/New Delhi
	SOS-Kinderdorf Jaipur
	SOS-Kinderdorf Kalkutta
	SOS-Kinderdorf Leh/Ladakh (für Tibetkinder)
	SOS-Kinderdorf Madras

	SOS-Kinderdorf Mussoorie (für Tibetkinder) SOS-Kinderdorf Poona
INDONESIEN	SOS-Kinderdorf Desa Taruna/Bandung
ISRAEL	SOS-Kinderdorf Arad
ITALIEN	SOS-Feriendorf Caldonazzo/Trento SOS-Kinderdorf Varese/Mailand SOS-Kinderdorf Ostuni/Brindisi SOS-Kinderdorf Trento
JAMAICA	SOS-Kinderdorf Montego Bay
JUGOSLAWIEN	SOS-Kinderdorf Novi Sad
KENIA	SOS-Kinderdorf Nairobi SOS-Kinderdorf Mombasa
KOLUMBIEN	SOS-Kinderdorf Bogotá
KOREA	SOS-Kinderdorf Daegu SOS-Kinderdorf Seoul
LIBANON	SOS-Kinderdorf Bhersaf SOS-Kinderdorf Sferai
LIBERIA	SOS-Kinderdorf Monrovia
LUXEMBURG	SOS-Kinderdorf Mersch
MEXIKO	SOS-Kinderdorf Mexico City SOS-Kinderdorf Campeche
NEPAL	SOS-Kinderdorf Gandaki SOS-Kinderdorf Pokhara (für Tibetkinder) SOS-Kinderdorf Sano Thimi/Katmandu
NIGERIEN	SOS-Kinderdorf Lagos

NIKARAGUA	SOS-Kinderdorf Esteli
ÖSTERREICH	SOS-Kinderdorf Altmünster/Traunsee
	SOS-Kinderdorf Dornbirn/Vorarlberg
	SOS-Kinderdorf Hinterbrühl/Wien
	SOS-Kinderdorf Imst/Tirol
	SOS-Kinderdorf Lienz/Osttirol
	SOS-Kinderdorf Moosburg/Kärnten
	SOS-Kinderdorf Pinkafeld/Burgenland
	SOS-Kinderdorf Seekirchen/Salzburg
	SOS-Kinderdorf Stübing/Graz
PAKISTAN	SOS-Kinderdorf Lahore
	SOS-Kinderdorf Dudhial
PARAGUAY	SOS-Kinderdorf Hohenau
PERU	SOS-Kinderdorf Arequipa
	SOS-Kinderdorf Chosica
	SOS-Kinderdorf Lima
PHILIPPINEN	SOS-Kinderdorf Calbayog
	SOS-Kinderdorf Cebu
	SOS-Kinderdorf Lipa City
	SOS-Kinderdorf Tacloban
POLEN	SOS-Kinderdorf Bilgoraj/Zamość
PORTUGAL	SOS-Kinderdorf Bicesse
	SOS-Kinderdorf Vila Nova de Gaia/Oporto
RUANDA	SOS-Kinderdorf Kigali
SENEGAL	SOS-Kinderdorf Dakar
SIERRA LEONE	SOS-Kinderdorf Freetown
SPANIEN	SOS-Kinderdorf Redondela/Vigo
	SOS-Kinderdorf San Feliú de Condinas
SUDAN	SOS-Kinderdorf Khartoum

SURINAM	SOS-Kinderdorf Paramaribo
SYRIEN	SOS-Kinderdorf Damaskus
TAIWAN	SOS-Kinderdorf Taipei
THAILAND	SOS-Kinderdorf Bangkok
TOGO	SOS-Kinderdorf Lama Kara SOS-Kinderdorf Lomé
TÜRKEI	SOS-Kinderdorf Istanbul
URUGUAY	SOS-Kinderdorf Montevideo
VENEZUELA	SOS-Kinderdorf Maracaibo
VIETNAM	SOS-Kinderdorf Go Vap/Saigon

Vom Generalsekretär
von SOS-Kinderdorf International

HANSHEINZ REINPRECHT

erschien im Herbst 1978 im

VERLAG FRITZ MOLDEN

Das Neue Elternbuch

Partnerschaft und Autorität
in der Kindererziehung
Ein Ratgeber

328 Seiten, 13,5 x 21 cm, ISBN 3-217-00813-8

Im Mittelpunkt vieler Diskussionen stehen
extreme Erziehungsmethoden. Heute fordern
manche Pädagogen Strenge, wo gestern noch
antiautoritäre Ungebundenheit die Lösung
schwieriger Erziehungsaufgaben zu sein schien.
Reinprecht sucht den Mittelweg, der Eltern
und Kindern ein ausgeglichenes Zusammenleben
ermöglicht. Zu einem klaren Erziehungsziel
führen eindeutige Richtlinien. Reinprecht stellt
die Entwicklung des Kindes zum reifen Menschen
in drei Abschnitten dar:
- die Entdeckung des ICH (bis zum Kindergarten),
- die Entdeckung des DU (bis zur Pubertät),
- die Entdeckung des WIR (bis zur Volljährigkeit).
Reinprecht bezeugt mit seinem Elternbuch
einmal mehr die wichtige Funktion der Familie,
in der Vater und Mutter den Kindern helfen,
zu ausgeglichenen Menschen heranzuwachsen.

VERLAG FRITZ MOLDEN
WIEN – MÜNCHEN – ZÜRICH – INNSBRUCK